天下‧文化
BELIEVE IN READING

誘因設計

精準傳遞訊號，讓人照著你的想法行動

尤里·葛尼奇 Uri Gneezy

周宜芳 譯

Mixed Signals
How Incentives Really Work

CONTENTS ————————————————————————

目錄

導論　　　　想改變行為，必須設計出有效的誘因　　006

PART
1
正確的訊號，
是促使人們行動的誘因 ———— 021

第 1 章　　我們樂於用自我訊號傳達個人特質　　024

第 2 章　　挖掘消費者認同的社會訊號，打造購買誘因　　032

第 3 章　　拆解自我訊號與社會訊號，設計動人的誘因　　039

PART
2
錯誤的訊號，
會造成誘因失效 ———— 051

第 4 章　　數量取向 vs. 品質至上　　056

第 5 章　　鼓勵創新 vs. 迴避風險　　075

第 6 章　　長期目標 vs. 短期目標　　085

第 7 章　　團隊合作 vs. 個人成功　　094

PART **3** 誘因所引導的故事框架 —————— 109

第 8 章　錯誤的誘因，可能誘導負面後果　111

第 9 章　「損失規避」誘因，訊號最強　127

第 10 章　錯失機會的恐懼，也能形成誘因　138

第 11 章　利社會誘因，或許可以發揮奇效　146

第 12 章　用 4 特質塑造出獎項傳達的訊號　151

PART **4** 用誘因診斷問題 —————— 163

第 13 章　問題 1：驗證美國學生的測驗結果變因　168

第 14 章　問題 2：改變捐款者對捐款流向的感受　176

第 15 章　問題 3：找出真正有熱情的員工　185

第 16 章　問題 4：專業操守與經濟利益的衝突　191

PART
5　**用誘因促進行為改變的動力** ——————— 197

第 17 章　設計讓好習慣持續的誘因　206

第 18 章　設計能根除壞習慣的誘因　219

第 19 章　設計克服短期滿足感的誘因　231

第 20 章　用誘因移除行為改變的障礙　236

PART
6　**實例分析 1：**
設計「習俗革新」的誘因 ——————— 247

第 21 章　與自然搏鬥 vs. 與生態共存　250

第 22 章　預防保險詐欺與道德風險　258

第 23 章　用誘因改變對英勇的定義　264

第 24 章　用誘因改變婚姻市場的價值觀　270

PART
7

**實例分析 2：
設計談判成交的誘因** —————— 283

第 25 章　**錨定與調整**　288

第 26 章　**對比效應**　292

第 27 章　**訂價策略**　298

第 28 章　**互惠準則**　302

結論　**消除錯誤的混合訊號，掌握正確的故事框架**　307

謝辭　320

附註　322

導論
想改變行為，
必須設計出有效的誘因

　　我兒子隆恩（Ron）長到可以真正和我們溝通的年紀時，我非常開心。就像其他孩子一樣，他也開始說謊。我們告訴他不應該說謊，好人和壞人的區別，就在於誠實。過沒多久，這堂道德課就給我自己惹麻煩。

　　7 月一個好天氣的日子，我帶他去迪士尼樂園，問題就從這裡開始。我們排隊買票，我看到告示板上寫著：「3 歲以下：免費。3 歲及以上：117 美元」。等到我們付錢買票時，滿臉笑容的收銀員問我，隆恩年紀多大，我回答，「接近 3 歲。」嚴格來說，我沒有說謊：他是接近 3 歲，不過不是「快要」3 歲，而是「剛過」3 歲；他的 3 歲生日是兩個月前。我對著笑容滿面的收銀員支付我的門票錢後，父子倆就開心地進園。

　　圖 1 分別是在購票亭以及大約半個小時之後發生的事。

　　隆恩說，「爸爸，我覺得好亂。你以前告訴我只有壞人才說謊，可是你剛剛說謊！」我想用「照我的話做，別跟著我做」這一套圓過去，不過我不覺得有用。

在你批判我的道德標準之前，我要指出，不是只有我會用「無條件捨去法」計算子女年齡。根據 Vacationkids.com 一篇標題為〈你會為了家庭假期折扣而謊報子女年齡嗎？〉的文章，這個問題在 Google 的搜尋次數已經超過 20 億次！[1] 我不是唯一的一個——這是 Google 說的。

隆恩從我得到兩個相互矛盾的訊號：在面對 117 美元的誘因時，「我說的話」與「我做的事」構成衝突。簡單說，本書要談的就是如何避免這種混合訊號：你說的是這樣，但是在誘因出現之後，做的卻是那樣。

圖 1 「照我的話做，別跟著我做。」

我重視的是，隆恩應該會怎麼下結論呢？隆恩聽到的訊息是什麼？我們要玩下一項遊樂設施時發生的事，畫在圖 2 裡。

　　關鍵在於理解誘因會發送訊號。我們說的話和我們的誘因所發出的訊號之間太常出現衝突。你可以對每個人說你重視誠實。話容易說。但要取信於人，必須有代價高昂的行動做為

圖 2 「跟著我做，別管我說什麼。」

支持，像是支付全額的門票錢。**當你說的話和你提供的誘因一致，訊號就可信，而且容易理解。**

只要理解訊號，就會知道如何設計更有效的誘因。例如，迪士尼可以怎麼做，來減少謊報年齡的人數？一個簡單做法是要求遊客出示文件，證明子女的年齡，像是出生證明。那可能是個差勁的提議，因為去迪士尼是快樂的全家出遊活動，而不是接受監管。要求證明文件或許可以減少說謊的人數，卻也會製造許多騷動和負面情緒。

在這裡暫停一下，想想有何解決辦法。

以下是一個根據訊號而建構出來的解決方案：迪士尼可以要求孩子在你買票時，必須要出現在現場，讓你不得不像我一樣面對混合訊號的兩難困境：我要在孩子面前說謊？還是付117美元？迪士尼甚至可以更進一步，請孩子自己報年齡，比方說問他們這個問題：「你過3歲生日了嗎？」你當然可以明示小孩對收銀員說謊，但是我的老天，「欺騙是可以接受的行為」是強烈而代價高昂的訊號。

混合訊號的例子

傳遞令人困惑的混合訊號，因而導致意想不到的結果，這樣的誘因有很多例子。你會在後文中看到，即使大企業在設計誘因時也經常犯這類錯誤。

假設有位執行長告訴員工，團隊合作有多麼重要，但是在設計誘因時，卻是依據個人的工作表現來論功行賞，這麼做的結果很簡單：員工會無視執行長說的話，只根據他們對誘因的解讀，努力追求個人最大的成就和金錢獲利。要避免這種混合訊號，你可能會認為執行長根本不應該使用任何誘因。本書會檢視兩種觀點，探索建構最適誘因的中間地帶，讓誘因與意欲傳達的訊息一致，避免混合訊號。

以下舉幾個混合訊號的例子：

- 鼓勵團隊合作，但是根據個人績效建立誘因。
- 鼓勵長期目標，但是根據短期成就建立誘因。
- 鼓勵創新和冒險，但是懲罰失敗。
- 強調品質的重要，但是按數量計酬。

我的目標是告訴你怎麼成為誘因高手：懂得如何避免這些混合訊號，同時設計出簡單、有效又符合道德的誘因。

控制故事的框架

請看圖 3 從左到右的一系列小圖，你看到什麼？[2]（欲知更多範例與心理學文獻的討論，可參閱：Emre Soyer and Robin Hogarth, *The Myth of Experience* (New York: Public Affairs, 2020)〔繁中版《經驗陷阱：檢視經驗的偏誤，找回決策的主動權》，馬可孛羅出版）。〕）

我曾在演講中問聽眾這個問題，聽到非常有創意又有趣的答案。有些是看圖說話，有什麼說什麼，像是「有個圓圈從左

圖 3 你怎麼說故事？

上方出現，往中央移動，然後星星離開畫面。」有些回答比較
有創意：「平庸打敗天才」；「當月亮比當星星好」；「強者
生存」；或是「球被拒絕了」。

　　聽眾賦予抽象形狀意義，以解讀這些圖像。在聽過第一個
問題各種有趣味的答案之後，我又問聽眾，猜猜看接下來會發
生什麼事。這一次，聽眾還是可以毫無困難地填補空白：「別
擔心，星星會回來收復中央位」；「我們學會如何活在一個不
公平的世界」；或是「圓圈被懲罰」。

　　這些回答背後的心理學相當耐人尋味。我們的大腦會從
眼中所見編故事，填補圖畫之間的空白；我們的大腦會創造敘
事，甚至是公平和懲罰等道德價值，而不是只看到物體的簡單
圖像。對於影響我們人生的複雜事件，故事賦予它們意義，藉
此幫助我們理解我們的經驗。故事有許多用途：幫助我們記憶、
評估事件，並解讀世界。

　　因此，精通塑造故事的能力極為重要，而設計得恰如其分
的誘因正能發揮那樣的作用。舉個例子：前可口可樂執行長道
格拉斯・艾維斯特（Douglas Ivester）在 1999 年接受巴西一家

報紙訪談，談及自動販賣機偵測氣溫的新科技時，帶到誘因的觀念。艾維斯特開玩笑道，這項新科技也可以用來為自動販賣機的飲料訂價。天氣熱，可樂的需求高，因此他主張氣溫升高時，汽水也要漲價。

經濟學基本原理：渴望升高，價格也應該升高。假設平時的價格是 1 美元，那麼遇到大熱天時，自動販賣機應該跟著反應，把價格調高到 1.5 美元，一如圖 4。這種動態訂價法並不罕見，航空公司、旅館和許多其他產業都可以看到這種做法。

可是，當這種「氣溫訂價法」的話一傳開，顧客不開心了。媒體報導揪著這件事猛打，稱艾維斯特的訂價計畫是「剝削忠

圖 4 冷天賣 1 美元；大熱天賣 1.5 美元。

實顧客之渴的陰險謀算」。[3]

可口可樂沒有把故事講好。艾維斯特錯在開放故事任人解讀。他不應該只討論這個構想的技術面，還應該為故事建構框架。圖 5 的圖畫就是另一個方法。

雖然這兩幅圖描述的是同樣的事實，卻傳達兩個截然不同的故事。以汽水在冷天氣打折做為誘因，應該很難引起消費者的反彈。

可口可樂犯的錯，顯示出控制故事的重要性，而誘因和誘因發出的訊號，通常就是控制之道。我們會詳細討論，如何利用誘因塑造對你有利的故事。

圖 5　平日賣 $1.5 美元；冷天賣 1.0 美元。

塑造誘因

不只是人類，所有動物都會對誘因有所反應。想想在坦尚尼亞獵斑馬的獅子；獅子必須保持位於下風處，才能出其不意地攻擊斑馬。如果從錯誤的方向接近，斑馬群會全部逃之夭夭，獅子和小獅子都要挨餓。獅子攻擊斑馬時也必須小心，因為斑馬的後踢可能相當強勁，讓獅子因此受傷或死亡。這種精心計算的獵食方法可以用誘因來解釋：獅子想要進食並餵養小獅，而且不想在這個過程中受傷。這不只是食物問題：獅子的社會階級和在獅群的主宰地位也與此息息相關。例如，第一隻出擊的獅子面臨的危險較高，所以牠之後可得到某種社會地位做為獎勵。

儘管人類和獅子都會對誘因有反應，但是講到「塑造誘因」，雙方有一個很大的差異：**獅子和其他動物會像人類一樣依據誘因而反應，但是不會為其他動物設計誘因**。比方說，坦尚尼亞的獅子應該不會為遠在他方（比如說肯亞）的獅子設計獎勵。反觀人類卻不斷忙著建構誘因，而我們的生活是由其他人所設計的誘因所塑造。

如果你認為誘因的塑造無關緊要，最好再想想。二十世紀出現了關於誘因塑造，最大的一場經濟實驗：共產主義。經濟學是共產主義的核心，因為它要決定的是，財富的創造和分享方式：個人創造財富，而所有創造出來的財富都由政府擁有並分享。在這種經濟結構下，個人更努力工作、增加生產的誘因不是幫助自己或自己的家庭，而是幫助公眾。事實證明，這種誘因結構的成效不彰。

　　以下這個有名的例子可以說明這種結構的失靈：1980 年代晚期，蘇聯瓦解不久之前，莫斯科有位官員前往倫敦考察麵包配給。他問經濟學家保羅・西布萊特（Paul Seabright），「誰負責倫敦的麵包配給？」西布萊特答道，「沒有人。」[4] 麵包的分配需要投入許多心力，可是並非由一個位居核心的個人或組織來指揮，而是由個人誘因所推動。一個英國麵包師傅因為需要錢付房租和養家，所以一大清早起來，進麵包店辛勤工作。農夫種麥、司機運送麵包到商店、店員賣麵包，也都是一樣的道理。這個團隊之所以能有效運作，是因為市場價格讓供應鏈裡的每個人都有努力的動機。莫斯科的麵包供給出現問題，不是因為負責的人失職，而是制度誘因的失靈。

兩種誘因建構法

　　市場運作的重要工具是創造貨幣。（想像你要用一隻雞買這本書會是什麼情景！）貨幣讓生活變得更容易。但是，這本書要談的不是金錢，而是重要訊號的交互作用。

　　且讓我們在此退一步，思考兩種不同的誘因建構方法：**一個**單純著眼於**直接經濟效應**，讓有誘因獎勵下的行為更具吸引力：你付我錢做某件事，錢愈多，我就愈可能去做。**另一個**方法較為複雜，它聚焦於**間接效應**，其中又可以分為兩種：社會訊號（social signaling）和自我訊號（self-signaling）。

社會訊號訴諸的是，我們會顧慮別人可能對我們有什麼想法。我們想要別人對我們有某種觀點，可能是維持顏面，或是真實反映我們核心價值和信念的形象。

自我訊號在概念上類似社會訊號，不過有一個基本的差異點：它代表我們對自身行為所引申推論的顧慮。我們想要維持某種自我形象，比方說彰顯我們優秀、聰明、善良和公正的形象。每當我們的舉止與我們的身分認同相符，我們就會更正面地看待自己。[5]

如果加上誘因，會發生什麼事？我們分別來看兩種方法如何作用。就拿以下的場景為例：在一個天寒地凍的 12 月早晨，你看到鄰居莎拉提著滿滿一大袋空罐往資源回收中心走去。你觀察莎拉的行為，形成這樣的看法：「哇，莎拉真棒！她關心環境，願意犧牲時間，為環保出一分力。」莎拉對他人發出她具有社會意識的社會訊號。十之八九，她走這一趟資源回收中心，也有正向自我訊號的作用；她大可以把罐子丟到垃圾筒，但是她沒有，而是花時間和心力在寒冬裡做回收。她可能也對自己相當滿意。

現在，同樣的場景，只不過有一項鼓勵回收汽水罐的獎勵計畫：每回收一個空罐，莎拉可以收到 5 分錢。

你還會覺得莎拉很棒嗎？我第一天學經濟學就知道，錢多比少好，因此付錢給莎拉應該能讓她開心、而且有誘因做更多回收。那有什麼錯？這個嘛，隨著財務報酬（經濟效應）的出現，訊號和故事也會跟著誘因而改變。莎拉現在做的和你之前讚美她做的事一模一樣，只不過她現在會得到幾塊錢的報酬。可是這樣一來，她現在在你眼中不是環保人士，而是小氣貪心的鄰居。換句話說，誘因改變了回收傳達的社會訊號。

誘因的出現所改變的可能不只是社會訊號，或許還有莎拉對自己的感覺。她現在每次去回收中心，感覺不再那麼好，甚至會暗自懷疑，費這麼大工夫換幾塊錢是不是值得。換句話說，誘因也改變回收傳達的自我訊號。

諸如此類的發現讓丹尼爾·品克（Daniel Pink）在他的《動機，單純的力量》（*Drive: The Surprising Truth about What Motivates Us*，繁中版由大塊文化出版）一書裡宣告，「大部分人都相信，像金錢之類的獎勵是最好的激勵辦法，也就是紅蘿蔔和棍子理論。那是錯的。」[6] 我完全同意，過度簡化的方法是錯的：現金不一定是王牌。不過，這並不表示誘因沒有作用。**誘因設計的最高境界就是讓誘因發出的訊號有用，而同時也能讓自我訊號和社會訊號往想要的方向強化。**

適當使用誘因工具

想像你有一天早上起來，發現你的偶像寄來一封電子郵件——這就是我在 2012 年的際遇，而我當下開心得不得了。那封電子郵件來自 2005 年得到諾貝爾獎的重要經濟學家湯瑪斯·謝林（Thomas Schelling）。他寫道：

我在讀你寫的誘因論文時，想起我六年前的親身經歷。1950 年 11 月到 1953 年 9 月，我人在華盛頓，一開始在白宮，後來在共同安全局局長辦公室。辦公室的士氣高昂；每個人都非常敬業、努力工作。

週五午後的會議經常會開到 7 點，而這時主席會問大家是否想要再撐一、兩個小時把會開完，還是等到週六上午再繼續。很多家有幼兒的人會帶著歉意說，他們不能待得更晚，但是週六早上九點左右可以。每個人一定都會同意。於是，我們有無數個週六都在開內部會議。

1952 年的某一天，我們收到總統的行政命令，從此以後週六上班要給加班費。我認為其中應該也有加班必要性證明的相關程序規定，不過我從來不知道那是什麼手續，因為我再也沒參加過週六的會議，就我所知，也沒有人再在週六開會。

我認為這件事可能牽涉兩種動機。一是我們對於工作都有強烈的動機和高度的熱情，因此一想到支薪加班，那股豪情就消失殆盡。二是我們不希望別人以為我們因為可以領加班費而渴望在週六工作。

關於誘因對行為的影響，謝林的故事有滿滿的洞見可以挖掘。本書寫作根據這樣的故事以及多年的嚴謹研究，正是要解開那些奧祕。不過，在我們開始之前，我們要問，究竟什麼是誘因（incentive）？簡單說，**誘因是一種工具，用來激勵人們去做原本不會做的事。**

誘因機制的相關討論，通常相當熱烈。學生出勤、閱讀或考試拿高分應該得到獎勵嗎？我們應該發獎勵給多做回收、捐血，或是在各方面做個好公民的人嗎？企業應該利用誘因減少抽菸、鼓勵運動，或是讓員工普遍養成更好的習慣嗎？

有些人認為，給一個人誘因——阿巴拉卡達布拉！成效就會神奇地出現。事情沒那麼簡單。雖然誘因確實能塑造行為，卻不是神奇魔咒。**誘因有時候會傳遞混合訊號，結果適得其反。**有人強烈反對誘因機制，視其為不道德，甚至應該受到指責。在他們看來，誘因就是邪惡企業手中的操縱工具，為了愚弄努力工作的人，讓他們去買不想要或不需要的東西。

我的觀點不同。**誘因的本質無所謂好壞，而它道德與否，取決於我們在使用時所選擇的方式。**沒錯，誘因可以用來讓孩子沉迷於煙癮，但是也可以用於拯救生命。就像統計學和計量經濟學本質上沒有道德或不道德之分，純粹是有用的工具，誘因也是這樣。

在我們開始之前，我先聲明：**正因為誘因可能具備強大的力量，我們不應該像尊奉不可質疑的主人那樣接受它們。**如果單親家長因為失業而失去子女的健康醫療保險，相較於子女的保險不受影響，再找一份工作的動力會更強烈。但是，這樣拚命找工作真的值得嗎？把子女的健康和幸福，變成一個人的誘因，這樣好嗎？我深信每個孩子無論來自何種背景、處於何種環境，都應該享有醫療保健體制的完整照護。對於找工作的家長來說，免費的兒童醫療照顧或許不是好誘因，但是我認為，這是對的做法。誘因的力量再怎麼強，都不應該是政策設計唯一的考量。

你即將在本書中讀到我的誘因研究，其中涵蓋各式各樣的主題，從增加網站點擊率到提升員工留任率，從肯亞馬賽部落女性割禮習俗的消除，到理解美國學生的數學能力或許不如我們想得那麼差，林林總總。你會看到，誘因以不同、有時是出其不意的方式顯現其重要性。

經理人、父母、老師、情人，我們都是誘因賽局裡的棋子。理解賽局規則的人能占上風。本書的重要原理不只滲透你的工作，也進入你的個人生活。你或許還會找到激勵自己的祕密，最後實現你長期懷抱的個人目標，無論那是增加運動、休更多假，或是提升生產力。

本書絕對不是一句神奇魔咒。不過我在字裡行間寄望你在讀完本書後，能擁有建構高度有效誘因的必要工具，同時避免潛在的致命錯誤。

PART 1

正確的訊號，
是促使人們行動的
誘因

正確的訊號能成功抓住消費者、搶占市場，而錯誤的訊號會出現反效果，帶來不利結果。電視劇《歡樂單身派對》（Seinfeld）有一集對這個主題有很好的演繹。[1]那集節目中，傑瑞想起伊蓮的生日快要到了，於是在想要送什麼生日禮物給她。他根據兩人過去的戀情，仔細思量每個禮物選項的象徵意義，費了一番工夫才選定。伊蓮的生日終於到了，傑瑞把包裝好的禮物遞給伊蓮，她又驚又喜。可是在拆禮物時，她臉上的笑容剎時消失，只見她斜睨著眼，皺起眉頭。「現金？你給我現金？」她反問道：「你是我舅舅嗎？」傑瑞在解釋他為什麼送 182 美元當生日禮物時，克拉默也來獻上生日禮物　　是伊蓮一直在找的一張長椅。伊蓮開心地抱住克拉默，傑瑞被晾在一邊，滿頭問號。

伊蓮收到 182 美元的大紅包覺得失望，看到價格便宜得多的長椅卻開心得多，這是為什麼？傑瑞思考過他的禮物會傳達什麼訊息，但是做了一個差勁的選擇。伊蓮想要一份顯示傑瑞花很多心思挑的禮物，但是現金的訊號正好相反：懶惰、不用心。另一方面，克拉默送的禮物經濟實惠，卻深得伊蓮的芳心，因為它顯示他的關心和體貼。

我們都會犯傑瑞犯的錯。我們通常太注意行動或產品的面值，最後忽略我們因此傳遞的訊號為何。什麼是正確訊號？我們又要如何利用它們達成想要的結果？以下各章就是要來深入探究訊號的世界：我會討論到各種訊號類型，然後檢視許多有趣的真實世界案例，以展現有效訊號的力量，以及不良訊號的可怕後果。

第 1 章

我們樂於用自我訊號傳達個人特質

我的會計師吉姆渾身活力。時間是 4 月 8 日，離繳稅日還有一週，他馬不停蹄地與那些像我一樣愛拖延、悠哉到最後一天才要報稅的客戶開會。他臉上掛著微笑，手腳俐落地填寫我的表單，這時在一旁等待的我，看了一下他牆上的各項會計師證照。我注意到牆上還有一些照片，是他騎著重型機車穿越美麗山間公路的身影。我看看這些照片，又看看 43 歲、頭髮斑白，坐在俯瞰著聖地牙哥市中心景色的 14 樓辦公室的吉姆。我想要把這兩種形象連起來，於是問他怎麼能在壓力沉重的 4 月保持這麼強的幹勁。我希望這個問題能引他讓我一窺他的雙面人生，而他也果然如我所願：「兩週之後，我會休年假，」他答道，眼睛因為想到這件事而閃耀著光芒。他已經全部計畫好：他要把他的哈雷擦得亮晶晶的、確認他的騎士外套還合身、買幾雙新靴、剃掉頭髮……還有在脖子上加個刺青。

如果你偶然遇見吉姆和他的那一夥兄弟在休假期間走進一家酒吧，你馬上就會知道，雖然他們騎的是好車，卻不是正宗的重機騎士幫。吉姆沒有真的要在脖子上刺青，也沒有要加入「地獄天使」（Hells Angels），而就算他想加入，人家也不會要他。你不能一年當地獄天使一個月，其他時間都若無其事地回到市區景觀辦公室上班。

哈雷機車文化很難假裝。騎士熱愛哈雷，是把它當成一種生活方式，而不是一項嗜好——他們從頭到腳、由外到內都是哈雷。他們穿哈雷衣、哈雷外套、哈雷靴、戴哈雷戒……你可以想像得到那是什麼樣的畫面。不過，那些行頭，吉姆全都有。吉姆和他的那幫兄弟對於哈雷機車的迷戀情溢於表，不輸「正宗」騎士。那麼，你要怎麼分辨真正的哈雷騎士和像吉姆這種一年只當一個月哈雷族的人？

你需要經濟學家所說的「高成本訊號」（costly signal）：**任何能讓當事人（像是員工或公司）向他人顯示自身價值、能力或偏好的可信資訊。**以重機騎士的例子來說，這個訊號應該是只有真正的騎士願意做的事。像是外套和靴子等實體物件傳送的是弱訊號，因為很多人都可以買。吉姆就是個好例子。另一方面，全身刺青的訊號就強得多。如果你是「正宗」騎士，你會用刺青表彰你的身分——不是短暫假期的身分，而是每天的身分。刺青是騎士文化俱樂部會員的適當訊號，因為對於想要回歸坐辦公桌生活的「冒牌貨」來說，刺青的代價太高。如果哪一天吉姆進公司時，脖子上有個長著翅膀的骷髏頭刺青，你可以想像他的老闆會有何反應。正牌的哈雷騎士能直接受用於這個刺青，因為別人看到刺青就會認為他們屬於這個騎士文化。

吉姆的誘因決策如圖 6 的賽局樹狀圖所示。在此先說明一下，賽局樹狀圖（game tree）是賽局理論的工具，用於辨識、解釋誘因如何改變處境。這些賽局樹狀圖能幫助你整理人們面對決策時的思考。我在全書都會用到它。現在我們就以重機騎士文化做為第一個例子，用它來深入理解吉姆的決策。

正牌哈雷騎士會選擇結果 #1——脖子刺青，傳遞他們是正宗派的強烈訊號。像是髮型等可以回復的選擇，傳達的訊號都不會有這麼強的可信度。正如亨利・法瑞爾（Henry Farrell）在《華盛頓郵報》（*Washington Post*）所說的，「這表示頂髻和

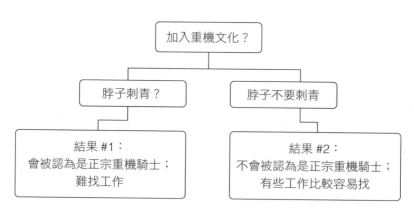

圖 6　脖子刺青是一個可信訊號：騎士的效用分析。對於在意騎士文化的人來說，結果 #1 ＞結果 #2 →脖子刺青。否則，結果 #1 ＜結果 #2 →脖子不要刺青。

刺青是不同類型的訊號。頂髻就算怪異到再怎麼誇張，與說服力薄弱的『空口白話』都只有一線之隔。留頂髻的嬉皮如果改變心意，決定找一份無趣的傳統工作，只要去剪個頭髮就行。去除刺青就困難得多，這表示它們是代價更高的訊號。」[1]

我的 MBA 學生肯恩告訴我他在工作場所的刺青故事。他在紐約大學就讀時，在一家時尚旅館當泊車小弟。泊車人員的黑色制服能夠遮住他右臂的刺青。冬天完全沒有問題，他的工作表現優秀，收入不錯（大部分是小費）。紐約天氣變熱時，泊車人員的制服換成短袖襯衫。一穿上新制服，他的刺青就顯露無遺。

制服換季後沒幾天，旅館經理把肯恩叫到他的辦公室。「肯恩，很抱歉，」他說，「你有這個刺青，不能在我們旅館工作。刺青違反我們的規定。」經理對肯恩的工作表現沒有任何意見；純粹是因為大片刺青不是旅館想要傳達給房客的訊息。經理也向肯恩保證，他個人對他或對刺青沒有任何反感。肯恩不是唯一有這樣遭遇的人，可見刺青是強烈的訊號。

值得注意的是，訊號的意義可能會隨著時間而改變。40年前，許多地方不僱用不打領帶的男士；而現今在有些矽谷公司，領帶是一個人落伍到沒救的象徵。同理，20 年前，穿鼻環會讓你找不到工作，但是今天在許多地方，一個有品味的鼻環不會引起太多驚訝的眼光。不久之前，刺青幾乎是水手和獄友專屬的標記。對比之下，今天有許多年輕的「普通人」都有外露示人的刺青。訊號可能會隨著時間改變。

在地商店在徵新助理

圖 7 不同的刺青

要不要刺青不只是唯一影響訊號的決策。在身體哪個部位刺青也會改變你傳遞的訊號。如果肯恩的刺青在背後，他的泊車工作就不會受影響，因為賓客不會看到。如果是其他身體部位，刺青會傳達什麼訊號？我在這裡用一張圖（見圖7）、以三種類型的刺青為例回答。

訊號是有價值的工具，可以傳達別人可能不相信你會坦白告訴他們的私密資訊。空口白話是廉價的——人可以輕易偽裝。訊號不只傳遞訊息，也能讓這些訊息可信。這個價值不只限於展現重機騎士生活方式的偏好。比方說，如果你的公司想要僱人，從堆積如山的履歷表、一次又一次的面試裡或許可以挖掘到關於應徵者真實能力或品格的資訊，但是這些都可以偽裝，很像吉姆和他的哈雷商品。因此，即使面試表現再怎麼可圈可點，至少在候選人還沒有傳遞出更可信的訊號之前，雇主還是有理由持保留態度。

麥克‧史賓賽（Michael Spence）在 1973 年提出一個影響深遠的模型，演繹這種就業市場情況，並因此得到諾貝爾獎。[2] 史賓賽的模型指出，應徵者可以運用高成本訊號，以可信的方式揭露關於自身的重要資訊，以解決資訊不對稱（asymmetric information）這個問題，也就是他們知道自己有多好，但是潛在雇主不知道。

你要怎麼判斷這樣的訊號是否呈現應徵者真正的價值、偏好和能力？有些資訊是固定不變、由不得應徵者掌控，因此無法反映應徵者能力的重要資訊。例如：年齡、種族或性別就屬此類。另一方面，訊號是由應徵者的特質和可掌控的選項所塑造的資訊。史賓賽以教育為例，說明應徵者履歷裡的這項資訊如何傳遞訊號，來透露關於當事人更深的訊息。他的模型裡有兩種應徵者：「優者」與「劣者」。優者是本事高強的員工，人人都想要。雇主無法光是從應徵信或是面試分辨應徵者屬於哪一種。不過應徵者可以透過履歷上的教育程度，顯示他們真正的能力。投資於高品質的高等教育，是可以取信於人的訊號，顯示應徵者屬於「優者」，而雇主願意支付較高的薪資給做這項投資的應徵者。不過，就像任何模型，這個模型只是簡化的描述。這些訊號是僱用決策時的捷思法線索，也可能導致決策者犯錯。

投資於優良學術機構的教育，為什麼是可信的訊號？因為有難度。這個長期目標需要投入時間、心力和熱情。相較於「劣者」，這項教育投資比起「優者」的應徵者來說，成本沒那麼高，因為根據定義，優者比較聰明，也比較願意努力，對他們來說，教育比較不吃力，報酬也更多，勝於那些可能覺得教育非常困難或耗費時間的劣者。在這個模型裡，優者應徵者認為，未來薪資的增加，是一項值得做的教育投資，而劣者則認為成本太高。因此，雇主可以得知投資教育的應徵者的重要資訊。教育有可信訊號的價值，因為只有優秀的應徵者擁有它。

教育不是唯一可以做為訊號的過去行為。假設你在面試的應徵者裡，有一名之前是美國海軍三棲特種部隊（Navy Sea, Air and Land Teams，SEAL；簡稱「海豹部隊」）隊員。這個部隊的初步訓練已經很艱難，而要完成訓練、合格結業，並成為海豹部隊隊員甚至加倍艱辛，無論身體和精神上都是如此。能夠做到的人，有的覺得辛苦，有的不然，取決於個人類型。因此，即使你的召募啟事裡沒有提到像是登陸偏遠地點、與敵人戰鬥等高度專精化的任務，但能成為海豹部隊隊員這件事足以反映出，可能讓雇主覺得相關而有價值的個人基本特質。

用教育或特種部隊訓練做為私人資訊的訊號，顯然迥異於刺青。從我家到聖地牙哥的十分鐘車程，沿路就有十幾家刺青店，費用不過是一頓晚餐錢。可是，如果刺青和你的生活方式不符，那麼它的成本遠遠超過它的價格。因此，一如我們討論過的，用刺青彰顯你的偏好可以取信於人。以教育投資做為訊號之所以可信，因為它具有難度又花時間，還有你能成功完成教育，也透露出你的能力和個性的相關資訊。

📊 **重點提示：**
訊號是傳達價值、能力和偏好的可信方式。

第 2 章

挖掘消費者認同的 社會訊號,打造購買誘因

第 1 章討論到個人如何以可信的訊號向他人傳達資訊。大型組織或企業要如何運用訊號創造自己的優勢?如果組織知道個人運用訊號揭露自己的偏好、能力和人格特質,能否把這項觀察變成獲利策略? 2000 年代早期的豐田汽車就是這麼做。

1999 年,豐田和本田將油電混合車引入美國市場,先後相隔不過幾個月。這些是萬眾引領期盼中首批量產的油電混合車。雖然一開始有一點競爭,短短幾年間,豐田成為市場贏家,它的 Prius 成為有史以來最暢銷的車種。本田的油電混合車失利。豐田是怎麼說服如此多消費者買混合車?本田又為什麼落敗?

買爛車,好處多

早期的油電混合車除了燃料消耗,在其他各方面的表現

都不理想：不但比較貴，連在速度、加速度、舒適度和安全性上，都比不上市面上價格相近的非油電混合車。你可以想像，推出這種爛車沒辦法幫豐田贏得顧客。可是，這些缺點儘管絕對會形成挑戰，卻也蘊藏機會，因為買一部環保車是表達駕駛人環境理念的強烈訊號，就算車子以客觀標準來看是一部「爛」車。在早期，消費者選擇買油電混合車，是為了充分表明自己具備環境意識，為了挽救環境，買貴也在所不惜，不然幹嘛要為此犧牲舒適度和安全性？類似教育投資，如果從價格與價值來看，油電混合車的成本相當高，不過主要利益是為環保出力。消費者選擇買 Prius 是在對自己和全世界宣告，他們是那種願意為環境犧牲很多的人。初期油電車的誘因賽局樹狀圖，如圖 8 所示：

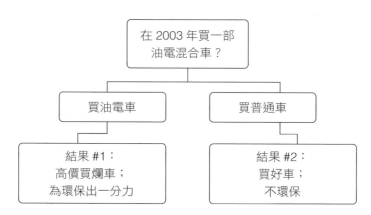

圖 8　買油電車是可信的訊號：買方的效用分析。如果一個人夠關心環境，結果 #1 ＞結果 #2 →買油電車。若不然，結果 #1 ＜結果 #2 →買普通車。

今日，買 Prius 無法再傳遞這種訊號，至少不像在早期油電車市場那麼強烈。Prius 現在是非常有競爭力的車款，即使在非油電車市場也不遜色，無論消費者關不關心環保，整體而言都是有吸引力的交易標的。比方說，優步（Uber）駕駛人或許會發現 Prius 在節省許多油錢的同時，也兼具舒適性和可靠性。因此，今天即使是不太關心環保的人，很多還是會選擇買 Prius。由於消費者今天購買 Prius 時，不必再犧牲安全性和舒適度，環保意識的訊號強度也會被該款車的其他新優點所削弱。如果你不相信，想想一個人買特斯拉（Tesla）所傳達的訊號是什麼——真的是環保至上嗎？

Prius 政治學：炫耀爛車

因此，雖然早期油電車的品質較差，但是能傳遞可信訊號以彰顯一個人的環保主張，這就能創造出強烈的購買誘因。由於有足夠的人願意為了聲明這個主張而買這些爛車，一個可以開發獲利的市場於焉誕生。我們知道，豐田汽車靠著 Prius 在油電車市場長年占有實質優勢。那麼，豐田究竟做了什麼是本田沒做到的？

我們很快地先來看一下兩家公司的銷售狀況。圖 9 顯示豐田和本田的油電車在 2000 年和 2010 年期間的美國市場銷售量（全球銷售量也類似）。[1] 你可以在圖中看到，兩家車廠都花了一些時間才真正開出銷售成績。本田的第一部油電車是

Insight，這款兩人座小型車的銷售不曾真正成氣候。本田的結論是，潛在消費者不喜歡買兩人座汽車，於是引入根據暢銷車款本田 Civic 打造的新款油電車。這個選擇背後的推論是本於直覺，而對於本田的工程師來說，這個設計決策當然讓事情容易得多：以現有款式為本做修改，整條供應鏈都輕鬆。

反觀豐田卻選擇另一種策略，結果開創出截然不同的局面。1997 年至 2003 年生產的第一代 Prius 是以豐田暢銷車款之一 Corolla 做為設計的原型。Prius 第二代在許多方面都有改良，不過有一項關鍵改變成為它成功的推進力。

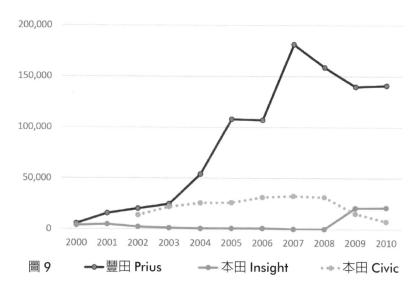

本田與豐田油電車在 2000 年至 2010 年間的美國市場銷量。縱軸代表各年的銷售輛數。

豐田在這款車的外觀設計上大翻新，而不是讓它看起來和其他轎車沒有兩樣，然後只在車尾貼一塊標示這是油電車的小牌子。重新設計後的 Prius 擁有我們現在都很熟悉的獨特外觀。如果你開著全新設計的 Prius 去上班，當車開進停車場，每個人一看就知道你是 Prius 車主。對於一個買車是為了彰顯自己關心環境的人來說，這種獨特性非常重要。畢竟，如果別人不會注意到，訊號的價值何在？以做為訊號來說，小小的牌子不是很管用，因為訊號不明顯，就是無法引起接收者的注意。另一方面，徹底重新設計的外觀就是走到哪裡都會引起所有人行注目禮。

　　如果你不相信 Prius 車主非常清楚自己究竟在做什麼，請看圖 10 的照片，這是我家外面一輛 Prius 車身上的貼紙。

　　Prius 車主喜歡他們的車子有獨特的外觀，有別於一般人認為的「酷」。別人看到 Prius 時會想到，只有真正關心環境的人會去買這種車。

　　如圖 9 所示，銷售隨著 2003 年引進第二代 Prius 而增加。沒錯，Prius 第二代確實比第一代好，但是本田的 Civic 也比 Insight 優越，卻只吸引到少數選擇買油電車的購車者。他們想要外觀醒目的 Prius——他們想要被注意。

　　2007 年，《紐約時報》（*New York Times*）引用奧勒岡州班頓市（Bandon）CNW 行銷研究公司（CNW Marketing Research）的研究，證實前述這個概念。研究發現，57% 的豐田 Prius 車主表示，他們購買這款車的原因是「它能為我代

圖 10 自豪的 Prius 車主

言」。只有 36% 的車主回答購買原因是燃料經濟性，而提到低排放的人更少（25%）。該篇報導的標題是「油電車，就是 Prius」，可謂一擊中的。作者米雪琳・梅納德（Micheline Maynard）以一個謎題做為文章開場：「當其他廠牌的油電車款賣不動時，豐田憑什麼這麼成功？」她的答案：車主想要每個人知道他們在開油電車。[2]

　　梅納德採訪車主選擇 Prius 的原因，而她的推論從受訪者的答案得到驗證。幾乎所有人都給她類似的訊息：

我真的希望大家知道我關心環保。

——喬伊・費斯禮（Joy Feasley），賓州費城對於我想要表達的訊息，我覺得 Camry 油電車太過含蓄。我想要盡可能發揮最大的影響力，而 Prius 打出的訊息更清楚。

——瑪麗·嘉區（Mary Gatch），
南卡羅萊納州查爾斯頓市

有同感的還不只是市井小民：

Prius 讓我們第一次有機會用車子做綠色宣言。
——丹恩·貝克（Dan Becker），加州聖地牙哥山岳協會（Sierra Club）全球暖化因應計畫主管

2017 年，《華盛頓郵報》的羅伯特·薩姆爾森（Robert Samuelson）恰如其分地把這個現象稱為「Prius 政治學」，主張大眾買 Prius 是為了炫耀，勝於減少汙染。[3] 同年，本田汽車的執行長承認，「推出在外觀上與造型一般、沒有多大差異的 Civic 油電車是個錯誤」——也因此在油電車競賽中把贏家寶座拱手讓給豐田汽車。

▂▃▅ 重點提示：
把訊號納入考慮，能讓一切改觀，在激烈的競爭中吸引顧客並贏得市場。

第 3 章

拆解自我訊號與社會訊號，設計動人的誘因

‿∧∿

　　Prius 的訊號有價值，正是因為它的大膽直白，比購買本田油電車所傳遞的微弱訊號更有價值。導論曾經把訊號分為兩種類型：自我訊號以及社會訊號。目前為止，我們的討論大部分都是社會訊號，這是一種提升我們社會形象（也就是他人對我們的觀感）的方法。不過，我們有許多選擇的動機都是自我訊號。人們通常透過顯示自己是好人的行為，藉此對自己傳遞訊號，並從中得到正面效用，也就是滿足感。

　　自我訊號和社會訊號的互動方式相當耐人尋味，而且不容易察覺。研究這種互動最簡潔俐落的方式就是做實驗。艾葉蕾‧葛尼齊（Ayelet Gneezy）、傑哈德‧黎納（Gerhard Riener）、雷夫‧尼爾森（Leif Nelson）和我進行一系列實驗，探究訊號互動的方式。[1] 其中一項實驗的進行地點是維也納中區的巴基斯坦自助餐廳「維也納迪旺小館」（Der Wiener

Deewan）。這家餐廳的獨特之處在於收費採用「隨意付」（pay-what-you-want，PWYW）訂價模式，也就是顧客在用餐結束之後自己決定要為這餐付多少錢，甚至一毛錢都不付也可以。

在你開始質疑這個營運模式之前，我先向你保證，這個模式行得通——至少有一定程度的可行性。許多公司和組織都運用過這種營運計畫。例如，電台司令（Radiohead）在樂團網站發布《在彩虹裡》（*In Rainbows*）專輯時，就是採用PWYW制度，並締造驚人佳績——這張專輯登上告示牌排行榜（*Billboard*）冠軍寶座，在全球銷售達數百萬張，而且連實體唱片都還沒發行，獲利就已經超過該樂團過去專輯銷售總額。[2]

這家餐廳的老闆受到這種訂價法的啟發，於是在餐廳開幕時實行PWYW，以吸引新顧客。開幕頭幾週，他們發現付款和固定價格的期望值差不多，於是決定維持PWYW訂價。一開始顧客的付款額平均在5.5到7歐元之間（與同地區同類餐廳相近），之後稍微下降。不過，因為喜歡PWYW訂價而光顧的顧客增加，彌補平均付款額的減少，營收反而微幅增加。

我們做實驗的前三個月，付款中位數是5歐元，最低值是0歐元（一天最多有三或四次），最高值是50歐元（只發生過一次，付款人是來自附近大樓一家在地傳播公司的主管，並在帳單上附言：「如果我沒弄錯，理應如此。」）一般來說，顧客都是付自己的飯錢給服務人員；在罕見的情況下，是一個人付全桌的錢，這時店家會以總金額除以總人數，來計算個人付款的估計值。這家餐廳只是 PWYW 可以長時間維持的一個例證。看起來，大部分去迪旺小館的顧客都沒有存心吃霸王餐。為什麼？答案或許是人會在意自己的付款所傳遞的訊號，不管是對自己或對他人。

為了測試並拆解社會訊號和自我訊號，我們做了一項現場實驗（field experiment）。現場實驗是行為研究的重要工具。實驗室實驗是在刻意抽離自然因素的「乾淨」環境下執行，而現場實驗則是在「野生」環境測試我們的理論。在思考現場實驗時，我們試著在自然環境下進行研究，參與者不知道有人在研究他們的決策。如此一來，現場實驗能讓我們在自然環境鎖定目標群體，而得出更適用於相關背景的研究結論。

我們的現場實驗包含兩組操作，差異在於付款是否匿名。在「外顯組」，顧客先填寫問卷，然後在櫃台付款時順便交問卷。服務人員按照指示並接受訓練，以同樣的方式對待所有顧客，並在問卷上記錄支付金額。以下是顧客歷經的流程：

吃午飯→填問卷→把問卷和錢交給服務人員

在「匿名組」，顧客也會有一張問卷，並決定要付多少錢，只不過是在離開之前把問卷和錢一起放進信封，丟進門口附近的箱子。

吃午飯→填問卷→把問卷和錢放進密封的信封袋

外顯組顧客的平均付款金額是 4.66 歐元。他們為什麼付錢，一個簡單的解釋是他們在意自己的社會形象——不希望在收錢的人面前看起來吝嗇窮酸。換句話說，他們支付合理的金額，藉此向他人顯示自己是好人，因而提高他們的社會形象。

那麼，匿名組的付款金額如何？這一組顯然不存在向他人傳遞訊號的考量。試想：如果沒有人會知道你付多少錢，付款就不具社會形象價值。因此，你可能會預期，只在意社會訊號的顧客一毛錢都不會付，就像圖 11 漫畫所描繪的。

用你想要的方式付款

圖 11 自我訊號：我是好人嗎？

要是他們也在意自我形象呢？吃了一頓不錯的午餐，一毛錢也沒付就拍拍屁股走人，或許會讓他們感覺不好受，因為他們不想讓人覺得自己是那種因為餐廳慷慨就占人家便宜的人。顧及自我訊號時，即使沒有人看得到，他們或許還是會付錢。

我們的實驗設計讓我們能夠拆解社會訊號與自我訊號之間的交互作用，並觀察它們的影響。外顯組讓我們分析兩種訊號的綜合影響，匿名組有助於我們獨立抽出自我形象的考量。在這種設計下，我們可以比較與對照這兩組顧客，並探究這些訊號是否會彼此強化。現在，請停下來思考並猜測一下：匿名組的顧客會因為不必擔心社會壓力而付得較少嗎？如果我們假設兩股力量會彼此強化，那就應該預期匿名組的人也會付錢，不過付得比外顯組的顧客少。

實驗結果顯示，在沒有人看到的情況下，匿名組顧客的付款金額比外顯組平均多 0.71 歐元，而這個差額幅度在統計上達顯著水準。我們可以明確反駁顧客在沒人看時付較少的說法。

可是，為什麼人在匿名付款時會付較多？我們的研究結果不但支持人通常會付錢提升自我形象的立論，也證明兩種訊號（自我和社會）的作用不是單純的「加總」。因為兩種訊號都會促使人們多付錢，因此我們很容易做一個錯誤的假設，那就是當兩種力量都存在時，效應會更強烈，人們也會給得更多。我們發現，這個假設不一定與行為一致。兩個訊號同時作用時，彼此之間會有交互作用，因而改變價值。如果有員工在一旁看著你付錢，你想要付一個合理的金額，向他們顯示你是好人。可是，有人旁觀會減損自我訊號的價值。如果有人在看，你覺得你付錢有一部分好像是為了給員工好印象，而這種向他人傳遞的訊號無法提升你的自我形象。你不會覺得你付錢是因為你是好人，而是覺得你付錢是因為你必須這麼做，否則別人對你會有負面觀感。另一方面，當沒有人看到你付多少錢時，自我訊號的強度反而可能更為強烈。即使沒有人在看，你還是會付款；因此，你的慷慨的利益完全加諸於你的自我形象。

自我表達

我們的發現證明，訊號不一定有加總效應。傳遞社會訊號可能會減損自我訊號的價值，而自我訊號本身可能更有力，那就是為什麼在我們的實驗裡，加上社會訊號後的整體付款金額會減少。然而，豐田 Prius 卻不受社會訊號排擠自我訊號的問題之害。以這個情況來說，兩種訊號確實發揮加總效應。品牌專家布萊德・汎奧肯（Brad VanAuken）在他的〈豐田 Prius：汽車的自我表達〉（Toyota Prius - Vehicular Self-Expression）一文中討論到，Prius 的獨特設計對於那些用這個品牌做為自我表達宣言的人的重要性。行銷人員用自我表達（self-expression）一詞結合我們剛才討論的兩類訊號。汎奧肯證實，「當我開著我的第一部 Prius，每一次和一輛汗馬車（Hummer）並排停下來等紅燈時都不禁莞爾。我的眼光朝著那位汗馬車駕駛上下打

誘因設計
MIXED SIGNALS

量，暗自竊笑地想著『你這個耗油豬頭，你這個浪費的自私鬼。』身為理解何謂自我表達品牌的行銷人員，我同時也會想像他在打量我，心裡想著『你這個環保軟腳蝦，我可以像捏死小蟲一樣壓扁你的車』……又或許他認為我是一個『自以為是的環保分子』，又或者我買不起他那種車。」[3]

一般 Prius 車主從這輛車得到兩層享受。第一，他們能夠提升自我感覺（自我訊號）。第二，他們是可以取笑汗馬車主的 Prius 快樂車主（對他人傳達訊號）。這兩種訊號的結合在社會學和行銷領域都很常見；簡單說，我們有自我表達的需求，而這種需求是由我們對兩種訊號的欲望所牽引。我們用許多選擇做為這種自我表達的機會，像是我們的服飾、飲食或開的車。

然而，**在考慮誘因的運用時，拆解自我訊號和社會訊號很重要**。一如我們的餐廳實驗所顯示的，兩種訊號不一定有加總效應，如果在運用上欠缺深思熟慮，可能會偏離原來的目標。務必留意誘因環境，因為兩個訊號的交互作用無論是相得益彰或相互衝突，都取決於脈絡框架。在設計誘因結構時，理解人們從這些角度如何看待誘因，能產生很大的差異。

了解目標受眾是有助於做到這點的重要面向。汗馬車的駕駛人想要傳達的訊號，與 Prius 駕駛人截然不同。Prius 翻新後的設計之所以成功，是因為它針對正確的群體準確地給予誘因——對此，我們稍後會有更多探討。現在，我們要談的是誘因和訊號如何真正影響自我篩選。

案例研討：賣血記

假設珍是位律師，她定期捐血。捐血有一點不舒服，但其實有益於她的自我訊號：珍現在不只因為捐血而感覺良好，也能肯定自己是為他人福祉而忍受不適。珍與朋友一起吃晚餐時，也從提及自己捐血而享受某種社會訊號。在她的成本效益計算裡，感覺良好的好處大於時間與不適感的損失。珍不是唯一一個：全球每年的捐血人次大約是 1 億。[4]

當然，不是每個人都有和珍一樣的行善動力。以和珍在同一家律師事務所擔任祕書工作的喬來說，他的薪資想必遠低於珍，於是在下班後兼差開 Uber 賺點外快。喬不捐血。為什麼？首先，他寧可把這個時間拿來開 Uber 賺錢。其次，他不怎麼關心捐血，而捐血不會讓他的自我感覺有太多提升。

捐血經濟學相當有趣，因為這是一個每年有數十億美元在流通的市場，可是捐血人沒有拿到半毛錢。美國醫院採購血液的單位價格是 570 美元，並向病患收取血液費用。[5] 血庫永遠缺血，而且向醫院收取的費用遠高過集血的成本。面對這樣一個求過於供的市場，經濟學的解決方法很簡單：付錢給捐血者，供給就會增加。如果真是這樣，你捐血時為什麼連一次都沒有收到錢？

假設有一家血庫與你接洽，請你幫忙為捐血者設計鼓勵捐血計畫。你憑簡單的直覺想到一個辦法：給每位捐血者一些補貼，比方說 50 美元，不就好了嗎？反正血庫可以向用血人

誘因設計
MIXED SIGNALS

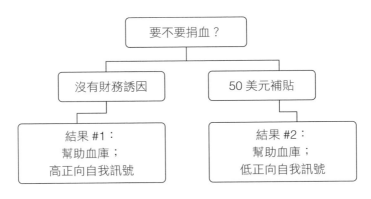

圖 12　金錢對自我訊號的排擠效應

收取更高的費用。珍應該會更高興來捐血，而喬或許也會停個
車，花幾分鐘捐血，賺一點錢。這個做法能出什麼錯？

　　你的訊號可能會發生衝突。金錢補貼會影響一個人的銀行
帳戶，也會改變捐血所傳達的訊號。珍享受沒有任何財務誘因
的正向訊號，一如描繪珍的決策流程的賽局樹狀圖（圖 12）
中的結果 #1 所示。然而，給她 50 美元會導致結果 #2，一切
因而改觀。從此以後，她在朋友聚餐時提到自己的善行時，都
會面對朋友的批判立場，因為他們會覺得她絕對被虧待了，更
糟的是認為她為了區區 50 美元就賤賣自己的血。回想導論裡
的資源回收例子：一個簡單的誘因改變，就讓莎拉跌落神壇，
從令人欽佩的環保鬥士變成寒酸小器的鄰居。就像莎拉一樣，
這 50 美元或許也會讓珍質疑自己的捐血動機：她捐血是因為
好心？或是可以拿到一筆錢？矛盾之下，珍可能會因為偏好結

果 #1 而停止捐血。另一方面,喬的行為可能會如你在設計誘因時所願(只要獎勵夠高),而成為捐血常客,因為他從一開始就沒關心過捐血傳達的正向訊號。

理查‧提慕斯(Richard Titmuss)1970 年的著作《禮物關係:從人類血液到社會政策》(The Gift Relationship: From Human Blood to Social Policy)提到的正是這種效應。[6] 他比較美國和英國的捐血制度。當時的美國血庫付錢給捐血者,而英國沒有。提慕斯認為,誘因設計上的這個差異造成捐血者的類型差異:英國的捐血者有相當高的比例是「珍型人」,而美國則較多屬「喬型人」。結果造成美國血庫的血液品質較差,感染 B 型肝炎的機率較高,因為許多捐血者都是需要錢的毒蟲。提慕斯還指出,對捐血的道德觀改變也是造成捐血者類型差異的原因之一。從誘因結構而形成的道德觀勾勒出故事,從而影響兩種訊號——你對自身行為的想法,以及他人對這些行為的想法。

富裕國家的捐血者被問到他們為什麼要捐血時,他們會回答此舉純粹是出於利他原因,這一點更進一步說明血液市場目前所涉及的誘因:他們想要幫助社群、朋友和親人。[7] 確實,在這些國家所採集到的血液,大部分(超過 75%)都來自志願者。[8] 事實上,高所得國家甚至不願意去考慮付錢給捐血者,原因多半類似提慕斯的論述:他們不希望與捐血相關的道德觀和金錢扯上關係。

以捐血而言,誘因的整體效應大部分取決於誘因的規模和類型。如果誘因的形式是蠅頭小錢,道德觀可能為之轉變,而且這對珍型捐血人所產生的負面效應，可能會大於對喬型捐血者產生的吸引力，因此，在這種情況之下，完全不提供誘因，來避免動機改變，反而會比較好。

不過，不允許用金錢獎勵捐血的國家發現，如果運用得宜，小型、非金錢的誘因有其效果，不會引起捐血者對動機產生質疑。誘因類型和規模的改變（從財務轉為非財務，從贈送50美元變為1美元的筆）可能對喬型人還是沒有影響，但是現場實驗顯示，這樣的改變可以打動珍型人更常捐血，或是讓「只差臨門一腳」的人挽起袖子，加入捐血者的行列。有一項研究，是採用獎牌和社會獎勵做為誘因（某個義大利城鎮在當地報紙刊登表揚報導）。[9] 還有一項澳洲的研究是給珍型捐血人「捐血榮譽筆」。[10] 這類研究顯示，用小禮物做為誘因能在短期對捐血產生正向效應，但是不會引發長期負面效應。[11]

這些做為表揚的小東西為什麼能激勵捐血者？珍顯然不需要多一支筆。不過，有了這支筆，她開會時可以順手帶著，讓別人更容易看到她是捐血者。這支筆也能提升自我訊號。畢竟，她每一次拿起這支筆，都會想到自己是這麼好的人，感覺很不賴。

▮▮▮ 重點提示：

訊號會改變一個人對自己的感受（自我訊號），以及他人對他們的觀感（社會訊號）。要提升訊號，可以從訊號強度和類型著手。

PART 2

錯誤的訊號，
會造成誘因失效

我們的選擇和行為會向他人傳遞關於我們價值觀的訊息。比方說，有個主管向電話客服中心員工表示，「我們公司以顧客關懷至上。」這就是一個向他人傳遞公司價值主張的訊號。現在，假設主管訂定獎勵標準，客服人員的薪酬會根據接聽電話通數計算，那麼這項誘因所傳遞的訊息與主管所尋求的價值觀／價值主張截然不同：它所傳達的訊息是快速，然而效率則會犧牲服務品質。這樣的混合訊號會讓員工不知所措，不知道主管真正的價值主張和期待為何。

　　混合訊號的問題可以用　個簡單的問題來表達：應該獎勵什麼？很多時候，績效有多重面向，但是獎酬只給其中一個通常是最容易衡量的面向。簡單的「單面向」獎酬能向工作者傳達清楚的訊息：專注於我們付錢給你做的事，其他的都不要管。例如，工廠生產的襯衫件數或許容易衡量，但是如果我們以生產件數做為獎酬的唯一依據，襯衫品質會如何？工人還會一樣用心講究針腳的平整和對稱嗎？如果我們以銷售金額做為銷售人員薪酬的唯一依據，他們或許會賣更多貨，但是顧客對於服務的滿意度可能會降低，未來也比較不會再次光顧我們公司買東西。

經濟學家絞盡腦汁推敲這種「多重任務」情況下最佳的行為誘因設計方法。[1] 有時候，如果你因為某個面向的衡量過於複雜（例如品質），而只能在另一個單一面向（例如：數量）賦予誘因，那麼乾脆完全避免使用「權變誘因」（contingent incentive，也就是取決於績效的誘因）或許比較好。有一些聰明的方法可以藉由考慮其他的績效面向，來避免這個問題。我們會在 Part 2 討論這些問題以及解決辦法。

最重要的課題是在你利用誘因獎勵行為或結果時，必須理解並控制誘因會如何影響不同目標之間的衝突，否則會傳達出自相矛盾的訊息。公司通常有一些幾乎毫無意義可言的「談話要點」，而不是有一個由誘因所支持的強烈且明確的訊息。下方圖表（圖 13）是公司所傳遞的一些常見的衝突訊息。

鼓勵……	但是，以誘因獎勵……
◦ 品質	◦ 數量
◦ 創新	◦ 打安全牌並懲罰失敗
◦ 長期目標	◦ 短期成果
◦ 團隊合作	◦ 個人成功

圖 13　誘因如何傳遞混合訊號

誘因設計
MIXED SIGNALS

因為公司想要的事物與設定誘因的方式出現衝突而產生的混合訊息，都出現在這些訊息裡。接下來的各章會逐一討論表中的各項混合訊號，而我會談到公司如何避免這些混合訊號問題。請注意，在表中的例子裡，訊號是指經理人期待員工從事什麼的解釋，也就是說，它幫助員工解讀誘因設計者的期望。

第 4 章

數量取向 vs. 品質至上

> 我說啊,如果把事做好很麻煩,可是擺爛不會有事,
> 而且都領一樣的工錢,那你學著怎麼把事做好有什
> 麼用?
>
> ——馬克・吐溫(Mark Twain),《頑童歷險記》
> (*The Adventures of Huckleberry Finn*)

45 歲的蘇珊在一家約有 100 名人員的電話客服中心工作,現在晉升為主管。她在兩年前加入這家公司,現在的職務是為她的團隊訂定獎酬制度。傑克是團隊成員之一:他 29 歲,和女朋友住在一起,並在當地一所法學院在職進修。他的夢想是成為成功的律師;他在電話客服中心工作是為了糊口,而不是追夢。

蘇珊今天覺得很沮喪,因為她不能單純以努力程度做為獎

酬的依據，因為客服中心對「努力」沒有適切的衡量指標。雖然蘇珊無法完整追蹤記錄傑克為工作的付出，但是可以改變他的誘因結構，藉此激勵他工作更努力。一開始，蘇珊考慮採取許多雇主使用的一種極端方法：固定薪資。在這種制度下，傑克只要來上班、接電話就有薪水。不過，出勤時數足以代表傑克工作努力的程度嗎？傑克每天值勤的八個小時期間，工作時可能一派悠哉，接聽電話漫不經心，還不時喝杯咖啡、滑個臉書。如果出勤時數不是理想的衡量指標，蘇珊應該採用什麼指標？傑克的接聽電話通數？協助的客戶人次？他喝的咖啡量？

　　假設蘇珊仿效與她相同職位的許多雇主所選擇的做法，以接聽電話通數取代出勤時數。如果電話通數單純取決於傑克的努力，也很容易衡量，那麼蘇珊就無需擔心滑臉書的事：他接聽的電話通數愈多，賺的錢就愈多。

　　看似簡單直接，不是嗎？確實，如果蘇珊「只關心」電話通數的話。可是，蘇珊想要傳達給傑克的訊息是「盡可能接愈多通電話愈好」嗎？如果她也重視電話的品質，那麼這個指標或許會讓她失望。試想一下傑克可能接到的電話類型。有些內容簡單，可以迅速解決，但是有的時間較長，比較難處理。如果按照電話通數支付薪酬，傑克接收到的訊號就是——舉個例子，「意外」掛斷一通他認為情況變得複雜的電話沒有關係。雖然那麼做對顧客或客服中心都沒有好處，傑克也會寧願盡快結束通話，因此他對來電者較沒禮貌、沒耐心。本章要討論的就是，如果你除了數量之外還關心其他面向，像是品質，那麼單純以數量做為誘因會引發什麼樣的問題。

　　就像蘇珊和傑克的例子，工作完成件數或產品組裝件數通常比工作品質容易衡量，在這類情況下，我們很容易用數量做為誘因——許多公司也確實都採用這個方法。可是，對於真正注重品質的公司來說，例如，顧客好評是成功要件的企業，這個指標會製造問題，因為它會傳達錯誤訊號。公司儘管經常強調品質的重要性，最後卻因為在設計誘因時，以數量做為唯一的獎酬依據而傳達相反的訊號。

誰會傳遞混合訊號？

　　不只是私人企業，政府部門也會犯傳遞混合訊號的錯。十九世紀中葉，美國政府著手建造全國第一條橫貫大陸鐵路。主事部門僱用聯合太平洋鐵路公司（Union Pacific Railroad Company）承攬這項工程，指示它要建造最有效率的鐵路。這個部門也根據數量建構誘因，決定按照軌道建造哩數付款。

　　那是 1860 年代，故事的主角之一是精采傳奇人物湯瑪斯‧杜蘭（Thomas C. Durant）。杜蘭原來是醫生，後來轉戰商業界。他以超過 200 萬美元買下聯合太平洋鐵路公司的股份，掌握總經理的選任權而得以控制這家公司。他「僱用」美國動產信貸公司（Crédit Mobilier of America）擔任鐵路營建的獨立包商。但是美國動產信貸只是個幌子，它實際上是由聯合太平洋鐵路公司的投資人所持有。杜蘭利用這個空頭公司虛報營造成本，從政府的口袋騙到數千萬美元。成本灌水的一個方法是增加不必要的軌道哩程：反正軌道哩數「蓋」得愈多，公司賺的錢就愈多。[1]（Linda Hall Library, "The Pacific Railway, A Brief History of the Pacific Railway," The Transcontinental Railroad, 2012, https://railroad.lindahall.org/essays/brief-history. html. 如果你想要更了解杜蘭和他玩弄誘因出神入化的詐欺技巧，我非常推薦 AMC 電視網的電視影集「地獄之輪」〔Hell on Wheels〕）。

這顯然不是政府以軌道哩數訂定誘因時所想要的結果。以數量作為誘因固然沒有什麼錯，但是建造哩程只是品質的替代指標，並不是軌道效率的實際衡量指標。誘因納入時間因素（例如軌道準時完工的定額款項，而不是按照數字容易灌水的哩數付款）並結合品質控制（因為強制的時間框架也會導致品質的疏忽）應該比較理想。

為了增加數量而犧牲品質的錯誤會造成無法彌補的後果。以化石修復為例，十九世紀時，中國的古生物學家在一個遺址僱用在地農民協助挖掘化石，並按找到的化石片段數計酬。他們以數量做為誘因，果然如願得到最多化石片段：狡猾的農民把他們找到的骨頭敲碎，大幅增加他們的收入，但是此舉當然會減損這些古物的科學價值。誘因簡單很好，但是那些古生物學家設計的誘因過於簡單。如果他們在誘因設計裡添加另一個面向（像是化石大小）會更有助益。

為什麼要增加面向，而不是以另一個簡單的誘因替代？蘇聯為這個問題的答案付出慘痛的代價。在蘇聯，國有玻璃生產工廠曾經以生產玻璃的重量做為管理者和員工的薪酬標準。這個誘因促使工人生產超重的玻璃，厚重到幾乎不透光。工廠主管發現這一點，但是沒有為誘因增加面向，只是單純以尺寸替代重量做為誘因，也就是根據玻璃的面積付酬。新誘因解決玻璃厚重的問題，卻產生一個截然不同的問題：現在玻璃變得非常薄，結果玻璃窗在運送或安裝過程中經常碎裂。[2]

特拉維夫的小巴為什麼門還沒關就開動？

所有這些故事都在說一件事，那就是當你鼓勵人們在產出的某個面向提高績效時，可能會對其他面向造成意想不到的影響。你**必須確保你放進誘因的確實是你想要鼓勵的事物**。理解誘因的效應是關鍵。芝加哥大學經濟學家奧斯坦・古爾斯畢（Austan Goolsbee）在《頁岩》（Slate）雜誌發表的一篇文章裡論述到這一點。[3]他想要在日常通勤時避開高速公路的繁忙交通，於是把各條路線摸得熟透，如果高速公路塞車，就換一條路走，以節省時間。全世界的駕駛人都是這樣……巴士司機除外。巴士會在車陣裡等待，不去找比較快的路，即使換條路走不會影響停站載客——高速公路上沒有公車站牌。巴士在高速公路上塞車會造成延誤，因此吸引力遠遠低於其他交通運輸工具。

巴士司機為什麼不走捷徑？是因為找出更快的路有困

難？不盡然——就算你路不熟，GPS 的 App 也可以顯示各條路線的交通狀況，讓你找到更快的路。或許一個比較好的問法是：如果沒有誘因，巴士司機為什麼要找最快的路？巴士司機是按時計酬。他們開完一趟車就回站，然後再出一趟車，一直到值勤時間結束下班。由於誘因結構使然，他們沒有走捷徑、多載客的動機。

在 2015 年的一項研究裡，萊恩‧強森（Ryan Johnson）、大衛‧雷利（David Reiley）與璜‧卡洛斯‧穆尼奧茲（Juan Carlos Muñoz）指出，智利巴士司機其實對誘因有所知覺，而且會隨著誘因結構改變而迅速反應。[4] 當他們像美國巴士司機一樣是按工作時數計酬，就沒有尋找最快路徑並增加載客數的誘因。用我們的術語來說，他們接收到的訊號就是「慢慢來」沒關係。但是，只要改變誘因結構，改用值勤時的載客數做為司機的計薪依據，他們就會得到一個訊號，知道這是管理階層關注的事，行為也會大幅改變。換一種誘因結構就能激勵司機減少延遲。他們會像你我一樣，縮短行車時間。他們也會花更多時間在路上跑，而縮短休息時間。

在特拉維夫也可以觀察到像智利一樣的現象，不過按乘客人數計酬這種簡單誘因的問題會更明顯。在一些較為繁忙的路線，收取乘車費、由個人司機駕駛的小巴要與按工時計酬的司機所開的一般巴士競爭。我在特拉維夫時很喜歡搭這些小巴，因為可以觀察到活生生的策略行為。小巴司機一直透過無線電和朋友研擬策略，根據哪裡有更多潛在乘客來規畫行車動線。

他們也會注意巴士班表，試著保持比大巴搶先幾秒到站，載運在車站等車的乘客。

這個故事的景象如圖14的漫畫所示。總之，這種策略行為能讓這些小巴司機提供更快的服務。不過，小巴司機除了開車比較快，態度也更不客氣得多，讓許多乘客搭車時比較不愉快。乘客腳才踏上車，都還沒來得及坐好，司機就起步離站，甚至連車門都還沒完全關好。搭小巴時，你是真的必須快手快腳。無獨有偶，一項智利的研究也發現，當巴士司機有快速駕駛並增加載客數的誘因時，肇事數較多，乘客的搭乘體驗也較不愉快。

猜猜看：誰是按時數計酬？誰又是按載客數計酬？

圖14 匆匆忙忙、怒氣沖沖？還是慢慢來？一切都與司機的誘因有關。

公司在選擇司機的薪酬方式時，必須思考何者為重：效率？還是安全和舒適？在決定出相對重要性之後，公司就可以選擇讓公司目標與司機目標保持一致的誘因，避免傳送混合訊號。或者，你可以尋找一些創意辦法，同時解決品質面的問題。有一項關於共乘的大型自然實驗就為我們指出兼顧之道。

共乘實驗

我們先來看看你附近友善的計程車行。山姆是這家車行的駕駛，按工作時數支薪。你可以想像，在固定工資下，山姆沒有什麼動機盤算最佳載客地點。他也樂於享受長時間的午餐休息，而不是用這個時間開車在街上繞。反正，只要他混水摸魚不被逮到，無論工作時數多長、工作有多拚，都是領一樣的錢。

反觀開 Uber 的凱特，她和同為 Uber 司機的駕駛處於另一個極端：他們是按照行車趟次支薪，車款扣掉 Uber 平台抽成之後的錢全部都收進他們的口袋。因此，凱特的所得取決於她的開車哩程：開愈多，賺愈多。她和她的共乘駕駛同伴都比較有動機根據開車的速度和距離，追求出車的最高效益，這一點相當近似於特拉維夫的小巴司機，而且可能還比山姆和他的車行同事更拚。

凱特可以選擇把全副心力用於爭取更多出車趟數，忽略工作的服務面。共乘公司了解這個風險，不過找到一個解決辦法：多加一個誘因面向，也就是讓乘客評鑑駕駛。乘客在每一趟 Uber 搭乘結束時，都能用一到五顆星評鑑駕駛。你每一次叫車，過往乘客給駕駛的累積評分就會出現在螢幕上。這時你看到評分較低的司機，你可能會換個評價好的駕駛。此外，如果你選擇給你的駕駛低分，評鑑系統會提示你具體描述原因：安全、清潔、禮貌等。評分攸關重大：Uber 的演算法會追蹤這些評分，而沒有達到某個評分門檻的駕駛不能在這家公司繼續服務。

評鑑制度這個辦法雖然簡單，卻讓使用者體驗和顧客服務重新成為重點，因而能激勵駕駛提供優質服務。值得注意的是，雖然評鑑系統成本低廉又有效，不過並沒有取代原來按趟計酬的誘因。共乘公司是在原來的誘因結構之外加上評鑑，成功地讓司機同時有追求效率和提供優良服務的誘因。

傳統的計程車司機沒有這種機制。姑且不論固定薪資制，即使是個人獨立經營或是能按營收分成的計程車司機，也只有追求最多出車趟數的誘因，所以會為了提高速度而不顧舒適和安全。如果乘客不提出正式申訴，司機沒有提供優良服務的內在動機。如果你以為他們像山姆一樣在一家車行工作，多少會因為服務不錯、不辱公司名聲而得到好處——這種想法是大錯特錯。妮可·譚（Nicole Tam）在《夏威夷商業雜誌》（*Hawaii Business Magazine*）發表她個人乘車經驗的一篇文章，足以做為我們許多人遭遇的寫照：

誘因設計
MIXED SIGNALS

（我和朋友一行人）坐上在停車場排班的計程車。車程很短，但是又熱又難受。司機一副惡狠狠的樣子，而那部七人座廂型車看起來陳舊、霉味瀰漫，而且髒亂不堪，到處都是衛生紙和塑膠袋。我想要拿出手機，點開 App，公開給他一個很差的評分，藉此出一口怨氣，但是唯一的申訴管道是記下他的車牌號碼，打電話給出租車行做口頭申訴。

我搭 Uber 和 Lyft 時，司機幾乎都很文明有禮，車子很少骯髒凌亂，我也可以在結束搭乘時立刻在他們的 App 上為我的乘車體驗給評鑑。[5]

事情現在已經有所改變。計程車行面對共乘 App 帶來的競爭，不得不重視顧客服務。《大西洋雜誌》（Atlantic）有一份報告，分析來自超過 10 億筆計程車程的資料發現，在共乘公司進入市場之後，紐約和芝加哥的計程車委員會（Taxi and Limousine Commission）所收到的顧客申訴件數穩定減少。[6] 為什麼？資料顯示，至少有部分減少的申訴，是與計程車司機在面臨新競爭壓力下，努力提升乘車品質有關。在有些城市，車行甚至推出自己的 App，試圖與共乘 App 抗衡，而這些 App 也有評鑑功能。

研討案例：按服務計費

威爾是本書的研究助理，最近買了一副電動滑板車，踩著它到處遊走。他經常把滑板車的速度飆到刺激的時速 20 英里，沉浸在速度和腎上腺素狂飆的快感中。威爾在經過幾週的極限測試之後，終於因為輕率的舉動得到報應，跌傷膝蓋。他進急診室求治。醫院的一位醫生檢視身體掃瞄結果，建議他兩週後回診，做第二次檢查，甚至提到可能需要動一次小手術。醫生也開給威爾一堆止痛藥和助眠藥物，處方給藥的數量足以讓威爾昏睡好幾週。最後，威爾的膝蓋在休息一週半之後完全復元，而他前後服用的藥大約只有處方劑量的四分之一。

威爾的經驗並不罕見。2015 年有一項調查顯示，435 位急診室醫師被問到關於他們指示做的檢測，超過 85% 的人承認他們執行太多明知在選擇治療方法上無助於他們做決策的檢測。[7] 為什麼醫生經常做過多不必要的檢測和治療？因為在按服務計費制度（fee-for-service，FFS）下，醫療照護提供者是根據他們所提供的服務支薪，而不是按照成效，因此他們有誘因這麼做。病患做愈多檢測、手術和掃瞄，醫療照護提供者得到的支付就愈多。在這種制度下，醫生有誘因開過多醫療處方和服務，即使這些沒有幫助。

FFS 制度是 1960 年代中期引入聯邦醫療保險（Medicare）時開始實施的，現在仍然是美國醫療照護最主要的支付模式，占基層醫療執業營收的 90%。[8] 醫生很容易就會對像威爾這樣的病患說，「要不要做個心電圖看看有沒有任何問題？」在 FFS 下，醫療照護提供者與醫院都能從每一項這類檢測賺錢，而那其實是一筆很大的錢。根據全國醫療學會（National Academy of Medicine）估計，美國醫療照護產業在不必要的程序上一年大約浪費 7,650 億美元，大約占年度醫療照護支出的四分之一。[9] 雖然 FFS 不是過度醫療唯一的原因，但確實造成浪費。FFS 通常讓醫生有誘因在可以用更複雜而昂貴的治療計畫時忽視簡單的療法，因為醫生能直接得到償付。美國人均醫療照護支出，將近是其他富裕國家的兩倍，但是天文數字的開銷得到的成效卻較差，這種誘因結構是原因之一。[10] 誘因結構裡有數量，但是沒有放進品質。

　　FFS 和過度醫療之所以能存在的原因之一，是大部分成本通常都是由保險公司負擔。我的女兒最近動手術；醫療費用是 6 萬 4 千美元。幸好，我在大學的醫療保險支付了大部分金額；我收到的帳單只有 250 美元，其餘成本是由我的醫療保險公司的全體投保人分攤。比方說，雖然讓女兒在醫院住私人病房很好，但是如果可以省下數千美元，我們或許會選擇多人病房。我們很幸運能有這種保險；聲請破產的美國人有三分之二表示，醫療問題是拖垮財務的關鍵主因。[11] 要支付全額醫療費用的病患可能會到處比價，就像我們在做重大採購決策時一樣；但是，醫療制度沒有給病患這樣的自由空間。例如，如果我們想要整修房子，我們大概會找幾家包商估價，挑選成本效益最高的那家。可是，如果這筆整修費用是由別人支付，比方說保險公司，我們或許比較不會那麼勤於比價。同理，醫療費用由保險支付時，我們會不計價格，只想盡可能得到最佳治療。我們通常覺得治療愈多就是愈好，但是這不見得是事實。

假設珍和艾許莉都是快要臨盆的健康孕婦。珍到在地醫院與醫生討論最佳分娩方法。醫生告訴珍，他們必須做風險分析，具體來說就是做胎兒心跳追蹤檢查，看看寶寶做自然分娩是不是安全。做過分析之後，醫生的結論是胎兒心跳追蹤結果顯示可能有異常，於是強烈建議珍做剖腹產。

艾許莉在另一家醫院徵詢醫師意見，她的醫師也建議她做胎兒心跳追蹤檢查，評估自然分娩的安全性。檢查的分析結果和珍一樣：胎兒心跳追蹤結果顯示可能有異常。不過，醫生的結論卻截然不同。她向艾許莉解釋情況，並建議採取自然分娩，搭配一些監看胎兒心跳措施。

剖腹產雖然可以降低出生損傷風險，有時候在女性面臨生命威脅的分娩情況時也有其必要，例如前置胎盤和臍帶脫垂，但是經陰道生產通常是較理想的分娩方式。[12] 平均而言，剖腹產的孕產婦死亡機率較高、失血較多、感染風險較高、未來生產可能出現更多問題，而且恢復期也較長。[13]

那麼，珍的醫生為什麼建議做剖腹產？原來，珍的醫生每次做剖腹產手術都能得到高額償付，而艾許莉的醫生這邊，做剖腹產手術和陰道生產都不會有額外的收入。這種行為不一定就表示醫生不在乎病患的健康。本書稍後會討論到，醫生可能會自我欺騙，認為他們自身作為是為病患爭取最佳利益。根據

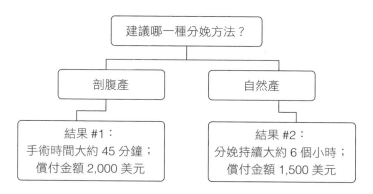

```
                    建議哪一種分娩方法？

        剖腹產                           自然產

    結果 #1：                       結果 #2：
    手術時間大約 45 分鐘；           分娩持續大約 6 個小時；
    償付金額 2,000 美元              償付金額 1,500 美元
```

圖 15 有誘因的醫生對分娩方法的建議：醫生的效用。結果 #1 花的時間較少、得到的金錢報酬較高→選擇結果 #1。

一些計算，有誘因的醫生每次做剖腹產都能多賺幾百美元。對於每一次剖腹手術也可以賺幾千美元的醫院來說，這具有經濟意義。[14] 在這種支付結構下，醫生除了有個人誘因，也會有來自院方要他們建議剖腹產的壓力。

剖腹產的潛在處置成本雖然和自然產近似，得到的償付卻高得多。研究顯示，償付的差價對於採用剖腹產有強烈的正向效應。[15] 換句話說，剖腹產和自然產的償付差價愈大，醫生愈可能做剖腹產。圖 15 是簡化的醫生決策流程，以說明這個誘因的觀點。請注意，此圖描繪的是完全忽略對病患的成本和效益的極端狀況。

那就是為什麼珍和艾許莉的醫師面對同樣的異常癥狀，卻做出迥然不同的決定。出現偏離分娩常態的癥狀時，珍的醫生

很容易就理所應當地執行可以獲利的剖腹產，然而對艾許莉的醫生來說，由於兩個選項都沒有額外的財務收益，因此需要更多證據才能說服她放棄自然產。

珍和艾許莉的情況有真實數據做為依據。1990 年代時，有五分之一的新生兒是經由剖腹產出生，今日大幅增加為約三分之一。[16] 女性在醫師客觀而周嚴的判斷下進行剖腹產不是什麼問題，但現在許多醫師的決策都受到財務誘因和機構壓力的影響。

除了財務誘因，病患的知識也會影響醫生的決策。假設珍雖然受過教育，但是對分娩處置所知不多，而艾許莉本身是醫生，具備做獨立判斷所必要的醫學知識。醫師對於醫師母親和一般母親會有不同的處置嗎？那正是最近有一項研究所做的比較，而答案是肯定的：身為醫師的母親比較不會做不必要的剖腹產，而整體來說，進行剖腹產的比例比非醫師母親低 7.5%。[17]

病患知識與財務誘因之間有一個有趣的交互作用。在剖腹產有財務補助的醫院，像珍　樣的一般（非醫師）母親接受剖腹產的比例較高，那麼具醫師身分的母親呢？雖然醫師建議做剖腹產通常可以獲利，但是如果對具備相關知識的病患做不必要的建議，可能會損及病患滿意度。事實與這個理由有吻合之處，也就是像艾許莉一樣的醫師母親，分娩方法似乎不受醫師財務補助的影響。資料顯示，雖然醫師向缺乏相關知識的孕婦建議高強度醫療時毫無掛礙，但是面對醫師孕婦時卻會有所克

　誘因設計
MIXED SIGNALS

制，因為病患的知識可以做為有效的中和劑。

這種根據病患知識的治療差異，也會造成其他重大後果。像艾許莉這樣的醫師母嬰的死亡率低於像珍這樣的非醫師母嬰，而且動用的醫院資源也較少。艾許莉的醫院費用較低、恢復期較短，而且比較不會用到真空吸引。如果所有病患都被當成資訊充分的醫師對待，剖腹產就會減少，而醫院收費也會減少 20 億美元。不過，大部分孕婦終究沒有內行的醫師那麼博學，因此仍然面臨潛在過度醫療的壓力。

FFS 造成的另一個重大問題，是醫療照護提供者沒有誘因投資於疾病或傷害的預防。我們知道投資於預防的報酬率高出許多。富蘭克林（Ben Franklin）曾說：「1 盎司預防的價值等於 1 磅治療。」更近代有美國前總統歐巴馬（Barack Obama）主張，「我們花在預防和公共衛生的錢太少」。[18] 據估計，一年有 90 萬人死於可預防的死因，占美國一年總死亡數將近 40%。[19] 但是，醫師或醫院沒有錢讓我們平時保持健康，倒是在我們生病時花大錢治療我們！

關於這種態勢，薇薇安・李（Vivian Lee）最近的著作《長期治本》（*The Long Fix*）裡有幾個很好的例子。申卡・維丹譚（Shankar Vedantam）的播客節目《隱藏的大腦》（*Hidden Brain*）有一集討論到這本書。[20] 這個節目強調，FFS 醫療如何成為過度診斷和過度治療等行為的主因。這是把焦點放在提高數量而讓醫療品質受到傷害的明顯例子。李以一個頭痛病患做為例子。醫師有 99.9% 的把握，病患只是普通的頭痛，會自行消失。頭痛原因是腦瘤的機率非常低，但還是有可能。在歐洲，這樣的病患可能會得到一些簡單的藥物，並持續觀察。但是在美國，醫師或許會害怕訴訟，病患家屬或許會焦慮，因此病患會被安排去做 MRI，醫院和醫師因此得到數千美元的償付，每個人都滿意。不過，這種檢測有其代價。比方說，病患可能會因為模稜兩可的檢測結果，而接受不必要的處置程序。

我們要怎麼樣才能整體的減少醫療領域的利益衝突和不成比例的財務補償？以下幾種支付模式提供不同的誘因設計。例如，以治療總人數做為醫師計費基礎的「按人頭計費模式」。這種制度提供醫療照護人員維持病患健康的誘因。[21] 有些保險公司理解這點。我與全球主要健康保險公司惠安納（Humana）合作時，這家公司向聯邦醫療保險的被保險人收取固定保費。只要被保險人健康，惠安納就能從承保業務賺錢。因此，我們設法創造被保險人接受預防性醫療照護的誘因，像是每年接種流感疫苗。另一項預防性醫療照顧的例子和再次住院有關。病患出院後有相當高的比例會在一個月內再次住院，成本非常高。我們的研究發現，這些再次住院的案例，有許多可以透過簡單、具成本效益的治療來預防，像是派護理師到病患家中視察，確保他們情況良好，有按照醫囑服藥。不過，雖然這種支付模式能節省資源，卻會構成品質與數量之間的另一種取捨。醫師為了收治最多病患數，就會盡可能縮短每名病患的看診時間，而不是盡力治療他們。

一個替代做法是給醫師固定月薪，沒有其他額外的獎勵。

這個模式雖然能減輕醫師過度醫療或醫療不足的偏差，對於醫師來說，卻缺乏努力工作的誘因。這種情況類似按工作時數支薪的計程車司機：在這種制度下，醫師只要湊滿工作時數就好。

另一項誘因模式是論質計酬（pay-for-performance，P4P），也就是根據以衡量指標為基礎的結果、最佳實務和病患滿意度支付醫師費用。這套制度雖然比其他模式複雜，資料顯示 P4P 根據價值為主的重要標準來建構醫師計酬的誘因，有助於防止數量與品質的取捨，提升整體病患滿意度。[22] 以分娩的例子來說，現在醫師有誘因根據個人孕婦的情況選取生產方式，以追求最高的衡量指標基礎的成果和病患滿意度，而不是最方便而有利可圖的生產方式。

美國的醫療照護產業目前藉由推助業者改採 P4P 計畫，而逐漸轉向以價值為基礎的醫藥。雖然大部分醫院仍然採行 FFS 模式，P4P 計畫也引起許多醫院的注意，關注到各種之前沒有做為誘因的因素。

這裡的課題很清楚：誘因會影響事關生死的決策。務必在誘因裡加上另一個面向，就像共乘 App 加上評等制度或醫院加上成效指標，以控制對品質的潛在損害。這樣一來，你的訊號就是雖然你重視數量，但是品質對你也很重要，進而修正固有的混合訊號問題。

有一位經濟學教授分享的一個故事，為這個課題做了一個很好的總結：他有一次運用誘因塑造子女的行為。他在女兒進行如廁訓練時實施以下獎勵計畫：她每一次用馬桶都可以得到一顆軟糖。幾年之後，弟弟要做如廁訓練時，這位教授擴大他的誘因計畫：姊姊每次協助弟弟使用馬桶，都可以得到一份點心。結果這個小姊姊鑽獎勵制度的漏洞。怎麼做？她說，「我發現吃愈多、拉愈多，所以我就給弟弟灌一桶又一桶的水。」[23]

重點提示：
如果你用數量建構誘因，務必確保品質不會因此打折扣。

第 5 章

鼓勵創新 vs. 迴避風險

從不嘗試新事物的人絕對不會犯錯。

——愛因斯坦（Albert Einstein）

　　愛迪生（Thomas Edison）尋找燈絲的故事相當勵志。在試過 2,000 種材料之後，他的助理抱怨道，「我們所做的全都是白費心力。我們沒有任何收穫。真不知道我們能不能做出像樣的電燈。」[1] 愛迪生認為他們失敗不是徒勞，他答道：「噢，我們堅持這麼久，收穫也很多。我們現在知道有 2,000 種材質做不出優良的燈泡。」這個故事的結局，我們都知道。根據愛迪生的記述，「我在成功之前測試的材料不下於 6,000 種蔬植作物，搜刮全世界尋找最適合的燈絲材料……為了電燈，我必須做最多的研究，講究最精細繁複的實驗。我不讓自己灰心氣餒，也不讓成功無望的念頭浮現。不是全部的同事都像我這樣。」[2]

對許多企業來說，成功取決於創新，而創新必須承擔一定程度的風險，而冒險難免有失敗。企業因為引進在市場受歡迎的新產品或服務而成功。他們冒的險最後值回票價。一次嘗試成功，足以彌補多次失敗還綽綽有餘。成功與不成功的企業之間的差別，通常在於它們如何應對失敗，以及在有希望的構想有違預期時如何因應。

公司鼓勵員工創新，但是卻在他們的新方法失敗時懲罰他們（比方說延遲升遷），等於傳達一個混合訊息。懲罰失敗會讓人們對冒險和嘗試新構想裹足不前。更糟糕的是，這會降低他們從失敗學習的能力，因為人們會想辦法隱藏失敗。一個接受犯錯並鼓勵討論失敗、從失敗學習的文化，會更常冒險、歷經更多失敗，但是最後也更常成功。培養一個容允人們探索、即使是最狂野的構想也予以鼓勵的文化，或許自會有所報酬。

沒錯，說比做容易。要創造一個讓高績效、成就導向、具競爭力的個人，既可以蓬勃發展、又能自在地公開說出並分析自身錯誤的環境，極具挑戰性。不過，切記，一個人人隨時可以大方承認錯誤的文化，也會讓每個人一開始就不會那麼害怕犯錯。在這種環境下，大膽的創新會繁花盛放。最糟不過是承認自己的構想行不通，而可能會有人建議別的新方法，把過去的錯誤變成未來突破的墊腳石也說不定。

要說透過實務和努力而成功創造這種獨特文化類型的組織，以色列空軍（Israeli Air Force，IAF）就是一個例子。它鼓勵創新，而不懲罰失敗，確保不會傳遞混合訊息。IAF 飛行員從早期階段就被教導，從錯誤中學習是防止未來重蹈覆轍的關鍵。以「近似事故」（near accident）事件為例（也就是兩機在飛行中距離過近而幾乎要發生事故的情況），IAF 把這類事件視為事故處理。如此一來，飛行員就會明白，事故與「近似事故」只有一線之隔，通常只是運氣問題。因為嚴正且開放地看待錯誤，IAF 提升並學到未來如何避免這類事故的能力。為了讓學習有效率，飛行員必須心胸開放，分享自己的錯誤，就連逃過指揮官鷹眼的那些錯誤，也需坦誠相告。

我們用一個實例來具體說明。1973 年的贖罪日戰爭（Yom Kippur War）期間，IAF 面臨一起重大事件。兩隊 F-4 戰鬥機出任務，攻擊敘利亞在大馬士革的總部，這是阻擋敘利亞軍隊的關鍵行動。每個分隊都由資深飛官帶領。那天的天氣湊巧（也可以說是不湊巧）不適合空襲。整個行動區域上方都有雲層覆蓋，因此戰機只能在雲層上方或下方飛行。在雲層下飛行可以看到目標，但是地面的每個人一眼就能看到他們，讓他們成為醒目的目標。在雲層上方飛行會比較安全，但是就無法看到轟炸目標。一名領飛官看看天氣，覺得兩個選項都不好，於是掉頭，取消任務。另一名領飛官決定在雲層上方飛行，結果碰巧發現雲層有個洞正好位於目標上方。於是，他的機隊得以發動攻擊，摧毀目標。在任務後彙報時，指揮官對兩名領導者都給予讚揚，肯定兩個都是穩妥的決定。他的訊息很清楚：每個領導者都能自由做決策，不必害怕因為失敗而遭致懲罰。

當然，不是所有的失敗或錯誤都會受到鼓勵，而出於惡意、疏忽、缺乏經驗或能力的錯誤，對任何組織都沒有建設性，更不應該受到鼓勵。我們應該鼓勵的是，為了測試新構想或方向而承擔的風險。即使新方向在有些人眼中看似錯誤，探索或許終究帶來收穫。

高失敗率與創新不可分，不過降低失敗率不一定是有用的策略。狄恩・啟斯・西蒙頓（Dean Keith Simonton）在《天才的起源》（*Origins of Genius*）一書中主張，最有創意的人因為嘗試最多構想，所以失敗次數最可觀。[3] 創意天才的成功率並沒有比平凡同儕高；他們只是嘗試更多次。組織心理學家羅伯・蘇頓（Bob Sutton）因此建議公司應該懲罰的不是失敗，而是無作為。

> 創意洋溢的人（以及公司）不是失敗率較低；他們是失敗的速度較快、成本較低，或許從挫折中學到的也比較多。快速、低廉的失敗最大的阻礙之一，就是人們一旦公開承諾實踐某項行動，而且為此投入大量時間和心力，就會不顧事實如何，一勁地相信他們做的事情有價值……這種誤入歧途的努力有一個對治方法，就是讓人們遇到苟延殘喘的專案時有盡早拔管的誘因。[4]

彼得・金（Peter Kim）被任命為默克製藥的研發主管時就銘記這個觀念，而在這家藥廠引進「退場金」（kill fee）條

誘因設計
MIXED SIGNALS

款。[5]他上任時就注意到，這家公司有許多科學家不斷在死胡同裡打轉，只是為了避免承認失敗而承受潛在的後果。為了減少這種成本高昂的行為，金設立獎金，獎勵為早期終止失敗專案、轉而鑽研其他創意新構想的科學家。此舉翻轉誘因，解決混合訊號問題：他獎勵失敗，而不是懲罰。門羅創新（Menlo Innovations）打出「犯錯要更快」的口號時，也是採用同樣的邏輯。這家公司了解，錯誤是創新的一部分，於是藉由獎勵迅速失敗來鼓勵員工實驗新構想。

字母公司（Alphabet）研發「X」部門主管亞斯托·泰勒（Astro Teller）在一場 TED 演說裡討論到他的團隊想出的許多失敗構想。他的團隊付出心力嘗試那些不好的構想，並在失敗時放棄，他為此感到驕傲：

> 你沒辦法用吼叫或蠻力強迫別人快速失敗。人們會抗拒，因為他們擔心，我失敗會變成什麼樣子？大家會笑我嗎？我會被開除嗎？……唯一能讓人們冒險犯難的方法（就是）為他們開拓最小阻力之路。（在X部門，）我們竭力……確保失敗的安全。團隊一看到行不通的證據就大方放棄構想，因為他們會為此得到獎勵。他們會得到同儕的掌聲，也會得到主管的擁抱和擊掌，特別是我的喝采。他們因為迅速半途而廢而得到升遷。對於中止專案的團隊，我們給每個團隊成員發獎金，從小到兩個人、大到三十個

人的團隊，沒有例外。[6]

　　沒錯，他的團隊所投入的專案大部分都告失敗，但是這種獎勵快速失敗的文化帶來驚天的成功，像是讓字母公司提早涉足自駕車領域。其他公司看到這個範例，於是紛紛跟進。例如印度大企業塔塔集團（Tata Group）尋求創新，因為知道創新有助於公司擴張。塔塔集團的董事長拉坦・塔塔（Ratan Tata）在退休前設立一個獎項，名叫「大膽嘗試獎」，頒給最佳失敗的創新，宣告「失敗是金礦！」。他藉此傳達一個訊號：追求創新時，失敗和成功都應該得到獎勵。[7]

不創新的代價

　　由於思維過度保守而跌落頂峰的巨人，例子所在多有。百視達（Blockbuster）從業界霸主的地位淪落到破產，就是避免變動、害怕失敗，結果導致停滯、最終消滅的絕佳例證。大衛・庫克（David Cook）在 1985 成立的百視達迅速竄升為美國第一大影視連鎖，獨霸租片市場。[8] 到了 1990 年代末期，這家公司的市值達 30 億美元，在美國擁有超過 9000 家影片出租店。除了租金費用，還片延遲的罰金也是這家 DVD 巨擘企業的主要營收來源。在最風光的時期，百視達從它廣大的 6500 萬註冊顧客徵收的延滯金收入，一年高達 8 億美元。[9] 難免有許多不滿的顧客不齒這種罰則，尤其是有時候罰金相當可觀。網飛

（Netflix）的創辦人里德・海斯汀（Reed Hastings）就是這些不滿顧客中的一個。

1997 年，在被百視達罰 40 美元的還片延滯費後，被惹毛的海斯汀決定自己開一家影視出租公司。網飛挾著新數位平台和訂閱商業模式迅速成長：訂閱者一個月繳 20 美元，租片數無上限，沒有還片期限，也沒有延遲還片罰金；任何時候，只要訂閱者歸還看過的 DVD，網飛就會寄新影片給他們。2000 年，海斯汀以網飛線上平台先馳得點的優勢做籌碼，飛到達拉斯和百視達洽談合作。他的提案是要百視達把它的網路部門交給網飛來經營，以此交換百視達在店內推廣網飛的服務。當時百視達的執行長約翰・安提奧科（John Antioco）對這個構想一笑置之，拒絕海斯汀。我們都知道，他不是笑到最後的那個。[10]

接下來的發展是廣為人知的陳年歷史。網飛因為擁有數百萬名訂閱者、不必設立零售點而節省龐大費用，於是網路平台能在 2007 年創新，融合革命性的串流服務，最終在 2010 年代初把成功的事業拓展到全球。[11] 網飛在 2009 年的獲利是 1 億 1,600 萬美元，反觀百視達則是虧損 5 億 1,600 萬美元，痛苦而緩慢地逐步把它的零售店一家家收掉，直到一家不剩。

百視達為什麼轉型失敗？有時候，一個人當前的成功是最大的敵人。正當網飛脫離 DVD 租片業務並開拓自己的創新領域時，百視達卻還困在自己雖然還可以獲利、但是緩慢垂死的現狀。百視達也曾試圖力挽狂瀾，實行各項策略以挽救衰敗的事業，但是大部分策略都不得要領，而且規避風險。百視達曾經有一個機會可以轉型，就是自己經營串流事業，但是董事會太怕失敗。董事會成員接收到的訊號是他們應該想辦法維持傳統模式；他們沒有尋求變革的誘因。執行長安提奧科拒絕收購網飛的幾年後，才體認到網飛是龐大的威脅。他想要說服董事會取消延遲還片罰金的商業模式，重金投資網路平台，以回應新一代對數位服務的需求。可是，公司董事會被當時仍然可觀的利潤所矇蔽，閃避成本高昂的轉型過程。

百視達董事長、極力反對改絃更張的吉姆‧凱耶斯（Jim Keyes）指出，轉型計畫會花掉公司 2 億美元，而取消延滯罰金模式會讓營收再減少 2 億美元。董事會相信凱耶斯這份駭人的估計，不但駁回安提奧科的遠見，最後還在 2005 年開除他。安提奧科被開除的重要原因，可以說是因為他提出創意的變革，而這會讓百視達遠遠偏離原本的營運方式。凱耶斯繼任成為新執行長，為了增加短期獲利，推翻安提奧科挽救公司的最後一搏。於是百視達停滯在安全計畫裡，短短幾年之後就宣告破產。

不要回頭看

儘管有些企業對潛在的失敗怕得要命，有些企業卻展現非凡的創業家精神和靈活彈性。英國富豪理查‧布蘭森（Richard Branson）爵士在 1970 年代創設維珍（Virgin）這個品牌，之後在維珍集團旗下成立超過四百家企業。維珍在 1980 年代迅速成長，而布蘭森從來不曾停止從事創投。他涉足各種產業：從維珍傳媒到維珍行動通訊、維珍化妝品到維珍服飾、維珍航空到維珍汽車，包羅萬象。[12]

有些事業以失敗收場。例如在 1994 年，一名汽水生產商找布蘭森洽談他的私家汽水。布蘭森嘗過汽水的味道之後大為驚豔，於是在他子女的學校進行原味私家汽水、可口可樂和百事可樂的盲測。布蘭森看到測試結果一面倒向私家汽水，決定推出維珍可樂，進軍汽水市場。維珍可樂有如挑戰歌利亞的大衛，意外迅速紅遍英國。布蘭森乘勝追擊，同年在美國推出維珍可樂。布蘭森在時代廣場開著坦克車推倒可口可樂罐牆的行銷噱頭，在媒體創造許多聲量。不過，隨著可樂巨人展開反擊，維珍可樂的量能沒有維持多久。原來，可口可樂對零售商祭出「他們無法拒絕的條件」，斬斷維珍可樂的上架之路。在這種「鋪天蓋地的致命攻擊」下，布蘭森很快宣布結束維珍可樂。布蘭森沒有因為可口可樂的蓄意破壞以及維珍可樂的失敗而惱怒，反而樂觀地從這項創投事業汲取寶貴的課題。他說，這次經驗教會他「只進入（他們）明顯能在競爭中脫穎而出的事業。」他說自己是那種「會為了成功拚搏到底」的人，但是只要一意識到「這件事不會成功，（他）第二天就會把它拋諸腦後」，並轉向下一個創投事業。[13]

布蘭森從不停止創新，失敗只會成為他不斷前進、嘗試新機會的動力。被問到他永不消退的創業精神時，布蘭森歸功於他的母親灌輸他不要花太多時間為過去後悔的觀念。他表示，他和他的團隊從來不為錯誤和失敗而失望。「正好相反，即使一項創投事業失敗，（他們）也會嘗試尋找機會，看看（他們）能否利用市場的另一個缺口。」[14] 這種冒險精神已經由上而下滲入他的企業各層級和員工的內心，從而打造一種健康、創新的企業文化。

如果你想要鼓勵創新，就需要激勵你的團隊願意冒險。這表示你的團隊可能會失敗、再失敗，不過那沒有關係。不要告訴你的團隊去冒險，然後因為他們失敗而懲罰他們——這會造成創新減少並浪費更多資源，因為即使反證歷歷，大家還是會拚命設法讓他們的構想成功。你的訊息要響亮而清楚：鼓勵冒險，獎勵失敗。

⬛⬛⬛ 重點提示：

如果你想要創新和冒險，就不要懲罰失敗——這樣會傳遞混合訊號。要獎勵失敗！

第 6 章

長期目標 vs. 短期目標

　　消除競爭然後提高價格是經濟學基本原理。身為消費者，我們不欣賞這種行為，而且就像以下這個案例所顯示的，這種行為可能觸犯法律。2012 年 6 月，Bazaarvoice 收購 PowerReviews，股價因而飆破 20 美元，而它的高階經理人賣掉股票，9,000 萬美元入袋。[1] Bazaarvoice 為什麼要收購 PowerReviews ？消滅競爭。「Bazaarvoice 是美國產品評鑑和評論平台的主要商業供應商，而 PowerReviews 是最接近的競爭者。在交易之前，PowerReviews 是極具侵略性的價格競爭對手，Bazaarvoice 經常要回應來自 PowerReviews 的競爭壓力。許多零售商和製造商從 Bazaarvoice 和 PowerReviews 之間的競爭得利，享受大幅的價格折扣……Bazaarvoice 想要藉由收購 PowerReviews 以阻絕競爭。」Bazaarvoice 的榮耀歲月沒有持續多久。2013 年 1 月，美國司法部提起反壟斷訴訟，迫使

Bazaarvoice 撤資，吐出 PowerReviews，結果股價跌破 7 美元，造成股東的龐大損失。[2]

Bazaarvoice 的經理人是否嚴重誤判，沒有預料到會有訴訟？顯然不是。他們對此有所預料，而選擇冒險。根據訴狀援引的公司內部文件，Bazaarvoice 經理人描述到 PowerReviews 的市場地位，清楚顯示他們明白這件收購案的風險。

如果不是無知，那麼 Bazaarvoice 經理人為什麼要採取收購行動？他們嗅到金錢的味道，確切地說是 9,000 萬美元，所以明知此舉可能會給公司帶來什麼樣的長期後果，還是選擇向短期利益靠攏。

假設股東要為公司聘請新執行長，並在聘任時傳達他們的目標，強調公司長期成功的重要性。股東對新任執行長的能力充滿信心之餘，也希望激勵他拿出優異的績效，於是讓薪資有很大一部分取決於股東權益，而忽視了股東權益可能立基於短期績效。

有鑑於新任執行長的誘因結構，如果他致力於實現短期成果，你不必驚訝，這種行為稱為「短期主義」。任何無法在短期內實現報酬的事項，他可能都會把資源抽走。以公司把產品運送外包為例，如果公司投資成立自己的車隊，以提高營運流暢度，或許可以從中獲利，但是這項投資會出現短期損失，獲利只有在長期才會顯現。這時，執行長為什麼要冒著失去工作和獎金的風險，轉而投資新車隊？為了提高短期獲利，他不會投資於雖然在長遠能提高績效、但現在徒生成本的新技術。他的決策會著眼於實現短期獲利目標，而犧牲公司的長期成功。

　　短期主義的存在有證可考：接收到這種混合訊號的經理人表示，如果一項專案可以創造長期價值，但是代價是犧牲短期利益，那麼他們會延後或犧牲這些專案。[3] 就像 Bazaarvoice 的例子一樣，短期主義也可能影響公司承擔風險的決策。最近有一篇論文進一步說明利用短期誘因激勵執行長的問題。根據那篇論文的定義，如果執行長配股在下個季度解禁（比方說要等到明年才能處分持股），這就是執行長的短期誘因。作者說，短期誘因與投資成長的萎縮顯著相關。在圍繞持股解禁前後兩個季度，股票報酬率較亮麗，但是在後續幾年則變得黯淡。換句話說，執行長根據短期誘因行動，做出短視決策，從而犧牲公司可長可久的成功。[4]

　　有些情況下，公司股價在區區幾個季度表現不佳，執行長就會被換掉。執行長會說他們有投資於未來的動機，因為這是股東想聽的話。為了長期保住工作，他們真正關注的是當下。你在設計執行長的誘因時，務必表彰雖然你想要優異的短期成果，但是也在意長期成功。一個讓執行長更關注於長遠目標的方法，就是加長執行長持股的託管期。[5] 託管是指由第三方代表其他兩方持有資產直到約定義務履行的過程。就公司管理階層而言，託管制度能確保以配股做為獎酬的經理人，等到義務期間過後才能出售股票。[6] 美國機構投資人理事會（Council of Institutional Investor，CII）建議：

經理人薪酬的設計應該是為了吸引、留住和激勵經理人人才，目的是打造長期股東價值，並促進長期策略思維。CII 認為的「長期」至少是五年。經理人獎酬在整體上應該與公司所有權人的長期報酬相稱。如果根據邏輯有助於公司的長期股東報酬，那麼根據廣泛的績效衡量指標獎勵經理人或許可謂適當。

對於有些公司來說，持股閉鎖期（例如五年後開始解禁，並在十年後完全解禁，而且即使僱用關係終止也適用）能在風險和報酬之間求取適當的平衡，同時能協調股東和經理人，使雙方立場一致。[7]

　　這個建議的目標就是減輕短期績效相對於長期成果的權重。持股閉鎖期能確保經理人不至於目光狹隘、只看短期績效，也確保他們能像股東一樣評估長期績效的利與弊。

延長任期

　　還有一個方法可以讓股東和執行長的目標一致，那就是延長保障任期，減輕執行長在公司短期績效不佳時被替換的擔憂。政治領域就有短任期問題活生生的寫照。任期的長短會影響長期的考慮。假設有一位州長正在考慮是否展開基礎設施投資，例如造橋或鋪軌。從長遠來看，這些投資可以防範意外事故，或許還能帶來豐厚的利潤，因為交通建設能為城鎮帶來人潮和錢潮。但是州長有短期誘因：希望贏得幾年後的下一屆選舉。州長知道，連任失敗可能就是政治生涯的終結，因此有使出渾身解數爭取連任的強烈誘因。如此強烈的短期誘因當頭，州長為什麼要投資於至少需要十年，才能看到利益的新鐵路線？為了鋪設這樣一條新軌道，州長必須挪用短期專案的資源，甚至要加稅。這些政策不會讓他受到民眾歡迎，也會傷害連任機會。更糟的是，新通車路線可能在他下台之後才完工準備啟用，而讓繼任者坐享其成。

我們如何化解向政治人物發出的混合訊號？解決辦法似乎很簡單：取消任期限制。州長不必擔心四年一次的連任，就可以著眼於投資未來，知道自己到時候可以收穫成果。不過，延長任期在政治領域可能不是好主意，因為它最後的代價可能比原來的問題更大。雖然四年的任期會產生短期誘因，但是相較於任期無限制的選項，我個人更偏好限制任期，因為這顯示我們生活在一個民主國家，領導者必須對選民負責。

姑且不論政治，以延長任期建構追求長期成功的誘因，成本通常沒那麼高昂。以籃球教練如何挑選上場比賽的球員為例。他們會派最有價值的球員上場，還是讓有前途但是缺乏經驗的年輕球員有一些上場時間？讓這些球員上場可能會降低球隊立即的成績，但是能讓球員累積必要的經驗。如果教練面臨賽季中被解聘的風險，而評估的依據是賽季頭幾場比賽的成績，他們可能會選擇打安全牌，倚重經驗老到的球員。如果教練知道第一個賽季是保障任期，就會投入更多心力提高整體球隊的水準，以求在長期看到自己努力的報酬。

為考試而教學

在商業和政治之外，短期誘因也普遍存在，甚至在我們公立學校體系裡的每一間教室裡發揮影響力。傳統上，公立學校教師的薪酬取決於經驗、教育水準和年資。然而，近年來有另一種誘因結構備受討論並廣泛實施，那就是績效計酬制，也就是把教師薪資和獎金與學生的成績做連結。[8]

過去十年中，至少有 20 個州對教師實施某種形式的績效計酬制，而且拜教師獎勵基金（Teacher Incentive Funds）之賜，推行的州數還在成長。這項資助績效計酬計畫的聯邦補助計畫，[9] 經費在短短一年內就膨脹為五倍（2009 年是 9,700 萬美元，到 2010 年是 4 億 8,700 萬美元），[10] 而在其後十年間，資金每年都維持在數億美元，2016 年為 2 億 2,500 萬美元。[11]

「一個孩子都不放棄」法案（No Child Left Behind Act）進一步推動按績效支付薪酬的做法。2002 年，該法案引進以標準為依據的教育改革，並要求各州制定並報告學生評測成績，例如年度全國標準化測驗，以獲得聯邦教育經費挹注。如果學校沒有達到聯邦政府規定的進步標準，可能會面臨經費縮減和教師減薪等懲處。[12] 這項政策可能會對經費已經不足的貧窮公立學校造成莫大的影響；經費減少可能造成辦學成績惡化，而成績惡化又反過來導致經費進一步減少，如此形成惡性循環，在後續年度引發雪球效應。績效薪酬牽涉的利害關係如此重大，但它是有效的誘因結構嗎？從直覺來看，我們應該獎勵優良教師，才能鼓勵教師為工作付出更多心力，並淘汰不適任的教師。如此一來，學校在長期可以吸引更多動機積極的教師，提升學生的成績。

問題在於細節。為了將薪資與學生表現做連結，校方需要有客觀的衡量指標，因此採用標準化測驗來衡量表現，賦予教師「為考試而教學」的短期目標。我們真的希望老師盡全力教學生如何在標準化測驗中拿高分嗎？過分強調考試會對學生的長期學習產生一些負面影響。學程側重於讓學生在規定的測驗裡考好成績時，就會縮限知識和能力的範疇，從而犧牲對教材的整體理解，更不用說要教導學生樂在學習。

美國公立學校教師瑞秋‧塔斯汀（Rachel Tustin）表示，她每個學年都會為標準化考試安排數週課程，放棄寶貴的教學時間做考試指導、準備和複習。塔斯汀本身不教數學、閱讀或寫作等科目，而她必須犧牲自己的教學，把時間留給這些有客觀量化標準的科目，她認為這就像「不能不吞的黃連」。[13] 她不是唯一一個有這種想法的教師。根據教育政策中心（Center on Education Policy）2016 年的報告，81% 的教師認為學生在標準化測驗花太多時間。許多教師不得不「縮節教學主題，削到只剩下骨頭，才能及時教完」，因而放棄幫助學生學習教材的互動活動。[14] 由於時間緊迫，教師失去創意和學生參與的空間。課程變得精簡、壓縮、枯燥，大大降低學生的學習興趣。

相較於這種刻板的教學風格，芬蘭的自由教育方法呈現鮮明的對比：芬蘭教師可以自己訂定課程計畫，自己挑選教科書。他們不必為標準化測驗做準備，因此有足夠的自由創意空間。芬蘭不強制做標準化測驗，也不把教師薪酬與學生成績連結，但是在國際學生能力評量計畫（Programme for International Student Assessment，PISA）中始終名列前茅。PISA 是一項針對 57 個已開發國家的中學生所做的國際測驗，而美國學生在這項評估始終拿不到好排名（第 13 章會討論 PISA 的問題）。芬蘭制度的成功顯示，強迫考試的壓力和對考試的強調，無助於提高美國學生相對於其他國際學生的表現。芬蘭除了考試成績優異，高中輟學率也出奇地低（不到 1%，而美國約為 25%）。[15]

　　關於針對教師和學校採用誘因設計，辯論一直沿著兩個主軸進行：支持者認為激勵教育工作者很重要，而且這種誘因措施有成效；反對者則認為，教育為這種短期誘因付出的代價，對教育的長期目標有害，因為以績效論酬等於對教師發出混合訊號。學生的學習過程現在牽扯到金錢。許多教師都有強烈的內在價值動機，像是促成學生成長的價值，但是這種誘因結構傳遞一種具潛在破壞力的訊息：你應該用短期的優異考試成績替代這個長期目標。

　　這個辯論是一個很好的例子，說明決策要考量的範疇比單純檢視誘因效應更為廣泛。價值觀可能會因人而異。經濟學家的目標就是利用經濟推理並蒐集各個系統運作情況的數據。約翰‧李斯特（John List）和我在《一切都是誘因的問題！》（*The Why Axis*，繁中版由天下文化出版）一書討論到，一些為決策者提供資訊的實驗。[16] 我們特別指出，實驗可以用於判斷哪些類型的誘因激勵和訊號對不同群體的效果，並認識到沒有各種情況一體適用的萬靈丹。經濟學家可以解釋短期和長期目標之間的取捨，而政策制定者則應該了解每個制度的優點和缺點，根據這些取捨和實驗數據做決定。

如果你想鼓勵人們著眼於長期，就要限制短期誘因的影響力。你在短期可能看不到太多的成果，不過如果符合長期目標，那就沒有關係。別對你的團隊說要為長期努力，然後在短期成果不好時懲罰他們。誘因的時間表必須與最終目標一致。

▖▖▖ **重點提示：**

如果你想要激勵長期成功，不要（只）賦予短期成功誘因。

第 7 章

團隊合作 vs. 個人成功

巨星的誕生

臉書創辦人馬克・祖克伯（Mark Zuckerberg）在 2010 年的一次訪談中討論 4,700 萬美元的 FriendFeed 收購案；這家公司以社群網路做為工具，挖掘與用戶相關的資訊。FriendFeed 的產品似乎沒有這個價值；不過祖克伯看上的其實是 FriendFeed 的員工。祖克伯被問到為什麼要支付這麼高的價碼時回答：「工作表現優異的人不是只比相當不錯的人略勝一籌，而是強一百倍。」共同創辦網景（Netscape）並曾創辦其他公司、矽谷知名創投家馬克・安德里森（Marc Andreessen）呼應祖克伯的觀點：「高績效者與平凡人的成就落差會愈擴愈大。5 個優秀的程式設計師可以完勝 1,000 個平庸的程式設計師。」[1]

講到「優異」天賦的重要性，美式足球四分衛湯姆・布雷迪（Tom Brady）就是一個例證。布雷迪在新英格蘭愛國者隊（New England Patriots）效力 20 個賽季，為球隊贏得許多成就——其他都不算，光是六屆超級盃冠軍就夠看了。難怪他是公認最偉大的美式足球員。[2] 2019 年度賽季結束時，布雷迪想與愛國者隊談一份長期合約，讓他可以在這支球隊退役。然而，球隊老闆羅伯特‧克拉夫特（Robert Kraft）和教練比爾‧貝利切克（Bill Belichick）都不願意答應，只肯與這位老球員簽短期合約。[3] 於是，布雷迪在 20 個賽季之後離開這支美式足球聯盟的強隊，投靠坦帕灣海盜隊（Tampa Bay Buccaneers）：這是一支在聯盟中一向不被看好的隊伍，只曾在 2002 年贏過一次超級盃冠軍——那是布雷迪加入之前的陳年舊事。接下來的故事大家都已經知道了：布雷迪在坦帕灣的第一個賽季，帶領球隊擊敗堪薩斯城酋長隊（Kansas City Chiefs）贏得超級盃。如果你也在想這個問題：是的，布雷迪離開之後，新英格蘭愛國者隊的表現並不理想。

不過，有時候光是有明星還不夠。以足球史上一流球員的梅西（Lionel Messi）為例。他在巴塞隆納隊時，球隊官網寫道，「梅西是全世界最佳球員。他的技巧完美無瑕，集無私、速度、冷靜與得分能力於一身，因而能登峰造極，成為世界第一。」他在為巴塞隆納隊效力的 16 個賽季中，領導球隊贏得二十幾座聯賽冠軍和錦標賽，讓這支球隊成為全世界的頂尖球隊。梅西的個人成就也是史上空前，贏得的獎項比歷史上任何球員都多。[4]

梅西和大多數傑出足球員一樣，也會加入國家代表隊（他是阿根廷隊），參加世界盃和美洲盃等國際賽事。梅西雖然在職業足球隊表現出色，卻不曾在國家代表隊贏得過重大比賽。怎麼會這樣？他可是頂尖的明星球員。2018 年，《衛報》（Guardian）有一篇文章就在探究這個問題，文章標題是〈梅西亂了陣腳，似乎無法融入阿根廷隊〉：「我們都知道梅西是一流球員，但是我們感到困惑，也為他難過。他是純正的巴塞隆納球員，但是現在到了阿根廷隊卻變得一團糟。那裡少了什麼東西——是團結？還是信念？梅西似乎與這個團隊格格不入。他們有這麼多才華橫溢的前鋒，這麼多技巧高超的進攻球員，卻似乎不知道如何善盡其用。他們真的岌岌可危。是制度的問題嗎？還是少了某種精神？」[5]

　　原來，有時候即使是最偉大的球星，沒有團隊也贏不了球。這可能只是梅西和阿根廷球員之間缺乏化學反應。巴塞隆納隊可能是為了支應他驚人的天賦而量身打造，因此更適合他的球風。也有可能兩支球隊都同樣優秀，而同樣支持梅西，但是梅西自己在祖國球隊的踢法卻不同。正如阿根廷贏得 1978 年世界盃冠軍時的隊長丹尼爾・帕薩雷雅（Daniel Passarella）所言：「他是偉大的球員，在任何球隊都能有很多貢獻。但是他在巴塞隆納踢球時的態度不一樣。他在那裡踢得更好。有時候就是會發生這些事。你在某一隊表現出色，大家也都愛你，可是你卻無法感到自在，而有些事不對勁。我不知道那是什麼，不過應該是你內心的感覺。」[6]

團隊與個人

　　梅西的例子顯示，我們不應該只關心個人天賦。如果組織強調團隊合作的重要性，但是運用個人誘因，那會怎麼樣？個人誘因的優點多多：因為個人的報酬與績效直接相關，能激勵人們更努力；它還能吸引優秀人才，同時留住高績效人才。此外，衡量個人績效通常也比團隊績效更直接。

　　如果你想讓人更努力，訂定個人獎勵沒有關係。但是如果你訂定個人獎勵，卻強調團隊努力的重要性，就會產生混合訊號。你的員工會放在心上的，是你說的話，還是你發的錢？他們會跟著錢走。當一個人應該關心團隊的努力和績效時，個人誘因的弊害可能大於前文提到的利益。個人誘因鼓勵個人以自己的表現為重，而不是團隊的表現。它可能會導致競爭，甚至讓人為了凸顯自己不惜搞破壞，因而傷害合作。

　　想要鼓勵團隊合作，就需要運用團隊誘因，也就是為了實現目標而對整體團隊給予獎勵。經過精心設計的團隊誘因可以鼓勵個人彼此合作、有效溝通，並培養更強烈的群體意識。以企業的內部指導實務為例，新進員工的成功往往取決於經驗豐富同事指導的品質。如果組織聚焦於個人誘因，那麼經驗豐富的員工就不願投入寶貴的時間，熱心傳授新員工知識。即使資深員工喜歡帶人，也想要提攜後進，個人誘因向他們傳遞的訊號卻是組織希望他們只關注自己的表現。此外，由於資深員工培訓的新人未來可能是他們的競爭對手，指導品質可能會因此受影響。這種混合訊號會讓組織付出相當高的代價，因為前輩指導新人對組織而言通常報酬非常豐厚。如果組織根據團隊績效訂定獎勵，那麼資深員工就會有動力花時間協助新人，因為他們理解這是組織真正想要的。

然而，團隊誘因可能會因為鼓勵「搭便車」行為而適得其反。團隊裡的一些成員可能會鬆懈怠惰，寄望隊友彌補不足。如果團隊裡這種成員多到一個程度，就會傷害團隊的整體績效。區分個人對目標的貢獻度可能會加深團隊的怨忿和緊張，而如果團隊沒有實現目標，大家就會開始互相指責。

個人誘因與團隊誘因之間的適當平衡何在，因情況而異。假設這是一場團隊障礙賽，有成員最先衝過終點線的隊伍是贏家。這時個人誘因就有意義：你希望吸引並留住最優秀的人才，所以應該獎勵他們。你也希望整個團隊同心協力支持速度最快的成員，因此可能想要添加一些團隊誘因，只不過這些不是主要的驅動力。

現在換個假設，如果這場障礙賽是以全員最先衝過終點線的隊伍為優勝者。這種情況下，**一切都取決於團隊裡速度最慢的人**。團隊全員參賽，但是團隊的成功取決於跑得最慢的那個人是否比其他隊伍最慢的人快。這種競爭需要截然不同的誘因，促使整個團隊去幫助最慢的那個人，而不是最快的那個人。

這個例子在研發競賽中很常見。有些時候，研發需要一個天才想出一個能夠贏得競爭的妙點子；有些時候則需要團隊共同努力，從多個面向同時並進，才能贏得長距離競賽。

合作與內鬥

講到價格競爭，我們腦海浮現的是大公司以降價來擴張市占率。可口可樂和百事可樂之間的可樂價格戰壓低軟性飲料的價格。看到「消費者撿便宜：麥當勞、漢堡王和溫蒂漢堡之戰開打」之類的新聞報導，總是讓人開心，而這些業者這麼做正是為了討消費者歡心。[7]

我們在看這樣的大公司時，應該把它們視為「單一參與者」（unitary player）、還是一個團隊？有時候公司本身並非一個幸福和樂的大家庭。產品如何訂價，公司內部可能會存有緊張、競爭和衝突。公司的內部組織以及各組織之間利益衝突的可能性雖然經常被忽略，卻是行為的核心因素。蓋瑞・伯恩斯坦（Gary Bornstein）和我想更深入地研究其中的曲折，了解組織結構如何影響其競爭策略、決定市場價格。[8]

假設有家航空公司想要為機隊添購新飛機。飛機市場的兩個主要競爭機型是波音 737 和空中巴士 A320。簡化起見，我們假設航空公司的採購決策以價格為唯一的依據。這個市場就有兩家相互削價競爭的業者。波音和空巴的執行長都想用低價搶單。

我們還可以假設一個組織更為複雜（或許也更真實）的市場：雙方組織都是由多家公司組成的聯盟，各公司分別負責飛機不同部件，如引擎、航空電子設備等等。聯盟裡的各家公司獨立訂定價格，而飛機價格是各家公司所要求價格的總和。

雖然波音聯盟的所有成員都希望訂定有競爭力的價格，以贏得與空巴的競爭，但是各個成員也都有動機爭取自己在團隊中最高的獲利占比。假設波音公司的引擎供應商是奇異（General Electric；GE），而且無法輕易更換波音 737 的引擎——更換引擎供應商，不但成本高昂而且需時漫長。因此，GE 的目標是把引擎價格盡可能訂高，但是同時又要低到足以讓波音贏得銷售合約。

　　蓋瑞和我無法在波音和空巴做現場實驗，於是在實驗室裡建構了一項賽局，以模仿這種競爭。我們建立一個有 A、B 兩支團隊（你可以把它們當成波音和空巴）在競爭的市場。雙方各有三名隊員（分別可以想成是引擎、航空電子設備以及零組件廠）。這些「隊員」都是參加實驗的學生，他們的酬勞取決於他們的決策。

　　我們規定參與者的訂價區間是 2 美元到 25 美元。團隊的定價就是三名隊員的定價總和。假設 A 隊的成員 1 定價是 10 美元，成員 2 是 15 美元，成員 3 是 5 美元，那麼以這個例子而言，A 隊的定價就是 10 ｜ 15 ｜ 5 － 30（美元）。接下來，我們把 A 隊的定價提交競爭。總價較低的團隊贏得比賽並按照各自的定價分配報酬（如果兩隊平手則酬勞由兩隊平分）。在這個例子中，如果 B 隊的總價低於 30 美元就能獲勝；如果超過 30 美元，則是由 A 隊獲勝。在這個簡單的賽局裡，兩個團隊都希望盡可能取得最高的價格，以得到最高報酬，只要這個價格低於競爭對手就可以。

三名成員分配報酬的兩種方式出現一個有趣的對比。採用團隊誘因時，獲勝隊伍的報酬是由成員均分，也就是每個人都獲得總報酬的三分之一。以前例而言，如果 A 隊獲勝，每個成員能得到 10 美元。

　　採用個人誘因下，獲勝隊伍的成員則是分到他們的定價。以前例子來說，成員 1 會分到 10 美元、成員 2 是 15 美元、成員 3 是 5 美元。你可以想像得到，個人誘因會徹底改變訂價的動態。一般預期，價格競爭理應導致價格下降。然而在採取個人誘因時，每個成員都有搭便車的機會（甚至是誘惑）。如果團隊裡有成員願意接受較低的價格，那麼其他成員都可以要求更高的價格，而且團隊仍然有可能贏得競標。以 A 團隊的例子來說，成員 2 能夠因為成員 3 的「好心」和要求不高而得到 15 美元。團隊誘因（也就是利益均分）就沒有搭便車的機會。

　　我們在實驗中讓成員進行一百回合，每一次都和不同的團隊競價，並觀察動態。我們預測個人誘因會讓團隊出現激烈交鋒，因而阻止價格大幅下跌。沒錯，實驗結果印證我們的預測。經過一百回合之後，團隊誘因競價的平均定價低於 12 美元，而個人誘因競價的平均價格高達 2.5 倍，為 30 美元。

　　這個實驗簡單說明組織在團隊誘因與個人誘因的選擇如何改變內部動態。想要辦公室多點刺激的曲折嗎？那就賦予員工個人誘因，讓他們彼此競逐。想要組織比較平和、沒那麼殺氣騰騰嗎？那就採用團隊誘因。無論你選擇哪一種，都要確保團隊內部的誘因結構有利於你推動你的目標。

案例研究：球隊裡的團隊誘因與個人誘因

想像你是 2019 年曼聯隊的前鋒阿萊克西斯‧桑切斯（Alexis Sánchez），而現在是英超聯賽本賽季的第三場比賽。對方球隊的進攻出現漏洞，你抄到球，立刻迅速反攻。你快速穿越球場，朝對方的球門前進。就在運球運到禁區外時，你面臨一個重要決定：你可以再閃過兩名防守球員，嘗試自己射門——假設你有 40% 的成功機率；或者你可以把球傳給 15 碼外、沒人看守的隊友保羅‧博格巴（Paul Pogba）——假設你相信他有 60% 的成功機率。

你會怎麼做？從團隊的觀點，第二個選擇的進球機率高，顯然比較好。那麼，桑切斯為什麼猶豫不決，沒有立刻把球傳給博格巴？如果所有誘因都是以團隊成功為依據，這是個再簡單不過的選擇。可是情況並非如此。桑切斯是當時曼聯薪酬最高的球員，而他的合約裡有個獎金條款，每次進球得分有一筆 7.5 萬英鎊的特別獎金，助攻得分的獎金則是 2 萬英鎊。[9] 這種類型的個人誘因會形成團隊整體成功與球員個人獎酬之間的取捨。以這名球員來說，雖然傳球對球隊比較有利，但是考慮到進球和助攻在獎金上的差異，自己嘗試射門的報酬更誘人。為了清楚說明桑切斯的觀點，我們把他的決策過程用樹狀圖和插圖呈現，如圖 16 和圖 17 所示。

除了相互衝突的動機，這種個人誘因也可能造成團隊內部分裂。2019 年 10 月，桑切斯和博格巴在場上就應該由誰踢

誘因設計
MIXED SIGNALS

罰球發生爭執。博格巴這位曼聯的另一位得分大將，進球獎金是 5 萬英鎊，助攻是 2 萬英鎊。有這樣的個人誘因，難怪這兩個人都想要爭取得分獎金。[10] 這種分歧已經不只是他們兩個人之間的爭議。英國一家全國大報指稱，博格巴和桑切斯的獎金與球隊其他球員的獎金之間的差距，已經引起隊友的憤怒和不滿。[11] 個人合約獎金造成反效果，傷害團隊氣氛，讓隊友之間產生敵意。

儘管高額的個人獎酬有潛在的負面影響，曼聯發放天文數字進球獎金的事蹟卻斑斑可考。這裡再舉幾個例子。羅梅盧‧盧卡庫（Romelu Lukaku）在曼聯的前四年，每個賽季進 23 球就能獲得 1,000 萬英鎊的獎金。[12] 茲拉坦‧伊布拉希莫維

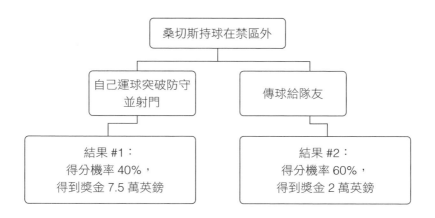

圖 16 桑切斯的效用分析。結果 #1 的期望值是 3 萬英鎊（75,000*40%）。結果 #2 的期望值是 1.2 萬英鎊（20,000*60%）。結果 #1 的期望值＞結果 #2 的期望值→桑切斯選擇自己射門。

圖 17　拚了！

奇（Zlatan Ibrahimovi ）光是在 2017 年賽季就贏得超過 369 萬
英鎊的進球獎金，平均算下來，每個進球價值高達 18 萬 4,900
英鎊。[13] 曼聯並不是唯一採用個人誘因的球隊，這在大部分大
球團都非常常見。

　　例如利物浦隊前鋒羅伯托・費爾米諾（Roberto Firmino）
2016 年的合約，進球獎金隨著賽季進球數的增加而遞增，進
球數達到 16 個之後，每個進球的獎金高達 8.5 萬英鎊。[14] 費爾
米諾每一次助攻也能得到 3.1 萬英鎊，不過這個數字和他在賽
季進五球之後的進球獎金根本不能比。[15]

對照之下，有些球隊強調贏得比賽重於個人表現。例如美國職業足球大聯盟（Major League Soccer，MLS）的合約就給球員等額的進球和助攻獎金，從而把個人利益與球隊成功之間的衝突降到最低。[16] 這樣的合約將訊號定調於一致：球隊的真正目標和球員的真正目標現在口徑一致。這種做法的缺點是進球多的明星球員可能比較願意選擇一支偏向獎勵個人成功的球隊。

體育運動的誘因問題不是只有足球界才有。NFL 球員的獎酬也是個人誘因與團隊誘因的組合。就像足球一樣，球隊的目標很明確：贏得比賽、打進季後賽，並在聯賽盡可能取得最好的排名。但是管理階層經常相信，只設置球隊誘因不足以激勵個別球員，於是有許多球員都有以比賽數據為依據的個人績效獎勵合約，例如碼數、每次進攻碼數和達陣數。[17] 2007 年，巴爾的摩烏鴉隊（Baltimore Ravens）防守邊鋒特雷爾·薩格斯（Terrell Suggs）簽訂一個合約條款，達成擒殺目標次數就能獲得高達 550 萬美元的獎金。[18] 如果你不熟悉美式足球的話，擒殺就是四分衛在攻防線後方、還沒往前傳球之前就把他擒倒。這項誘因會如何改變薩格斯的應賽方式？他在嘗試擒殺對方的四分衛時，可能會更願意冒險、更願意出手。雖然在場上積極衝鋒陷陣能有所斬獲，但是從球隊整體來看，放棄關鍵跑陣戰術而冒險追求擒殺卻不一定是最佳策略。薩格斯最後順利達成目標擒殺數，數百萬美元獎金入袋，可是烏鴉隊卻以難看的戰績結束賽季。[19]

除了合約約定的獎金，NFL 球員還有一項個人獎勵：聯盟發放的個人績效獎金。2019 年賽季，NFL 球員總共獲得高達 1 億 4,795 萬美元個人績效獎金。這筆獎金是根據球員指數獎勵球員，指數的計算方式是球員上場時間與薪資的比率。換句話說，這筆獎金會隨著球員上場時間增加、薪資減少而增加。[20] 在這種績效獎勵的結構下，球員通常有動機為了上場時間而不顧健康。對於許多球員來說，上場時間就相當於金錢，於是選擇負傷或忍痛上場，因為花時間復健可能會失去一些績效獎金。如果重要球員不斷犧牲自己的健康和復健換取獎金，這種個人誘因對於團隊的長期成功最後可能是弊大於利。

我們在本章中討論到個人誘因在團隊裡的部分層面。團隊為了激勵球員而對成員實施個人誘因。這些誘因措施真的有需要嗎？從長遠來看，球員的報酬還是來自自身的成功：一是身為球員而自豪的內在報酬；二是未來合約的外在報酬，其中包括以團隊為依據的獎勵。那樣還不夠嗎？以這個案例來說，個人誘因的代價不能小。管理階層向球員發出強烈的訊號：你應該盡最大努力讓球隊獲勝。最重要的是團隊合作、團隊成功等等有關。然而，個人誘因傳達的訊號截然不同：我們希望你得分。這種混合訊號可能會付出高昂代價。

我們討論的例子顯示，個人誘因和團隊誘因之間的選擇取決於任務的本質和想要的結果。如果你關注的是單一「最佳」運動員時，採用個人誘因無妨——不過，如果你決定這麼做，就不要發出混合訊號，在獎勵個人貢獻的同時想要促進團隊協

誘因設計
MIXED SIGNALS

作。如果你注重團隊合作，你的誘因就要與這個目標一致。

我們當然不乏結合兩種誘因的創意方法。例如我們會在第 12 章討論到如何頒發特別獎項，一方面鼓勵團隊投入，另一方面也不會埋沒個人努力（例如「最佳導師獎」）。或者，我們可以考慮同時運用個人誘因和團隊誘因，獲勝的團隊和進球的個人都有獎金。

📊 **重點提示：**
確保團隊與個人誘因之間的平衡與你的目標一致。

PART 3

誘因所引導的
故事框架

我希望本書到目前為止已經說服你，誘因能傳遞訊號，藉此塑造故事。行為經濟學家和心理學家已經發現系統化的方法，以不同的誘因框架影響我們賦予故事和行為的意義。本部會討論一些心理規則，以及我們如何運用它們達成我們的目標。

第 8 章

錯誤的誘因，
可能誘導負面後果

我有個奇特的嗜好，那就是蒐集有關誘因出錯的故事。這些有趣的聽聞顯示，人比我們一般的認知更有創造力。我會在本章中與讀者分享一些故事。就像我一樣，你也會發現，說來實在遺憾，聰明的誘因蘊藏雄厚的能力，但是誘因的設計者卻一再重蹈覆轍，犯下同樣的錯誤。

富國銀行為什麼要重建？

最近，富國銀行（Wells Fargo）的品牌行銷活動使出奇招，號稱「重建」（Reestablished）。這家銀行為什麼需要重建，原因相當平淡無奇。富國銀行在 2016 年 9 月時爆發醜聞，牽涉廣泛的詐欺，因而名譽掃地，而這些詐欺行為正是提升業績的誘因設計不良的結果。

1997 年，當時的執行長理查・科瓦塞維奇（Richard Kovacevich）發起一項計畫，目標是讓每名客戶平均與銀行的往來產品數達到八種。負責銷售這些產品並業績超標的員工能得到加薪或升遷。[1] 這似乎是一種簡單而有效的誘因，對嗎？錯。

　　那些業績目標通常高到幾乎不可能實現，造成員工為了保住工作而不惜造假。2009 年至 2016 年，富國銀行全國數千名員工為往來客戶辦信用卡、開立未經授權的帳戶、核保不需要的保險產品，而這一切，客戶全都被瞞在鼓裡。等到弊案曝光，假帳戶數量已經累計 350 萬個，而有 5300 名員工因為欺詐行為被發現而遭到解僱。[2]

　　你能想像這些員工在那七年之間的每日工作常態嗎？他們早上抵達辦公室、喝點咖啡、打開電腦，然後……開設並管理一個個假帳戶！一般員工在這樣的環境下要保持誠實，難上加難。

　　為什麼員工要花時間欺騙造假？因為那是老闆向他們發出的訊號。管理階層鼓勵、甚至保護詐欺行為：向富國銀行道德部門舉報詐欺行為的員工，後來指稱遭到報復。[3] 雖然銀行的官方宗旨明白記載道德規範的重要，但是給員工的誘因以及對違規舉報的反制，卻傳達出截然不同的訊息。

　　銀行為此付出重大代價，而且不只是當時，就連到現在都還沒擺脫這份重擔。最嚴重的損失是銀行的聲譽——承受這記重擊的富國銀行，直到現在都還在療傷。試想，如果管理階層曾經審慎思考誘因措施潛在的負面影響，這一切都大可以避免。

　　銀行是在哪裡走岔了路？我們在第5章討論過，以數量為獎勵依據的誘因設計必須建構品質檢核機制。這樣的制度可以達成雙重目標：以懲罰提高工作者生產劣質產品的成本，並傳遞管理階層重視品質的訊號。以富國銀行的例子來說，良好的審查制度可以找出造假的員工並予以懲處，以達到這個目的。審查並懲處對欺騙行為能降低造假的動機。這種直接效果稱為「威懾」。重要的是，這種審查制度還會對員工發出另一個訊號，也就是誠實是管理階層重視的價值，道德的重要性並非企業宗旨的樣板文章。投入資源保護客戶利益能強烈傳達一個訊息：我們重視客戶，也願意挹資保護客戶。這個訊號與銀行的官方訊息一致，能夠改變辦公室文化。產品和服務的數量會降低，但是品質會提高。也就是說，員工開設的帳戶會減少，但是這些帳戶都確有其實，而且能夠產生獲利。

　　富國銀行對醜聞的因應是公開道歉，並取消所有內部獎勵計畫。事件發生之後，我從偶爾的顧問業務中得知，銀行現在全面停止實施獎勵計畫。但是，把獎勵計畫從公司的經營管理工具箱裡移除，卻是矯枉過正，將伴隨著高昂的代價。一開始就實施適當的審查機制來平衡獎勵措施，以數量為獎勵依據的誘因，就能傳遞正確的訊號，並防止誘因失靈。

罰款就是價格

　　準時到托兒所接小孩很重要。我記得女兒還是幼兒時，有一天我在路上塞車，為了準時抵達托兒所而瘋狂趕路。托兒所下午 4 點關閉，我在 4 點 2 分停好車，一邊衝進托兒所大門，一邊在心裡演練我在開車時擬好的一堆道歉話。但是，在老師責備的眼光注視下，我頓時語塞，一句話也說不出來。那種經驗並不好受。

　　這件事過幾週後，托兒所所長規定，下午 4 點 10 分之後到達的家長要交新以色列幣 10 元的罰款（這是我們在以色列時的事；當時的新以色列幣 10 元大約相當於 3 美元）。我心想，「哦，才 3 美元？沒關係。」下一次再遲到時，我沒有瘋狂開快車，因為不值得為了區區 3 美元而冒生命危險。

　　阿爾多・羅斯提奇尼（Aldo Rustichini）和我從這段經驗得到靈感，設計現場實驗以測試托兒所的罰款對遲到家長接送的影響。[4] 我們從 10 家沒有罰款的托兒所開始。在前 4 週，我們簡單記錄各家托兒所接送遲到次數，接下來，我們在 6 家托兒所對遲到的家長收 3 美元的罰款。實驗結果發現，我不是唯一一個因為罰款而改變行為的人——遲到的父母人數平均增加一倍！罰款本來是為了遏止家長遲到，實際上反而助長遲到。這是為什麼？

　　在實施罰款規定之前，家長遲到時會感到不安。遲到是負面的自我訊號，也是負面的社會訊號。托兒所所長對遲到家長

誘因設計
MIXED SIGNALS

收取輕微的罰款，此舉發出的訊號是遲到並沒有那麼糟糕。家長現在知道，遲到不像他們最初想的那麼讓人討厭——畢竟罰款只有 3 美元。罰款不但給他們遲到許可，同時免除他們的內疚感。就這樣，遲到罰款發揮價格的功能，容允家長自己決定，這個價格是否低到值得換取「遲到許可證」。小額罰款意謂著遲到沒有那麼糟糕，這個說法在我們研究的最後一個部分得到驗證：我們取消罰款，然後觀察後續情況。結果家長的行為與有罰款時一樣。家長已經從罰款的價格標籤了解，遲到沒有那麼糟糕。

不是只有罰款 3 美元的小型托兒所會傳遞錯誤訊號。大型組織也會犯類似的政策錯誤。威爾斯政府（編按：英國的構成國之一，位於大不列顛島西南部）也曾從一項政策學到這一課：它曾經頒布一項政策，規定學期中請假的學生，家長要繳 60 英鎊的罰款。[5] 家長在學期中要子女請假，通常是為了安排家庭假期，因為這時的旅遊價格較低，而且度假地點的人潮沒有那麼多。就像托兒所的 3 美元遲到罰款，這個 60 英鎊也發揮價格作用，容許家長判斷這個價格是否值得讓子女請幾天假。有一份報告發現，這種罰款實施後，為了家庭旅遊而擅自請假的件數增加了。有些家長甚至明白表示，他們認為相較於在旺季高價期間旅行，付 60 英鎊罰款請假在財務上更划算。精明的旅行社甚至開始用罰款補貼做為旅遊產品的攬客噱頭！

除了說明罰款如何發揮價格的作用，這兩個例子還告訴我們，罰款的金額本身也是強烈的訊號。美國有些托兒所規定家長每遲到一分鐘就罰 5 美元。有些罰款金額甚至更高。有位來自紐西蘭的母親在臉書發文說，她曾經因為遲到一分鐘而被罰 55 美元。在她孩子的托兒所，家長接送遲到的罰款是 20 美元起跳，遲到 1 至 30 分鐘加 35 美元，31 分鐘至 1 小時再加 85 美元。如此高額的罰款，效果如何？根據托兒所的說法，一年只有兩名家長遲到被罰。在我所知道大部分的托兒所，這樣的家長遲到數根本是奢望。[6] 阿姆斯特丹大學經濟學與商業學院院長漢·汎迪索（Han van Dissel）曾告訴我一個嚴懲峻罰的最佳例子：在巴黎有一些托兒所，如果父母接孩子遲到，管理者會把小孩帶去當地警察局，父母必須去警察局接人。懲罰如此嚴厲，遲到的代價變得極其高昂，而且表明遲到非常不受歡迎。同理，如果威爾斯政府對於學期間帶孩子去度假的罰款夠高，政策也會有效。記住，**誘因的規模本身就是一種訊號。**

胸口前的長釘

　　圖 18 描繪的是一種從根本上就不良的誘因。

　　機車乘客最不希望的就是騎士有戴安全帽、但自己沒有。首先，騎機車不戴安全帽本來就是愚蠢的事，不過還不只是這樣：想想你騎車面臨的風險——也許是在高速公路有一點超速，或者邊騎車邊喝飲料。我們承擔的風險經常都沒有必要，而且我們愈是感覺安全，就愈是願意承擔更多風險。

　　圖畫裡的騎士因為戴安全帽而感覺相對安全，可能會因此

圖 18 你希望你的駕駛覺得安全嗎？

冒更多風險。如果你是後座那位沒有戴安全帽的乘客，你的處境顯然很糟糕。1975 年時，山姆・裴爾茲曼（Sam Peltzman；編按：芝加哥大學布斯商學院名譽教授、《法律與經濟學雜誌》的編輯）認為，在 1960 年代末前後，安全帶與其他安全法規在美國成為強制規定後，車禍案件數實際上可能不減反增。[7]安全帶能降低發生嚴重事故的可能性、減少碰撞時造成致命傷害，駕駛人可能會因此去冒更多風險。新法規傳遞的訊號是即使發生事故也不會有事，因而削弱安全駕駛的動機。

　　愛滋病病例數的上升，進一步說明這一點。在治療方法問世之前，感染愛滋病就等於被判死刑，而人們對它的傳播極為關切。現在愛滋病有藥可治，而且被視為慢性疾病，而不是不治之症，結果人們因為覺得它的威脅性降低，於是承擔更多風險，例如進行沒有防護的性行為，感染人數因而增加。新療法的出現弱化人們謹慎的動機。

在此聲明，我不是說汽車的安全設施（或是研發挽救生命的新療法）是壞主意。我的意思是讓司機感覺安全、同時乘客不戴安全帽是不好的誘因。

《生命中的經濟遊戲》（*The Armchair Economist*）一書作者史帝文・藍思博（Steven Landsburg）更進一步探討這種訊號傳遞，並提出以下的精采見解：乘客應該做的不是要求司機繫安全帶，而是在汽車的方向盤裝一根尖銳的長釘，如此一來，司機會非常清楚發生車禍的後果是什麼。[8] 你可以告訴司機，你不希望他們開太快，安全是你的第一考量；不過，有了釘在車子裡的這根長釘，你就可以安心，確定司機理解這個訊號：你希望他們開車時安全至上！

河內大滅鼠行動

1897 年，保羅・杜默（Paul Doumer）出任法屬印度支那總督，地點是現在的越南河內市。他立刻著手進行現代化建設，把屬地改造成一座正宗法式風格城市，而最重要的成就是引進衛廁系統。

可惜，喜歡這座城市基礎設施的，不是只有品味精緻的法國殖民者，還有河內的老鼠。城鎮底部的下水道系統很快就被老鼠占領。牠們的生命力旺盛、數量眾多，就連專業的捕鼠業者也無法阻止老鼠的繁殖擴散。他們必須採取更徹底的措施，而且要有效而迅速。[9]

　　杜默和他的團隊集思廣益，一起想出一個創新的辦法：河內全民捕鼠大動員，一隻老鼠懸賞一分錢。市民只需要把老鼠尾巴交給政府部門當做證據就可以領賞——試想，那裡有個要負責清點老鼠尾巴、發獎金的可憐傢伙。接下來，老鼠尾巴開始湧入。

　　就在杜默和團隊準備宣告計畫成功時，有趣的消息開始傳來：沒有尾巴的老鼠在城市裡橫行。原來，有生意頭腦的市民已經意識到，剪掉老鼠的尾巴，然後放生牠們去繁殖，比殺死老鼠更合算。沒有尾巴的老鼠會生有尾巴的老鼠寶寶，於是市民又有老鼠尾巴可以剪，並拿去領賞。市民創造力的境界還不只這樣。這時還出現一種賺錢的新行業：專門飼養老鼠的農場。還有一些特別富有創新精神的市民開始從遠方進口老鼠尾巴！[10]

　　這種誘因設計之所以失敗，是因為只著眼於數量而輕忽品質。總督希望大家撲滅老鼠並阻止擴散，不過誘因計畫真正獎勵到的卻不是這件事。就像富國銀行的例子，法國總督府犯的錯是看數量而不看品質。一個簡單的解決辦法可能是懸賞老鼠，而不只是老鼠尾巴。

有趣的房子

　　換個比較輕鬆的話題，誘因設計到了建築領域，可能會創造出奇特的景象。我很喜歡到迷人的普利亞（Puglia）地區走走，它位於義大利的靴跟處，以橄欖樹、壯觀的海灘和美味的食物而聞名。令人摒息的伊特里亞谷（Valle d'Itria）裡有個普利亞的特殊景觀——至少對我這個經濟學家來說有吸引力：「特魯洛」（trulli）。「特魯洛」是一種常見的農舍，而農民之所以蓋出風格如此獨特的建築，正是因為誘因的驅使。[11] 請看圖 19 照片裡的屋頂——它們在全世界是絕無僅有。

　　一座典型的特魯洛外觀是圓錐形，有石造圓柱形底座和石灰岩瓦片屋頂。特魯洛的建造不用砂漿或水泥，因此可以迅速拆除。[12] 其實這些房屋在建造時就是為了這個目的：只要移除

圖 19　誘因如何影響屋頂形狀

誘因設計
MIXED SIGNALS

屋頂頂端的石頭，整個屋頂就會塌掉。[13]

為什麼有人願意住在結構如此不穩固的房子裡？當時的那不勒斯國王羅貝托一世（King Robert of Naples，1309～1343）按建築使用情況徵稅。有屋頂的房子被視為住家，要課重稅。[14]普利亞的農民因此不得不發揮創新精神：當他們看到稅吏接近時，就迅速拆除屋頂，這樣房子就不會被課稅。等到稅吏前往下個城鎮，他們就重建屋頂，繼續過日子。

稅賦誘因觸發未預見的行為而影響建築形狀，類似的例子也可以在其他地方看到。例如圖 20 照片裡的建築物，有些窗戶被磚塊堵住，你能猜到為什麼嗎？

圖 20　誘因如何影響窗戶形狀

答案就是窗戶稅。現在惡名昭彰的窗戶稅（Window Tax）是由英格蘭在 1696 年首創，而後有法國、愛爾蘭和蘇格蘭政府在十八世紀和十九世紀採用。[15] 立法的那個年代，大家認為房子的窗戶數量能反映屋主的富裕程度：根據他們的邏輯，有錢人的房子比較大，因此窗戶比較多。主管機關希望徵收累進財產稅，讓有錢人多繳稅。

　　到了某個時候，官員注意到窗戶稅的稅收下降。原來，屋主用磚塊堵住窗戶，新房子的窗戶數量也在減少。[16] 要完全領略這種規避手法的精明之處，就必須先理解窗戶稅的結構：窗戶數為 10 到 14 個的房屋，每扇窗戶課稅 6 便士；窗戶數為 15 到 19 個的房屋，每扇課稅 9 便士；至於窗戶 20 扇以上的房屋，一扇窗 1 先令。細看那個時期的稅務紀錄就會發現一件神奇的事：將近半數房屋的窗戶數都恰好符合節稅效益，也就是 9、14 或 19 扇。[17] 這種建築設計再次展現人民鑽不良稅收誘因漏洞的創造力。

　　有意思的是，鉅富卻反其道而行，裝設數量超過需要的窗戶：拜稅賦政策之賜，他們現在可以用房屋窗戶數炫耀財富！這又是一個說明誘因設計有助於傳遞訊號的例子，而這裡是幫屋主彰顯自己的財富。

　　開窗不足造成疾病和健康問題盛行，在民怨多年之後，窗戶稅終於在 1851 年廢除。今天的歐洲有些地方還看得到用木板封住的窗戶，提醒世人稅賦可能會構成多麼糟糕的誘因，甚至足以影響世界的景觀。

阿姆斯特丹運河沿岸的房屋是這種交互作用的另一個例子。不良的稅賦政策在無意間所鼓勵的產物歷歷在目：立面狹窄的房屋。[18] 荷蘭的房屋建在自然鬆軟的土壤上，所以需要將大型承重木樁深深地打進地底，做為地基。阿姆斯特丹人經常為了降低成本而縮短木樁長度，結果造成房屋傾斜。為了解決這個問題，政府規定只有經過核可的政府人員才能打樁。政府為了支付這項新增的勞務成本，於是根據房屋寬度徵收稅收（房屋愈寬，就需要愈多木樁）。[19]

　　直到今天，稅賦誘因結下的果仍然美麗地矗立在這座城市中：又高又窄、樓梯十分陡峭的房屋。如果你去過阿姆斯特丹，曾經拖著沉重的行李踩著一階階看似沒有盡頭的陡峭樓梯上樓，你該怪的是稅賦誘因。你也應該能夠一眼看出，哪些房屋是由那些想要顯現自己有足夠財富繳稅的人所建造。

善用個人利益，建立有效誘因

　　有效誘因的例子可能沒那麼有趣，不過可以挖到的資訊卻不會比較少。以下是誘因的微小變動對世界產生重大影響的兩個例子。

　　第一個例子。假設你要從聖地牙哥飛往舊金山慶祝朋友生日。圖 21 是你搜尋航班的結果。你可能會選擇阿拉斯加航空的航班。

　　現在，再假設你不是為了玩樂搭飛機，你去舊金山是為了

8:00pm - 9:39pm 阿拉斯加航空	1h 39m （直飛） SAN - SFO	$185 單程	選擇
8:55pm – 1030 聯合航空	1h 37m （直飛） SAN - SFO	$339 單程	選擇

圖 21　你選哪一個航班？可能是阿拉斯加航空的班機。

工作，並且公司會出機票錢。你經常搭乘聯合航空，而且關心你的「常客哩程計畫」會員等級。如此一來，你或許會選擇聯合航空的航班。反正有人幫你付機票錢，而你可以享用里程數帶來的優惠待遇。

　　所有主要航空公司現在都有常客獎勵計畫。客戶每飛行一英里或花費一塊錢都可以累積點數，然後用積分兌換航程、艙等升級或其他各項福利。這些計畫會墊高轉換成本，讓我們有保持忠誠的誘因。這種誘因設計的一個巧妙之處在於，在許多情況下，挑選航班並享受常客計畫福利和付錢買機票的通常不是同一個人。因此，典型的商務旅行者有動機選擇他們有飛行常客帳戶的航空公司，而不問成本。他們不太可能單純以價格做為選擇航班的依據——他們何必這樣？只要選擇他們經常搭乘的航空公司，就能累積更多哩程、得到更多獎賞，而這些全都不必自己掏腰包。**這讓我想到誘因設計者應該遵守的一條重要原則：知道誰為產品付錢，誰享用獎勵，並記住兩者可能不同。**

聰明誘因的第二個例子是在 1978 年的中國,當地農民和政府之間簽訂的一份簡單合約。[20] 故事發生地點是安徽省鳳陽縣小崗村這個人口只有幾百人的貧困小村莊,而合約的故事要從這裡的 18 個農民開始說起。1978 年的中國正是共產主義盛行的巔峰時期。在集體農場工作的農民,勞動的報酬是固定的食物配給,而無論他們種什麼,全都歸政府所有。要得到配糧,農民必須達到最低生產目標。無論他們工作多努力、工作時間多長,得到的報酬都一樣,而且通常微薄到只能糊口。

在這種誘因制度下,農民沒有動機超額生產。如果農作物會被拿走,為什麼要辛苦多做一些呢?正如一名農民所言,「努力也好,不努力也罷,反正大家拿到的都一樣。」這是什麼訊號?工作只要做到最低要求就可以,不需要做更多。

1978 年冬天,又餓又氣餒的農民聯合起來,提出一個革命性的想法:他們不再集體耕作,而是各人耕種分配到的土地。收成的作物有某個比例交給集體單位和政府,以達成配額目標,至於剩下的收成,他們可以私藏。嚴宏昌擬好合約內容,其他農民也都簽字。第二天早上,所有農民比平時起得早,一直工作到日落。只是改變誘因,農民的產量就比過去幾年都多更多。

農民做的事最後還是被當地官員發現了。新任領導人鄧小平不但沒有懲罰他們,反而決定把農民制定的計畫做為範本,推行到在整體中國經濟。由於可以擁有自己種植的作物,中國各地的農民開始增加產量。經濟學家和歷史學家認為,這個誘因設計的微小變化是自 1978 年以來讓數億中國農民脫貧困的一系列發展的第一步。如今，這份合約以及它背後的故事已經成為中國孩了的教材，也是明智的誘因設計如何改變局面的完美例子。

> **重點提示：**
> 不良誘因比沒有誘因更糟。務必讓你的訊號保持一致。

第 9 章

「損失規避」誘因，
訊號最強

紅鰭（Redfin）不動產經紀公司執行長格倫·凱爾曼（Glenn Kelman）對公司送給客戶的一份禮物感到自豪。在某次董事會議的影片中，他討論到不動產經紀人對客戶做部分退佣。紅鰭雖然發現數億美元的退佣對於服務需求其實毫無影響，仍然決定加倍退佣。套句凱爾曼的話，他們「就是要把錢白白送人」。這段影片原本是為了鼓舞人心，表現凱爾曼無視於「做理性的事」，即使退佣無助於拉抬需求，還是繼續實行退佣，以藉此證明紅鰭忠於照顧消費者的使命。[1]

這段影片讓人不解，原因不是凱爾曼決定繼續提供誘因，而是他決定以同樣的方式繼續提供誘因。不是每一種誘因都一樣；誘因設計的框架和結構的微小差異，可能對誘因的效果造成極大的影響。不過，人們往往不太關心怎麼讓它們奏效。

紅鰭的退佣政策應該會讓它的服務更有吸引力，因為購屋者可以拿回數千美元。但是，理查‧塞勒（Richard Thaler）證明，人是在整體交易的架構下考慮費用的減省。[2] 比方說，你打算買一部 200 美元的新電腦螢幕。銷售人員告訴你，同樣一部螢幕在距離 20 分鐘車程的另一家分店打七五折。你會為了省錢而開車前往嗎？大部分人都會；200 美元的東西少付 50 美元是很優惠的交易。但是，如果你要買的不是 200 美元的螢幕，而是 2,000 美元的新電腦，那會怎麼樣？銷售人員又告訴你，在 20 分鐘車程外的那家店，同款電腦現在賣 1,950 美元。在這個時候，雖然還是省 50 美元，不過大多數人都不會選擇去另一家商店；買 2,000 美元的東西省 50 美元似乎不值得跑這一趟。

以紅鰭這個案例來說，雖然它給客戶的數千美元退佣不是一筆小數目，可是與房屋總價相比卻顯得不起眼。舉個例子：有一個叫凱蒂的客戶最近透過紅鰭的經紀人買下一間房子；這是一次不錯的購屋經驗，但是當她回想退佣的事，細節卻有點模糊。她記得自己有收到退佣，但是不記得金額是多少。凱蒂是喜歡比價的那種購物者，總是在找優惠；這樣的客戶拿到幾千美元的退佣卻沒有翔實的記憶，這對紅鰭來說會是個問題。與房價相比，退佣金額不但微小，還淹沒在她必須簽署的一疊房貸文件裡。

改變認知

目前在斯克里普斯轉譯醫學研究院（Scripps Research Translational Institute）擔任策略計畫資深主任的凱蒂‧巴卡－莫特斯（Katie Baca-Motes）和我一起與 Edmunds.com 合作開發一套獎勵系統。Edmunds.com 是一家提供買車資訊、評論和價格等訊息的大型網路企業；如果你在谷歌搜尋「2019 BMW X3 評鑑」，應該會看到它出現在搜尋結果的前幾名。點擊連結，你會看到購車決策可能需要的所有資訊：評論、規格、價格、比較等等。看好要買哪一款車之後，系統會要你提供郵遞區號，引導你查看你所在地區銷售該款汽車的各家經銷商庫存。經銷商付費給 Edmunds.com 在網站上打這些汽車廣告。對 Edmunds.com 來說，如果能向經銷商證明消費者是因為網站的廣告而購買他們的車，會很有價值，於是決定祭出折扣：如果客戶選擇購買他們在網站上第一個看到的車，買二手車平均可以得到 450 美元的現金折扣。這項折扣幫助 Edmunds.com 向經銷商證明打廣告的價值。雖然折扣對需求確實有影響，但是效果不如管理階層所願。

公司希望我和凱蒂協助提高誘因的效果，而我們推測，現行折扣的效果不如預期，原因應該類似紅鰭的案例。雖然 450 美元對大多數人來說都是一大筆錢，但是在買一輛 2 萬美元的汽車時，就沒有那麼令人眼睛一亮。

我們要設法解決的問題是如何改變購車者對折扣的認知，

因而能在不增加成本的情況下提升誘因的效果。我們測試的解決方案與另一種形式的誘因有關：加油預付卡。雖然 450 美元相對於汽車價格並不多，不過用來買汽油卻顯得很多。這是簡單的心理學；伸手拿加油槍、付油錢的畫面很容易想像；我們每一次給車加油都會開心地想到，我們因為做個聰明消費者而賺到這 450 美元的油錢。它就是比車價折扣更「有感」。這個現象就叫做「心理帳戶」（mental accounting）。

理查・塞勒得到 2017 年諾貝爾獎，部分原因是心理帳戶這個觀念。他對心理帳戶的定義是個人和家庭用來安排、評估和記錄金融活動的一組認知運作。[2] 人的大腦裡裝了好幾個心理帳戶，而通常有各自的預算。例如住宿和餐飲可能就是獨立的兩個帳戶。你可能會對住宿和每個月的外食分別訂定一個額度，任何一個帳戶消費過度，都會觸動你的敏感神經。即使是餐飲，也不是所有開銷的感覺都一樣。你儘管會為了省餐廳的代客停車費而花半個小時找停車位，同樣的錢拿來買甜點，卻可能毫不手軟。即使晚上外出的總開銷是停車費、甜點加上其他所有支出的總和，付停車費感覺非常不快，你會花比較多心力去規避停車費。

這些獨立的心理帳戶違反經濟學的可互換性（fungibility）原則，也就是各個心理帳戶的貨幣彼此應該是完全替代品。等額的停車費和甜點錢應一視同仁、待遇平等，但是現實中就不是這樣。[3] 根凱蒂和我根據可互換性原則的反例推斷，針對特定、高度渴望的心理帳戶設置誘因，可能比單純的銷售折扣更

誘因設計
MIXED SIGNALS

有效。

我們在 Edmunds.com 平台進行現場實驗，測試心理帳戶對折扣的影響。現場實驗在本質上近似大多數網路公司在顧客身上試行不同選擇所做的 A ／ B 測試。兩者主要的差異在於，我們嘗試用心理學和行為經濟學的發現，做為我們測試的指引。一旦你學會現場實驗的做法，就很容易在網路實行這類測試，特別是與像 Edmunds.com 這種精通實行這類實驗的公司合作。顧客開始搜尋時，就會隨機分配到不同的折扣框架下，然後我們會追蹤他們在網站上的行為。就像 A ／ B 測試一樣，這些顧客並不知道他們正在參與實驗。

我們最有興趣了解的是，不同的折扣框架會如何影響購買決策。實驗結果與我們的心理帳戶假設一致，購車折扣 450 美元的影響遠低於加油預付卡優惠 450 美元的影響。改變誘因的參考框架，從購車現金折扣變成免費加油金，成效提高一倍多。我們在進一步的測試中發現，即使加油卡的價值低於汽車折扣，效果也不會打折扣：購車者對 250 美元加油卡的反應比對 450 美元的購車折扣更好！

大部分人都討厭為某些事掏錢：停車費、Wi-Fi 費、托運行李費等等。同理，沒有人會期待去加油站，所以免費加油的感覺很棒。針對大家不喜歡付費的事物建構誘因，可以提升誘因的效果。

以下是運用同一個概念的另一個例子。我們與何德華（Teck-Hua Ho）、馬索‧畢爾傑（Marcel Bilger）和艾瑞克‧

芬克斯坦（Eric Finkelstein）這三位在新加坡的教授，一起與新加坡一家想要改善員工健康的計程車公司合作。[4] 身體缺乏活動是相當棘手的問題，這是第四大致死風險因素，同時會導致醫療支出增加、工作生產力降低，形成政府、保險公司和雇主沉重的成本負擔。

講到改變行為的誘因設計，若是要增加身體活動，計程車司機是理想的目標群體——由於長工時、久坐不動的工作環境，大多數計程車司機都缺乏活動，是罹患慢性病的高風險族群。

與我們合作的新加坡公司願意每個月支付 100 美元的現金獎勵，鼓勵司機多運動。我們建議對這項措施做個微調：就像在加油卡的例子，我們著手尋找計程車司機真正不喜歡掏錢的東西，結果發現新加坡的計程車司機不是車主；計程車是車行的資產，司機每天要付給車行大約 100 美元的租金。車行收取租金的方式是每天從司機的銀行帳戶自動扣款。對司機來說，這筆日租費用既顯眼又討厭，而且每天都會被提醒這筆錢的存在，於是有許多人會在「休假」日兼差，補貼這筆經濟損失。因此，我們在選擇誘因框架時，決定讓獎勵的價值相當一日租金的抵用金，以動用這個心理帳戶。

為了追蹤記錄運動情形，我們付費給參與實驗的計程車司機，請他們配戴 Fitbit 設備。在第一階段，我們只測量他們每天的步行數。接下來的 4 個月，如果他們達成目標步數，就會得到獎勵。最後的 5 到 7 個月，我們停止支付獎勵，不過繼續測量每個司機的步數。

我們把司機隨機分為兩組，兩組的差別是誘因的參考框架：在其中一組，我們把 100 美元獎金稱為他們達成月目標的獎勵；在另一組，我們把 100 美元稱為計程車日租金的減免。

框架的微小變化卻對結果產生強烈的影響：與沒有誘因的基準線相比，兩組司機的步行數都有增加。比方說，在實施誘因的第一個月，獎金組的步數大約增加約 1,500 步，但是租金抵免組的司機增加大約 2,000 步，明顯高於獎金組。單純的獎金可以激勵司機多運動，但是「租金抵免」的效果更加顯著。我們希望司機養成步行習慣能改變他們的長期運動行為，即使在獎勵計畫結束之後也會增加步行。於是，我們測量四個月介入期以及獎勵取消之後 3 個月內的步數變化。此外，即使在停止支付獎勵之後 5 到 7 個月，兩組的差異仍然存在，雖然差距較小。

還記得前文曾提到，有時候人們發現誘因失靈，卻誤以為是誘因無效嗎？我們在這個案例裡可以看到，即使是有效的誘因，運用一些簡單的行為變化也能大幅提高成效。誘因的問題不應該僅止於是否提供誘因，也應該觸及誘因是否以最好的方式設立。

心理帳戶對企業的意義

回到紅鰭的例子，簡單的創意思考可以提高誘因效果和企業獲利，同時讓客戶更滿意。你能想到哪些建構框架的方法，幫助紅鰭提高誘因的成效嗎？比方說把退款包裝成新屋持有成本的抵減項目，像是喬遷之後一定會在當地家居裝修店產生的花費。凱蒂在家得寶（Home Depot）購物時使用退款的購物額度時，會覺得更加受用！

事實陳述乏味無趣：「到我們網站買車，就能享有 450 美元的折扣」這聽起來就索然無味。開放自由詮釋最後可能會得到一個消費者不喜歡的故事。你應該積極塑造誘因講述的故事。

案例研究：「損失比獲得更有感」

假設你是芝加哥高地市的教師，這個城市位於芝加哥南邊 30 英哩，學校的學生組成以成績低落的低所得少數族裔為主。你為教導這些孩子感到自豪，盡你所能要讓他們成功。有一天，一支研究團隊來到學校，提供一項有趣的誘因。[5] 如果你班上的孩子在學年結束時成績進步（依據考試成績的百分位排名提高而定），研究人員就會給你獎金[6]，而且他們還承諾，獎金最高可能達 8,000 美元。你也知道，根據這項計畫，你的獎勵期望值為 4,000 美元，大約相當於你的薪資的 8%。

不過，這裡的誘因結構有點不尋常：8,000 美元會在學年開始時匯入你的銀行帳戶；重點是到了學期末，如果學生成績沒有達到某些目標，你可能必須退還部分或全部金額。你能夠提高學生的考試成績嗎？你覺得這有點侮辱人，因為給你提升學生成績的經濟誘因，似乎是在暗示你現在做得不夠好。你知道有研究顯示有些老師的教學成效比較出色；但是誘因措施能讓你變成更好的老師嗎？看在獎金的份上，你願意嘗試一下。

羅蘭‧佛萊爾（Roland Fryer）、史蒂文‧李維特（Steven Levitt）、約翰‧李斯特（John List）和莎莉‧薩多夫（Sally Sadoff）曾進行一項現場實驗，測試「損失規避」誘因相對於傳統「獲利」誘因的有效性，後者就是在學年結束時根據相同的成績標準做評量，達標就發給教師獎金。「損失規避」是特沃斯基和康納曼提出的心理學原則。根據他們的理論，誘因是根據與參考點的比較來做評估，因此結果在我們大腦中會被視為獲利或是損失，而損失比等額的獲利更重大。[7]也就是說，人類的行為更容易受到阻止損失所左右，而且遠勝於爭取獲利。因此，把獎勵訂為損失比訂為獲利對行為的影響更大。

因此，根據損失規避心理，相較於在學年末達標才能獲得獎金的教師，學年初得到 8,000 美元獎金的教師會更努力，以避免失去這筆獎金。這個預測很有趣，因為這純粹是獎勵的框架問題：不管是在獲利組或損失組，只要學生成績相同，教師所得到的獎金就完全相同。

相較於為年終獎金努力，你是否覺得自己會為了不要繳回年初時已經存進帳戶的獎金而更拚？

現場實驗的結果顯示，損失組教師的教學成果明顯較佳，而獲利組教師的教學成果與完全沒有誘因措施的對照組相比，沒有提升。也就是說，光是承諾教師可以因為學生成績進步而得到獎金，對學生的成績沒有影響。然而，若是從損失角度架構誘因，能大幅提高學生成績：相較於無誘因組教師的學生，損失誘因組的學生成績提高 10 個百分比。做為對照，學生成績的提高，相當於教師平均品質的量級提升超過一個標準差。

　　教師的損失規避實驗是一個很好的例子，說明使用傳統誘因可能會導致「誘因無效」的結論；畢竟，學生的考試成績並沒有因為獲利框架下的誘因而提高。不過，正確的結論應該是你需要理解誘因背後的心理學，才能讓它發揮作用。

　　這個結果點出框架的重要。同等的獎勵被視為損失而不是獲利時會更有效。這個損失框架的故事也適用於其他情況。簡單說，人會為了保護已經是「他們的」東西而更努力。

　　假設你是中國一家專門製造、配銷消費電子產品的高科技企業工廠工人。除了每週平均 290 元至 375 元人民幣的基本工資，如果團隊產出達到某個門檻，你還會得到週獎金。公司寄發給你獎金辦法通知信如下：「公司獎勵生產力。團隊每週平均產量達到每小時 20 單位或以上，你就能得到每週 80 元的獎金。」

　　很好──多努力就會得到注意，得到相對應的獎勵。獎金超過週薪的 20%，因此你有動力為實現生產力目標而努力。

　　現在，要是公司的信是這麼寫的呢？「公司獎勵生產力。每個工作週開始之前會發給你 80 元的暫時獎金。如果團隊的每週平均產量低於每小時 20 單位，獎金就會撤銷。」

　　根據損失規避心理，你這時應該會把暫時獎金看作是你的，更加努力工作，以達到生產目標，把獎金留在薪資帳戶裡。這正是在中國高科技製造廠現場實驗的結果。[8] 兩組工作者得到的獎金相同，不過方式不同：前者是獲利，後者是損失。雖然與基準相較之下，兩組工作者的生產力都有提高，但是以損失架構誘因的工作團隊表現大幅優於獲利架構的團隊。誘因架構的外顯效應在 4 個月的實驗期間全程都可以觀察得到，顯示誘因框架能夠影響企業生產力的長期成長。

這場工廠實驗告訴我們，心理學的洞見適用於勞動市場，僱用合約一個簡單的變動就能提高長期的勞工生產力。**如果能用適當的心理學原理設計誘因，訊號會變得更強大、更有效。**

誘因構成故事的框架，而「努力工作以獲得獎勵」的激勵效果不如「努力工作以免失去獎勵」。只要你能掌控敘事，務必讓人們覺得獎勵已經是他們的囊中物，但是如果沒有達到目標，仍然可能會失去獎勵。

▏▎▍ 重點提示：

誘因鎖定顯著的心理帳戶，能夠藉由改變故事而提高投資報酬。

第 10 章

錯失機會的恐懼，
也能形成誘因

有個正直的人每週在樂透彩結果公布前都會祈禱：「神啊，請保佑我一生裡中一次獎。我一直都是個好人，我有 7 個孩子要撫養。」多年來，這個人每週開獎後就會哭幾個小時：「為什麼？為什麼不是我？」在某個哭泣的日子，他終於聽到一個聲音告訴他：「你要不要先去買張彩券呢？」

這是個關於後悔的故事。我的家人在二次大戰後從布達佩斯移民到以色列——如果你想知道的話，他們從來沒有為此後悔過。1948 年，他們抵達特拉維夫，結束這段漫長的旅程。我的祖父母四十多歲，和大多數大屠殺倖存者一樣，沒有財產、也沒有工作。以色列當局為了安置湧入這個新國家的大批移民而迅速興建公宅社區（以色列正式立國是在 1948 年 5 月），而我的祖父母一家在一處公宅社區分配到一間小公寓。奶奶就地在家裡開一家小裁縫店，爺爺做過各種臨時工作，後來在銀行找到一份好工作。他們很窮，但是很快樂。

　　我的外祖父母也有一段非常相似的經歷。這兩個家庭在布達佩斯時就認識，最後住在特拉維夫的同一個街區。我的父母小時候在布達佩斯認識，年輕時在特拉維夫的街區再次相遇。他們相愛、結婚、生子，過著幸福充實的生活，直到離世。據我所知，他們的人生裡也沒有「後悔」這兩個字。

　　我父母結婚幾年後舉行一場宴會慶祝結婚週年紀念日。我母親有位阿姨靠賣彩券維生。在這次週年慶祝會上，這位樂透姐和我爺爺聊到國家發行的彩券：一張彩券有 6 個號碼。如果這 6 個號碼和那週的開獎號碼一樣，那你就發了。爺爺被說動，買下一張彩券。

　　在那次宴會之後，爺爺每週都買同樣 6 個號碼的彩券，而且欲罷不能，這一堅持就是幾十年，直到他離世為止。就連在度假，他也一定會找人幫他買一張。為什麼？講到這裡，「後悔」終於出場——因為如果爺爺在哪一週停止買彩券，結果頭彩開出那 6 個號碼，他會抱憾終身。他知道他會受不了這個打擊。和後悔的恐怖感受比起來，區區一張彩券的錢不算什麼。他不想活在這種情況發生的恐懼裡，所以不斷買彩券大半是為了避免後悔的恐懼感。

　　我的祖父不是唯一喜歡彩券的人。Statista 的資料顯示，美國 2019 年彩券銷售總額為 910 億美元，全國有一半以上的成年人都曾買過彩券。[1]彩券在日常生活中無所不在，顯示很多人都受到吸引。彩券受歡迎的原因很多，像是對機率微小事件的過度重視，因而讓此類事件對心理的影響，相對高於事件實際可能性的影響。[2]

　　彩券這麼受歡迎，再加上有像我爺爺這種人的故事，於是荷蘭人發揮巧思，創造出一種郵遞區號彩券。這種彩券的「中獎號碼」是一組郵遞區號：每週都會隨機搖出一組郵遞區號做為中獎號碼（一個郵遞區號下平均有 19 個地址，最多有 25 個地址）。[3] 如果你住在中獎郵遞區號地區，很快就知道自己中獎，你的鄰居和朋友也會知道。其中的玄機就在於，你必須買那週的彩券才能拿獎金。如果你有買，恭喜你。如果你沒買，那麼你大概會有很長、很長的一段時間都會後悔不已。

　　讓沒買彩券的人更痛苦的是，中獎者除了獎金，還能得到一輛全新的 BMW。每當你從鄰居那部華麗的 BMW 旁邊走過，知道自己要是當初掏一點小錢買一張彩券，今天你也可以是車主——有什麼比想到這點更能喚起一個人買彩券的動力？

　　如果是一般彩券，除非你像我爺爺一樣每次都買同一組號碼，否則你無從知道要是當初你買了彩券會不會中獎。然而，如果是郵遞區號彩券，你知道。

　　我們做決定時會盡量避免後悔的痛苦感受。行為科學把這種行為稱為「後悔規避」。郵遞區號彩券的創造者進一步刺激這種感受。他們的廣告說：「你沒買彩券？那麼一切都會進到你鄰居的口袋裡。趁現在還來得及，馬上就買幾張！」還有一則廣告說：「酸溜溜——這就是與至少 200 萬歐元錯肩而過的感覺。數百萬獎金落在你家，只因為你沒有買彩券，一分錢都拿不到——你絕對不想遇到這種事。」[4]

後悔規避心理會影響我們未來的選擇——我們會盡可能減少未來的遺憾。這種「預期的後悔」是重要動機。我們預計有些決定會帶來後悔，我們不想有這種感覺，於是在做選擇時著眼於減少風險或後悔的機會。重要的是，如果一個人能輕易理解與他的決定有關的後果，預期的後悔就會更強烈。[5]

以我爺爺來說，如果「他的」號碼出現而他沒有買彩券，他料想自己會後悔，於是繼續買彩券。以荷蘭的郵遞區號彩券來說，如果自己的郵遞區號出現而自己沒有買彩券，他們預料自己會後悔，於是選擇每週買彩券。這兩個故事都在說明，後悔對個人決定有強烈的影響力。

在實務上，像預期的後悔這種強烈的動機可以做為改變行為的誘因嗎？我在幾年前訪問比爾與梅琳達·蓋茨基金會（Bill & Melinda Gates Foundation）時談論誘因。這個基金會在西雅圖的新總部園區當時剛開幕。這個城市歡迎這座新園區的設立，但是擔心可容納一千多名員工的園區可能衝擊當地交通。我聽說，基金會為了減少負面影響，於是制定一些獎勵措施，鼓勵員工少開車。具體的做法就是提供免費的公共運輸服務，並要求選擇開車到園區後停車的員工每天付 9 美元的停車費。

讓我感興趣的是這套獎勵措施的另一個規定：不開車上班的員工每天可以額外得到 3 美元的獎金。沒有使用停車場的員工每天大約是 500 名，因此基金會的獎勵成本每天大約是 1,500 美元。許多組織都在實施這種獎勵計畫。由於每日成本頗高，基金會問我能否設計一套更有效的獎勵方案，以更少成本維持同樣的參與程度，或是用同樣的預算增加改搭公共運輸的人數。

我確實利用後悔的力量，提出另一種運用這 1,500 美元的方案，那就是每天下午舉行一次 1,500 美元獎金的「後悔大樂透」，並在公司內部網路直播抽獎儀式：隨機抽出一個員工名字後公布，並讓系統檢查這名員工的車當天是不是在停車場——如果沒有，他就是樂透的贏家；如果有，請下悲傷音樂，然後繼續抽選新名字；重複這個過程，直到被抽中的是當天沒有自己開車來的人。那些名字被抽中但是有停車的人會非常後悔今天開車來上班。這個活動應該會在辦公室掀起熱議！

結果基金會不願意測試我的提議，原因是擔心員工出現負面回饋。不過，有另一家公司卻很感興趣。那家公司擁有寬敞的辦公空間，有教室可以舉辦各種類型的研討會，而且研討會參與者可以在附近的停車場停車，停車票卡經公司驗證後可以享有免費停車。由於公司要向停車場支付這些經過驗票的停車費，所以管理階層知道每輛車停放的確切成本，而他們也願意嘗試各種獎勵措施，以減少停車數，為公司省錢。

這項研究一開始先做試行，以向管理階層做「觀念的驗證」，說服他們相信誘因設計可以提高公司獲利，但不會因為惹惱參與者而造成緊張。試行計畫的成功讓公司了解，它可以從誘因設計受惠，卻不會讓參與者不滿（課後調查顯示，滿意度與常規研討會相比沒有差異）。該公司被試行成果打動，同意展開完整的研究。

研究就這樣展開。在某一週，有 240 名參與者參加週一至週五為期 5 天的研討會，參加不同的課程。主辦單位通知他們研討會期間可以免費停車。週一時，各組參與者各自會被賦予不同的誘因類型。

當天，所有的停車票卡都經過驗證之後，公司派一名代表到每個班級告訴參與者，考量到交通和環境因素，希望大家在本週後續 4 天裡盡可能避免自己開車來。然後我和公司把參與者隨機分為 4 組，每組 60 人：

- 控制組：沒有提及任何獎勵措施。

- 5 美元固定獎金組：當天不驗停車票卡就可以得到 5 美元。

- 500 美元抽獎組：週五會舉行抽獎，獎金是 500 美元。參與者不需驗停車票卡的那一天，就會獲得一張寫著參與者名字的卡片投入抽獎盒。等到週五時，我們會從這個盒子裡隨機抽取一張卡片，卡片上的名字就是贏得 500 美元獎金的幸運兒。

- 500 美元後悔樂透組：程序與 500 美元抽獎組類似，只不過投進抽獎盒的每張卡片上會標記這個人是否有驗證停車票。等到週五抽獎時，被抽到的「幸運兒」會被唱名，而如果卡片顯示他們抽獎當天沒有驗停車卡，就能得到 500 美元，反之則重抽一張，重複這個程序，直到抽到合格的卡片。

這種設計能讓公司對不同的誘因設計做簡單的成本效益分析，也能精確衡量誘因的相對有效性，避免公司採用「有效」但是效果不如其他支付方案的誘因設計。

雖然大家都喜歡參加抽獎，不過我們不清楚彩券這種行為干預措施是否有用。有些研究發現，給現金的反應率比發彩券或不給獎勵更高，也有些研究得到相反的結果。[6] 最近有潛力的研究（主要是在醫療保健領域）發現，彩券的誘因效果優於「保障」獎勵。[7] 魔鬼似乎藏在彩券的框架裡建構細節。這就是為什麼在想要採用這類誘因的產業裡做研究如此重要。

我們的研究結果確實顯示，不同的誘因會產生不同的效應。雖然所有誘因組別的成效都高於無誘因的控制組，不過有些誘因的效果更為有力。你認為哪一種誘因的成本效益最高？

5 美元固定獎金組的參與者使用停車位比控制組少 10%。不過，減少停車的代價很高，因為公司必須付錢給每個不開車的參與者（包括本來無論如何都不會開車來的參與者）。平均而言，每少停一次車的獎勵成本是 36 美元，遠遠超過公司願意支付的金額。

一如預期，500 美元抽獎組的成效更好，與控制組相比減少 18% 的停車數，而且成本更低。邊際停車減少數的平均獎勵成本是 12 美元（也就是說，對那些剛好不停車的人而言，平均激勵成本是 12 美元），低於停車成本，因此公司對此覺得滿意。請注意，500 美元後悔樂透組的成效又更勝一籌，停車數減少 26%，邊際停車減少數的獎勵成本只有 8 美元。

500 美元後悔樂透組的 8 美元成本，遠低於驗證停車票卡的成本，於是公司最後選擇實施這項計畫。這項實驗不但向管理階層證明簡單的誘因設計，就能提高獲利，還印證一個課題：就像簡單的彩券案例，即使誘因可以創造利益，我們也應該繼續尋找改良方法。誘因在框架和實行的微小變化中，加進後悔元素，可能可以重新塑造故事，產生更大的影響。

> 📊 **重點提示：**
> 預期的後悔是可以用於激勵的強烈情緒。

第 11 章

利社會誘因，
或許可以發揮奇效

到目前為止，我們討論的誘因設計多半都以直接獎酬做為激勵。不過，我們的行為有時候有其他的動機，例如幫助他人。以下是公司鼓勵員工戒菸的兩種情境：

情境 1：抽菸員工每戒菸一週，公司就發給他獎金 5 美元。
情境 2：抽菸員工每戒菸一週，公司就捐款 5 美元給當地慈善機構。

你認為哪一種誘因設計對員工戒菸的激勵效果更好？請注意，兩種情境的誘因規模都很小。有證據顯示，小額金錢誘因（如前例的情境 1）可能沒有效果，甚至會產生負面作用。

早在 2000 年，羅斯提奇尼和我就在〈付好付滿──否則乾脆一毛不給〉（*Pay Enough - or Don't Pay at All*）這篇論文裡研究過這個問題。[1] 我們在一項現場實驗裡聚集 180 名高中生，挨家挨戶為慈善機構募款。我們把學生隨機分成三組，各給予不同的誘因：一是無償組，我們只給學生做一場精神演講，宣揚捐款的重要性；二是低報償組，除了演講，學生可以得到募款金額的 1% 做為獎勵；三是高報償組，學生除了聽到演講，獎金是募款金額的 10%。最後是哪一組的募款金額最多？你可能會認為是佣金較高的高報償組；但是，就像文章標題所暗示的，無償組（0%）的學生比低報償組（1%）的學生更努力，平均募款額也較高。雖然高報償組（10%）的學生比低報償組的學生募得更多捐款，表現仍然比不上沒有任何報償的學生。誘因是大或小，定義因情況而異，不過我們可以根據這場實驗所顯現的排擠效應，推測情境 1 的效果可能不如情境 2。

那麼，為什麼情境 2 的獎勵雖然一樣低，卻仍然有效？這個嘛，因為透過對慈善機構捐款，我們無私的付出不但能改善受益人的處境，也讓我們油然生出一種個人的價值和體驗，我在加州大學聖地牙哥分校的同事吉姆‧安德奧尼（Jim Andreoni）稱之為「**春暉效應**」（warm glow effect）：**盡自己的一分力量幫助他人而產生的喜悅和滿足感**。春暉效應是自我訊號一個很好的例子：我們藉由助人、捐贈或志願服務向自己發出訊號，顯示我們是好人，因而正面提升自我形象。有證據顯示，春暉效應的來源大多取決於為幫助他人而付出的努力，而不是成果的大小。無論我們實際上幫多少忙，只要認為自己付出努力幫助他人，就可以感受到春暉效應帶來的正面自我訊號。

　　義勇消防隊的普遍和成功，反映這種內在動機的力量。顧名思義，大多數義消人員都是無償工作，而且遇到緊急事件要隨傳隨到。許多義消人員除了在消防局輪班，自己還有其他工作。他們為什麼要做義消？道格拉斯郡消防局（Douglas County Fire District）分局長、擔任義消長達 47 年的隆恩‧羅伊（Ron Roy）說：「這關係到我們選擇在其中居住、養育家人的社區和家園。我們應該關心我們周遭所有人，去發現他們的需求。這種（志願服務的）自豪感是社區無法訂價的寶貴商品。這是來自那些深切關心者的個人獎勵。」[2] 確實，為幫助社區訂價可能會削弱志工的動力和自豪感。羅伊可以代表美國大多數的消防員：2018 年，美國的消防人員（111 萬名）中大約有 67% 是志工。[3] 這個數字在有些國家甚至更高：阿根廷有 80% 的消防人員是志工；在智利和秘魯，全部的消防人員都是無償工作。[4] 志願服務和利他主義的訊號力量顯然有很強的激勵效果。

　　這是否表示利社會誘因一定優於金錢誘因？我們什麼時候應該運用利社會誘因，而不是金錢誘因？我以前的博士生艾歷克斯‧伊瑪斯（Alex Imas）設計一個巧妙的實驗，來檢驗這些問題。[5] 他召募大學生做實驗，測試究竟是利社會誘因、還是金錢誘因會讓他們更努力。為了衡量努力程度，他使用握力測量儀記錄學生的握力（單位為牛頓）。在實驗之前，所有學生都要做 60 秒的握力測試，建立衡量的基準線。握力儀測量學生一分鐘的平均握力強度。接下來，學生要進行第二輪的握力測試，而這次的測試附有獎勵。

學生被隨機分到對照組或四種誘因設計組。這些誘因的操作因子是他們在第二輪更用力時所得到報酬（低額或高額），還有誰是拿到金錢的一方（他們自己或是慈善機構）。

與之前的直覺一致，低額獎勵下，學生為慈善事業比為自己更努力。不過，在高額獎勵下，學生為利社會獎勵不再比為金錢獎勵更努力；努力的差距縮小：報酬提高，學生會更努力，但是如果這筆錢是捐給慈善機構，他們並不會因為報酬提高而更努力。

這些發現告訴我們，小額獎勵下，採用利社會誘因設計較佳，因為我們對慈善捐助的大小較不敏感，而更在意我們有所貢獻這件事。另一方面，如果是高額獎勵，採用自利誘因設計會比較好，因為雖然低額獎金會排擠我們的動機，但是我們對高額金錢的反應卻非常強烈。

這些心理學見解在實務上應用廣泛。國際三明治連鎖店 Pret a Manger 就善用這個觀念激勵員工，營造正向的工作環境。這家成功的特許加盟企業在英國開設數百家門市據點之後，2010 年代開始逐步拓展到曼哈頓和芝加哥等美國大城市，而且以其熱情的員工和貼心的客戶服務而廣受好評。Pret a Manger 的祕密是什麼？《紐約時報》曾報導公司的多項策略，像是根據開朗親切等特質來召募、敘薪和晉升。一項值得注意的策略是公司發放獎金的方式：員工在晉升或是達成各項訓練里程碑時，至少可以獲得價值 50 英鎊的禮券。員工必須把禮券送給幫助過自己的同事，而不是像傳統公司獎金那樣放進自己的口袋。[6] 這種誘因設計能讓送禮券的員工產生春暉效應，收到禮券的員工也滿心感激，因而提升工作環境，進而提高客戶滿意度。

　　雖然傳統的獎金通常很有效，不過不一定是最佳選擇。有時候把利己誘因變成利社會誘因可以改變獎勵背後的意義、重新塑造故事，而收到更高的成效。

▦ **重點提示：**

獎勵較小時，利社會誘因會比自利誘因更有效。

第 12 章 ──────────

用 4 特質
塑造出獎項傳達的訊號

「時間一分一秒地過去,距離他的營在沖繩展開『自殺行動』只剩 60 秒。」[1]《諾克斯維爾新聞前哨報》(*Knoxville News-Sentinel*)一篇報導美國陸軍下士戴斯蒙‧多斯(Desmond Doss)英勇行為的文章如此開頭。多斯是陸軍士官、戰地醫務人員,也是反對攜帶武器的良心拒服兵役者。

1945 年 5 月 5 日,多斯的部隊在沖繩歷經一個月來來回回的戰役後逼近鋼鋸嶺(Hacksaw Ridge),他們的任務是攀登並保衛這個要塞。[2]日軍埋伏等待美軍抵達高地時,就展開反擊。這時的美軍急需醫療援助,而多斯就在那裡,在無歇無息的槍林彈雨和轟炸間穿梭,救治美軍士兵,因為他知道,如果他不這麼做,這些士兵不是被丟下等死,就是被俘虜、遭酷刑折磨。多斯把傷兵一一抬到懸崖邊,讓他們被送往安全地點接受進一步治療。根據估計,多斯那天拯救了 75 名士兵。

大多數人都會同意，多斯的作為不但不可思議，而且值得表揚。沒錯，他在 1945 年 10 月 12 日獲頒榮譽勳章（Medal of Honor），這是美國最高等級的個人軍事榮譽。這場感人的頒獎儀式在白宮舉行，由杜魯門總統親自授予勳章。[3] 多斯享年 87 歲，始終視他的行動和獎章為他永遠的驕傲。

獎項形形色色：可能是榮譽勳章、奧斯卡獎或諾貝爾獎等重要大獎，也可能較不起眼，像是本月最佳員工、最有價值員工、客戶服務獎或是全勤獎。

雖然獎項可以用來做為誘因，卻又與傳統的金錢誘因不同。比方說，假設多斯是收到一張附上感謝函的 1 萬美元支票，而不是到白宮受勳，那會怎麼樣？收到支票也不錯，但是支票傳遞的訊號與勳章截然不同。儘管獎金在許多情況下都可以被接受，但是在有些情況下卻會讓人皺眉頭。給多斯頒發 1 萬美元獎金而不是榮譽勳章，不僅違反無酬為國家冒生命危險的社會規範，還可能形成侮辱。勇氣獎沾到金錢不會加分，反而被貼上價格標籤，可能在心理上造成反效果。在這個例子裡，表揚和金錢會有加乘效果，因此同時收到勳章和支票會讓多斯更開心嗎？或是這張支票會「排擠」榮譽表揚的效果，因為它可能像是一種宣告，表示政府認為在戰場上冒著生命危險的行動只值 1 萬美元？

你要如何善用獎項為你增添助益？你要如何利用訊號增強誘因並塑造你的獎項所傳達的故事？本章內容是根據我與山帝‧坎貝爾（Sandy Campbell）、賈娜‧蓋勒絲（Jana Gallus）

的研究成果寫成。[4] 本書第 1 章討論到社會訊號，也就是一個人的行為如何向他人透露和自身有關的可信訊號。獎項通常具有社會訊號的層面，可以大幅提高他們在別人眼中的價值。多斯獲頒英勇行為勳章，這件事向他人傳遞他很勇敢的可信訊號，即使他人並不知道多斯英勇行為的細節。得到諾貝爾物理學獎能夠向他人彰顯得主的學術能力，就算是無法理解或欣賞得主貢獻的人，也能接收到這個訊號。

獎項不僅彰顯得獎者的能力和特質，也能表現授獎者的價值觀。例如我們在第 5 章討論到重視創新但不鼓勵冒險的企業。頒發勇氣獎鼓勵冒險，是向員工有效傳遞公司價值觀的好機會。還記得第 5 章曾提到，印度跨國集團控股公司塔塔的例子，它藉由頒發「大膽嘗試獎」來表揚創新的構想、嘗試和失敗，鼓勵員工勇於嘗試有風險的構想。[5]

獎項的成功也取決於自我訊號。第 2 章討論到購買油電混合車是怎麼彰顯車主對環境的關心。相較之下，得獎與否由不得自己選擇。有價值的獎項通常不是錢可以買得到；獎項的授予是為了表彰得獎者的重大成就。假設你剛剛贏得公司的本月最佳員工獎，你得獎的原因可能是比以前更早上班，或是工作更努力。得獎證實你表現良好、你的努力受到關注。獎項透過這種方式強化自我訊號，還可能因此驗證、甚至改變你對自己的想法。

獎項具有多重面向，而不同的面向可以改變它所傳遞的自我訊號和社會訊號。因此，獎項的成功有賴這些設計面向的細節。以下就來檢視一些可能影響獎項訊號傳遞和塑造故事的關鍵特質。

特質 1：觀眾

森林裡的一棵樹倒下時會發出聲音嗎？私下頒獎會有效果嗎？還是有，不過效果比較差。沒有觀眾，就沒有社會訊號的價值。

就拿一年一度的奧斯卡頒獎典禮來說，它的部分價值在於觀眾很多。私下領獎只有少數人知道，社會訊號的價值較低。不過，有時候觀眾不一定要在頒獎典禮現場，獎項還是有傳遞社會訊號的價值；他們看到辦公室架上的牌匾或小雕像就已足夠。誰是觀眾也很重要：可能是可以評價你的成就的同儕，你想要得到他們佩服的朋友和家人，或是一群你永遠不會再見面的陌生人。觀眾的身分能為獎項承載的社會訊號強度加持。

有件英勇事蹟與多斯的勳章形成對比。2009 年 8 月 9 日，美軍駐阿富汗的一處基地遭到協同攻擊。當下，敵方狙擊手射傷美軍部隊的醫務人員，還有一枚火箭推進式手榴彈部隊軍火庫引發大火。隨著火勢愈燒愈烈，災難性的爆炸似乎不可避免。就在部隊準備棄守基地時，一名不知名的海豹隊員採取行動，頂著猛烈的槍火，把受傷的醫護人員從熱點拖到安全地帶，然後轉身一頭衝進軍火庫，拖出一箱箱炸藥。這位無名的海豹隊員最後獲得海軍十字勳章，這是美國海軍和海軍陸戰隊頒給英勇戰鬥與非凡英雄行為等級第二高的榮譽。[6]

　　這位無名的海豹隊員不是特例。將近有五分之一的美國最高榮譽勳章得獎者都沒有公開表揚，或是不透露姓名，以保護任務的祕密性。[7]你可以想像得到，沒有觀眾，海軍十字勳章的社會訊號就會大幅減弱——只有少數參與機密任務的人知道他們傑出的英雄行為。

　　雖然沒有觀眾就沒有社會訊號，但是這位不知名的海豹隊員可能仍然因為自己的勇敢事蹟，而感受到強烈的自我訊號。私下授勳進一步向他證明他的犧牲和英勇的價值，提升他愛國、勇敢的自我形象。

特質 2：稀少性

　　獎項的另一個重要元素是稀少性。獎項愈稀有，社會訊號和自我訊號的價值就愈高，而同一個獎項頒發過度頻繁，或是特定領域的獎項過多都會稀釋關注度。諾貝爾獎之所以備受關注，部分原因在於它的稀少。如果諾貝爾獎是每週頒發而不是一年一度，威望和聲譽就會打折扣；又或者想像一下，每週舉辦一次的奧斯卡頒獎典禮會是什麼光景。

　　維基百科是利用該領域獎項稀少的好例子。處於免費領域的維基百科，運作完全仰賴志願貢獻者，因此需要不斷吸引和留住有價值的貢獻者。這部最龐大的網路百科全書，志願編寫人數在 2007 年達到巔峰之後，網站的撰寫與編輯量出現下滑，令人憂心。[8] 如果沒有這些有價值的編寫者，維基百科無法在激烈的網路競爭中生存。

為了扭轉趨勢，維基百科創始人吉米・威爾斯（Jimmy Wales）設立維基百科獎（Wikipedia Awards）。[9] 獎項的重點各不相同，有的獎項是稀少，有的以授獎者為焦點，有的著眼於重要性，從「本週最佳編輯獎」（這是社群的肯定獎，經常頒發以感謝編輯的付出）到「年度維基人獎」（在正式的維基媒體年會上頒發，表揚個別維基人的重大成就），林林總總。最高榮譽是「每日勳章」（Order of the Day），用於表揚維基媒體開發人員對社群的傑出貢獻，不過這座獎很少頒發。這些無形獎項的成效卓著。蓋勒絲研究 2017 年的維基百科獎項發現，新加入者的留存率因此提高 20%，而且在頒獎之後，效果維持超過一年。[10]

不過，有時候組織會做得太過頭。就拿三冠王獎盃來說，它堪稱是最困難、因而也最稀有的體育成就之一。這項賽馬界最偉大的成就，已經有 42 年沒有一匹馬摘下這個頭銜。[11] 要贏得三冠王獎盃，冠軍馬必須贏得三場賽道、距離各異的賽事。賽馬和人類一樣，通常只擅長某類的距離賽：有的是短跑衝刺好手，有的是耐力長跑健將。由於三冠王的難度極高又極稀少，大多數馬主都不會以追求三冠王為目標。很多馬主都不願意把自己的馬訓練成能夠適應各種距離的全方位賽馬。他們知道，訓練一匹馬贏得三冠王獎盃的成功機率微乎其微，專精於一種距離賽才是上策。

另一方面，過於常見的獎項也會產生反效果。參加獎是最常見的教育獎項之一。從幼兒園到高中，各科各門教師都會頒發參加獎鼓勵學生。然而，參加獎似乎與一般假設背道而馳，未見成效。這是因為它們向學生發出頒獎者不樂見的訊號：「要是那麼多學生都能拿到這個獎，我為什麼要在意？[12]」

特質 3：授獎者地位

1960 年代時，傳奇演員、電影導演馬龍・白蘭度（Marlon Brando）的演藝事業急轉直下。他在 1972 年盛大復出，主演《教父》；影片創下 1.35 億美元的全國票房紀錄，至今仍然是影評家認為有史以來最偉大的電影之一。[13] 馬龍・白蘭度飾演的科里昂，鐵面無情卻又充滿人性，出色的演技讓他贏得奧斯卡獎。

1973 年 3 月 5 日，所有目光都集中在擔任頒獎人的演員麗芙・烏爾曼（Liv Ullmann）和羅傑・摩爾（Roger Moore）身上──當羅傑・摩爾在舞台上宣布第 45 屆奧斯卡最佳男主角的獲獎者是馬龍・白蘭度時，全場沸騰。之後的場景已經是經典事件，但是今天看來還是讓人驚奇：在所有人的驚訝中，美國原住民婦女薩欽・小羽毛（Sacheen Littlefeather）走上舞台，伸手做出拒絕接過奧斯卡金像獎座的手勢。當氣氛變得緊張，小羽毛介紹自己是阿帕契人（Apache）和全國原住民平權形象委員會（National Native American Affirmative Image Committee）主席。

她代表馬龍·白蘭度發表聲明：馬龍·白蘭度先生對於獲獎感到非常榮幸，但是由於美國原住民在電影業和電視重映影片裡所受到的待遇，他無法接受這座優厚的獎項（獎座）。[14]

群眾開始發出噓聲。然後，在小羽毛講到她希望未來「我們的心與理解能夠在愛和寬厚裡相遇」[15]，噓聲被一致的掌聲淹沒。馬龍·白蘭度是第二個拒領奧斯卡最佳男主角獎的人，他指出接受獎項根本上是表示容忍該組織的行為和價值觀。[16]儘管面臨許多反對，馬龍·白蘭度和小羽毛仍然堅持自己的價值觀，拒絕支持一個助長電影業歧視風氣的組織。他們在國際聚光燈下的行為，讓公眾意識到電影業對美國原住民的不當對待，並激發未來對奧斯卡獎的杯葛行動。

馬龍·白蘭度的杯葛行動讓我們看到，授獎者與得獎者的價值觀不一致時會出現什麼情況。不過，在大多數情況下，授獎者的聲望和地位，會讓得獎者覺得他們與授獎者有共同的目標，可能因此強化對授獎者的認同。美國總統以美國國會的名義授予多斯榮譽勳章，而這是多斯最尊敬的兩個機構。能與總統近距離接觸是一種榮幸。以維基百科來說，創始人威爾斯會親自授予每日勳章，以強調獎項的重要性，並訴諸於與得獎者建立關係。蓋勒絲認為，「維基人」自我認同感的增強，是該獎項持續產生正面影響的主要機制之一。[17]

如果授獎者的身分地位不明（例如新的授獎機構），那會怎麼樣？這時剛好與發 1 萬美元獎勵戰場英勇行為形成對比：在這些情況下，增加重要的有形元素可以賦予獎項意義，構成有價值的自我和社會訊號。以諾貝爾獎為例,雖然阿弗雷德·諾貝爾(Alfred Nobel)本人的成就頗受爭議,但是諾貝爾獎很可能在早期因為它的高額獎金而奠定獎項的地位。日積月累下來,諾貝爾獎的重要性已經遠遠超越金錢的名目價值。

我希望你現在相信授獎者是誰這件事的重要性;而得獎者的決定方式也很重要。這是一個歷經提名、翔實的同儕評核和專家審查的精細選拔過程嗎?它是否有技術面的要求,例如出席率?或者過程中充滿腐敗?

多斯的榮譽勳章屬於主觀評價的範圍,也就是由他人根據意見和推薦來評判得獎者的資格。如果表現難以客觀衡量,主觀評估可能成為必要,像是「突破性發現」或「藝術成就」就屬此類。想想音樂行業:雖然有像是《告示板》(*Billboard*)串流數等客觀評估標準,但是葛萊美獎、BET獎和搖滾名人堂等音樂殿堂的表揚獎項,都是由評委會做成的主觀評價。

特質 4:評選過程

然而,主觀評價可以操縱。2016年,丹佐·華盛頓(Denzel Washington)榮獲金球獎的終身成就獎,該獎項旨在表彰「對娛樂界有傑出貢獻」的演員。[18] 每一年都只有一個人能獲得好萊塢外國記者協會(Hollywood Foreign Press Association,HFPA)所頒發的這項殊榮。知名的得獎人包括華特·迪士尼(Walt Disney)、摩根·費里曼(Morgan Freeman)、茱蒂·

佛斯特（Jodie Foster）和勞勃・狄尼洛（Robert De Niro）。[19]大多數知名演員都希望有機會得到這座獎，鞏固他們影界傳奇人物的地位。

丹佐在獲獎感言中表示，他的朋友、美國電影製作人佛雷迪・費爾茲（Freddy Fields）信心滿滿地預測他當年會得獎。一個競爭如此激烈的獎項，應該很難預測哪位演員會得獎，菲爾茲怎麼知道丹佐能從眾多成就非凡的演員中脫穎而出，拿下金冠？

這個先見之明說穿了很簡單：費爾茲邀請丹佐參加那年的第一場好萊塢外國媒體午餐會，並告訴丹佐，「（HFPA）要看這部電影，我們要餵料給他們，他們會過來，你要拿著雜誌和每一個人拍照，然後你會得獎。」[20]丹佐按照費爾茲的計畫，出席豐盛的午餐會和電影派對，親自與金球獎投票者交流並與他們一一合影。

丹佐的得獎感言將評選過程幕後的派系生態當一則笑話爆料。不用說，這個故事儘管群眾聽得很樂，HFPA 可不覺得好笑。然而，丹佐的故事只是冰山一角。莎朗・史東（Sharon Stone）主演的電影《第六感女神》（*The Muse*）在爛番茄（Rotten Tomatoes）只有 53 分，而在她的代表人把 84 支金錶分送給 HFPA 投票者之後，她得到金球獎提名，這或許並非巧合。[21]

觀眾愈來愈清楚派系票的存在，這些得票對於藝術家及其作品的品質不具正當代表性。評審委員會的權威或誠信受到質疑的評選過程（像是丹佐的爆料），可能會降低獎項的社會訊號價值。

結論很簡單：執行得當的獎項可以發出強而有力的訊號，構成強烈的誘因。審慎考量獎項的各個層面，以塑造你的獎項所傳達的故事。明智運用獎項！

▄▖▄ 重點提示：

觀眾、稀有性、授獎者地位與評選過程都會影響獎項的訊號價值，也可以增進對組織的認同。

PART 4

用誘因診斷問題

有個人為了結婚 37 年的妻子的健康狀況去找醫生諮詢。「是這樣的，醫生，我很擔心，我覺得我老婆有聽力問題，」他說。「可是我不知道怎麼和她提這件事，並建議她做個檢查。有沒有什麼方法可以讓她知道這些，但不會惹她不高興？」醫生要他冷靜，並告訴他聽力通常會隨著年齡增長而惡化。醫生建議他可以對妻子做個簡單的測試。「你們下一次在同一處而她背對著你的時候，你可以在房間的另一頭低聲叫她。如果她沒有聽到，你就走近幾英尺，再試一次。如果還是沒有用，那就再走近一些。」於是這個人等待機會，實行醫生的建議。那一天晚上，他看到妻子坐在客廳沙發上，於是在客廳的另一頭輕聲呼喚她，「珍？」她沒有反應，這讓他更擔心，於是走近她，輕聲喚道：「珍？」還是沒有反應。於是他走得更近，再試一次：「珍？」他的妻子轉過身來，對他說：「我現在說第三次，有什麼事？」

我一直覺得這則老笑話不但有趣，而且意味深遠。這個人對問題的診斷從根本上就是錯的。人類行為的研究者經常也是如此。這個笑話至少能讓人謙躬自省。就像這則笑話的主角，我所在領域的經濟學家和心理學家經常認為「人」是問題的根源，而問題的根源其實在我們身上。我們經常認為人會犯錯，我們把這些錯誤稱為「非理性」行為（這只是「愚笨」的花俏科學用語）。然而，犯錯的往往是因為不理解行為背後原因的研究人員。

　　這種診斷錯誤不是社會科學家所獨有，在醫學領域也經常發生，而且頻率超乎想像。在美國，每年約有 1,200 萬個門診病患被誤診，[1] 相當於每 20 個病患就有 1 個！誤診若能迅速改正，就不會造成傷害，也不會違反規定，否則可能導致身體和經濟的嚴重損害。畢竟醫師需要先知道是什麼疾病，才能有效治療，因而有一系列的檢測程序，如掃描和抽血。檢測不會直接治癒病患，但有助於診斷問題。接下來（也只有到這個時候），醫生才能開始治療。如果一開始就診斷錯誤，醫生就會治錯病。

視角問題

圖 22 問題是什麼？要看問的人是誰。

誘因設計
MIXED SIGNALS

目前為止，本書討論的研究多半都和運用誘因解決問題有關。就像驗血有助於診斷疾病，誘因也有助於及早診斷問題。你可以想像，當企業或政府試圖解決錯誤的問題，不適當或無效益的政策變動不但會在經濟面、也會在社會面引發餘波不斷的影響。

解決錯誤的問題，也可能是錯誤的視角所造成的結果（見圖中的鹿）。

本書 Part 4 用 4 個例子討論如何使用誘因去更好地理解人行為背後的原因。一開始就使用誘因正確診斷問題，接下來就可以努力尋求解決方案。

問題 1：
驗證美國學生的測驗結果變因

週一早上 8 點，15 歲的泰勒漫步走進他 10 年級教室，看到教室裡的 30 張桌子上放著封裝好的文件包。他的哈欠轉為哀嘆。這絕對不是什麼好事。他走到後排，一屁股坐在硬塑膠椅上，彎腰駝背地癱坐著，等待其他同學陸續到來。他看到格羅斯曼先生在黑板上寫著「開始時間」和「結束時間」，不過他仍然抱著一絲希望，但願事情不是如他想。事與願違。等到最後一名學生抵達，格羅斯曼先生宣布學校被隨機選中參加國際學生能力評量計畫（PISA）。測驗時間是 3 個小時。不過泰勒接下來得知，測驗結果完全不會影響他的學校成績。他的親朋好友永遠不會知道他的測驗成績。他不會收到成績單，父母和學校也不會。格羅斯曼先生按下計時器，泰勒心想：來吧，寫完交差就沒事了！

泰勒不到 3 小時就交卷。反正他完全沒有參加這項測驗或爭取好成績的動力。對於 15 歲的他來說，美國標準化測驗的全國排名幾乎毫無意義。你才說到「排名」，他已經心不在焉。泰勒對 PISA 的冷淡，在他的同儕之間可能是普遍現象。

不過，教育領域的這些標準化考試還是備受重視，公認是學生學習評量的準確標準。政策制定者愈來愈喜歡用學生評量做為教育制度成效的衡量方式。美國學生的評量成績低落，多年來都是令人擔憂的問題。[1]

PISA 是經濟合作與發展組織（Organisation for Economic Cooperation and Development，OECD）三年一度的國際調查，目的是評量 15 歲學生的能力和知識，以評估全球的教育體系。[2] 這項測驗涵蓋科學、數學、閱讀、合作解決問題、金融素養等各領域，有來自 72 個國家、超過 50 萬名學生參加。[3]

許多國家都與美國一樣，根據標準化考試的結果制定部分教育政策。前文曾談到芬蘭在 2000 年 PISA 測驗的表現極為出色；分析者指出，芬蘭的學校經營實務現在已經成為全世界的模範。另一方面，表現意外落後的德國隨即召開部長會議，提出改善教育制度的緊急改革。[4]

美國高中生的 PISA 數學成績自 2009 年以來就不斷下滑，到了 2012 年，在 65 個參加國與經濟體中排名 36。[5] 美國當時的教育部長亞恩・鄧肯（Arne Duncan）針對評量成績的低落有感而發：「我們必須把它視為警訊。我知道懷疑論者想對結果提出異議，但是我們認為這些測驗準確而可靠。我們可以選擇一笑置之，也可以正視殘酷的事實，那就是我們的教育水準處於落後。」[6]

　　這個話題在美國出現許多解釋。有人認為問題出在學校體制，有人則指出問題在社會經濟因素（例如龐大的貧富差距和弱勢學生）、文化或美國家長教養子女的方式。[7] 可是沒有人停下來問：我們真的能從這項測驗推論美國學生學業能力低落嗎？我和我的同事李斯特、傑佛瑞・李文斯頓（Jeffrey Livingston）、薩多夫、秦向東、徐陽（音譯）探討一種截然不同的解釋：如果是美國學生考試時不像其他國家的學生那麼認真呢？[8]

　　測驗成績取決於兩個因素：一是學生的能力；二是學生做測驗的認真程度。一般對測驗的解讀是成績反映能力差異；而我們認為成績也反映各國學生做測驗時努力的差異。如果各國學生對於在評量測驗中爭取優異成績的內在動機強度不同，沒有動機的學生或許具備同樣的才智和能力，但是在他們覺得不重要的測驗中，分數不一定能反映他們的實力。若是如此，美國的成績相對低於其他國家，部分原因可能是學生做測驗時的努力程度差異，而不是實際能力的差異。換句話說，泰勒和他的朋友對於不在意的考試可能沒有動機取得好成績，但是對考試不在意不表示他們的才智和知識不如中國（成績名列前茅）或芬蘭的同儕。成績落後只是表示他們對測驗沒有那麼努力。

誘因設計
MIXED SIGNALS

為了調查公共政策制定者對問題是否診斷錯誤，我們在美國和中國上海的高中進行一場誘因實驗。我們刻意選擇上海，因為它在 2012 年 PISA 數學測驗排名第一，而美國在同項測驗的排名是 36。我們的題本採用 PISA 官方試題的精簡版，有 25 道 PISA 數學考古題，學生有 25 分鐘解題。

我們的實驗操作很簡單：對照組的學生要在 25 分鐘內盡可能回答最多題。對照組的情境仿照學生實際參加 PISA 測驗的情況，學生沒有爭取優異成績的外部激勵因素。對照組學生的決策路徑如賽局樹狀圖（圖 23）所示：他們可以認真應考，但是完全得不到任何外在報酬（結果 #1）；他們也可以敷衍了事，快速完成測驗，無需花費太多心力（結果 #2）。

結果 #1 在美國絕對不是奇怪的選擇。美國一定有青少

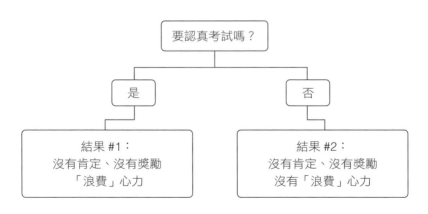

圖 23　沒有認真考試的誘因時

年以考試為樂而全力以赴。可是回想一下，經隨機挑選參加PISA 測驗的學生根本不會得知自己的測驗成績，連為自己的表現優劣感到自豪或慚愧的機會也沒有。也不會有人在一年後拍拍泰勒的肩膀說：「嘿，還記得你 15 歲時參加的那項測驗嗎？你們考得很差，現在美國的排名是 36。真是多虧你們了，泰勒。」15 歲的孩子可能在測驗結束後一下子就把這件事拋到腦後，或許永遠不會再聽到相關訊息。美國許多 15 歲孩子會選擇結果 #2，這點大部分人應該都不會覺得奇怪。當我回想起 15 歲時的自己，我確定我也會選結果 #2。

不過，我們還需要其他證據才能驗證我們的假設，證明問題出在努力而不是能力。還是一樣，公共政策制定者往往把測驗成績的差異，歸因於上海學生和美國學生之間的能力差異。[9]另一方面，我們假設即使是無關重大的測驗，只是因為有人要求，上海學生還是會傾向努力應考。為什麼？原因之一可能是中國文化強調努力，而美國文化強調天賦。在中國，群體意識和驕傲會進一步鼓舞這種努力：學生知道自己在 PISA 等測驗的成績代表自己國家的學術能力，為了展現愛國心，而有更努力的動機。教師可能也會強調代表國家參加測驗的重要性，並鼓勵學生全力以赴。這種差異構成態度上的文化差異，但是我們需要在實驗中證明這一點。於是我們採用——猜對了，就是誘因。那麼，我們給學生什麼誘因，讓他們付出過去不曾有的努力？

週一早上 8 點，路卡斯慢條斯理地走進他的 10 年級班，看到教室裡的 30 張桌子上都放著兩包文件袋。他注意到其中一包裡頭的紙張露出綠色邊緣，不禁驚呼了一下。他衝到座位上，證實他的懷疑——他看到第二包文件袋裡塞滿 25 張嶄新的 1 美元鈔票，於是睜大了眼睛。其他同學魚貫而來。全班到齊後，費茲傑羅先生宣布學校被隨機選出參加一項實驗。測驗有 25 個問題，每答錯一題，就會被扣掉 1 美元。如果所有 25 個問題都答對，25 美元就全部是他們的。費茲傑羅先生開始計時。盧卡斯露出堅定的微笑想著：開始吧！

沒錯——我們給錢。實驗組的學生入座時會收到 25 美元並被告知，如果答題錯誤，錯 1 題扣 1 美元（中國學生的獎金為等值人民幣）。我們以這些誘因利用第 10 章討論的「損失規避」心理現象。一是一開始並沒有真的拿到錢，只是想到未來會少拿到幾塊錢，二是一開始真實拿在手裡的鈔票，卻想到有可能失去，兩者相較之下，後者的感受會比較痛苦。基於損失規避心理，這種誘因設計的激勵效果比每答對 1 題就得到 1 美元更好。

根據我們的實驗設計，有 4 組可以做比較：美國學生（有誘因；無誘因），以及上海學生（有誘因；無誘因）。特別要注意的是，我們希望確保誘因只會影響應試時的努力程度，而

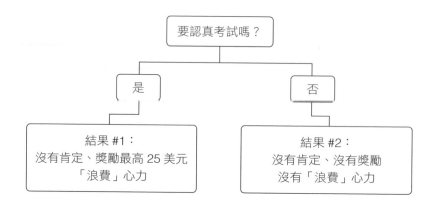

要認真考試嗎？

是

否

結果 #1：
沒有肯定、獎勵最高 25 美元
「浪費」心力

結果 #2：
沒有肯定、沒有獎勵
沒有「浪費」心力

圖 24 測驗加入努力的誘因時

不會影響考前的準備，於是只在測驗開始前一刻才告知實驗組學生關於獎金的事，如此一來，學生唯一可以左右的事，就是應試時更努力。現在，我們實驗中的美國高中生在做決策時面臨兩種截然不同的誘因。他們可以更努力，爭取最多 25 美元的獎金〔賽局樹狀圖〔圖 24〕中的結果 #1〕，或是很快地隨便應付一下，而只拿到很少的錢（結果 #2）。

學生現在因為有可能靠答對題賺錢，於是有很強的動機努力做測驗。那麼，誘因是否有力到足以讓結果 #1 比結果 #2 更有吸引力？是的。

實驗結果證實我們的假設：面對誘因時，上海學生的成績幾乎沒有改變。顯然，上海學生在沒有獎勵時也是全力以赴，即使引入額外的獎勵措施也無法改變這一點。

然而，美國學生的成績卻突飛猛進。有獎金時，美國學生解答的題數增加，答題正確度也提高。我們估計，如果美國學生在實際的 PISA 測驗中也有獎勵，美國與上海的排名差距會拉近大約一半，從目前的第 36 位提高到第 19 位。

我們假設 PISA 等標準化測驗能夠反映學生的真實能力，以及各國教育體系結構的效能，並根據這個假設而投入數十億美元經費。在這些標準化測驗的影響下所制定的美國政策，是以美國學生的能力低於其他國家為前提。事實上，雖然這些測驗的成績有部分是受到能力所影響，但是在很大程度上也取決於內在動機，以及對不重要的測驗在態度上的文化差異。運用誘因設計後發現，成績確實不完全由能力所決定。

PISA 實驗顯示以誘因做為診斷工具、正確辨識問題的重要性。請注意，我在這裡並非建議應該付錢給學生努力應試，而是說明小樣本的誘因測試有助於我們診斷問題。解決問題的第一個階段是正確診斷，就像看醫生一樣。還記得那個以為妻子聽損的人的笑話嗎？不要逕行假設你知道問題根源何在；隨時隨地運用實驗測試你的直覺。

▬▬▬ 重點提示：

數據已經否決掉無關緊要的測驗能反映出學生能力差異的這個假設。這樣一來，根據這個假設而來的公共政策就可能是浪費資源。

第 14 章

問題 **2**：
改變捐款者對捐款流向的感受

在昨晚的一場研討會上，你被一家知名的貧困兒童慈善機構執行長感人的演講所感動，決定捐款 1,000 美元。你今天早上匯款，感到滿心溫暖。然後你前往機場搭飛機回家。在機場報到時，你的感覺仍然相當不錯。你走進機艙門，沿著走道往經濟艙走去找座位，當你經過頭等艙時，看到那裡坐著一個看起來眼熟的人——那不是你剛剛捐款的慈善機構執行長嗎？這時，你的感受如何？

看到執行長坐在頭等艙，你可能感到不滿，甚至有點生氣。你甚至可能會後悔捐款，因為你覺得你好像在幫執行長付頭等艙機票錢。有這種感受的不只你一個。很多人都不喜歡間接成本（overhead costs）高的慈善機構——間接成本指的是，對於主要目標沒有直接貢獻的開銷，包括執行長的差旅費用。我們對間接費用抱持狹隘的觀點，在做捐贈決策時，經常不會

今日的熱情

圖 25　我的捐款讓執行長的座位比較寬敞，這讓我感覺好極了！

考慮捐贈對目標的效益。由於沒有時間和心力做研究，我們的決定主要是依據以下這個問題：我的捐款有多少比例用在間接成本？這種顧慮凸顯另一個問題：為什麼我們一開始會這麼不願意付間接成本？這個問題的答案就是本章主題。我們在深入探究之前，需要一些背景知識。

慈善事業一向強調給予的龐大潛能和影響。許多人都相信給予有一股力量，可以創造有意義的改變。光是在美國，2019年個人對慈善機構的捐款金額就有將近 3,000 億美元。[1] 不過，即使是在善意市場，要讓慈善組織運作，經濟誘因也是重要的驅動力。

社會運動家、募款人丹‧帕洛塔（Dan Pallotta）在 2013年的 TED 演講中點出，我們與慈善機構的關係破碎，原因在於我們有雙重標準。他認為，我們談到非營利組織時，把撙節與道德畫上等號——我們嚴密檢視非營利組織的支出，獎勵的標準是花多少錢，而不是做多少事。非營利部門與其他經濟部門似乎適用兩套不同的規則。我們評價一般企業執行長時，不是根據開銷是否節制，而是著眼於營運成果，像是公司獲利。帕洛塔認為，這套規則歧視非營利部門，讓它們無法充分發揮潛能。[2]

雙重標準在員工薪酬方面尤其普遍。在私部門賣書或賣武器賺幾百萬美元都沒有關係，不過如果是個人在致力於治療癌症的非營利組織得到幾百萬美元入袋，就會受到各方的非議和撻伐。在大眾眼中，在銀行工作的 MBA 畢業生年薪 40 萬美元沒問題，但如果是慈善機構的執行長賺那麼多？不行——大眾完全無法接受。這種偏頗的公眾認知導致人才對慈善領域敬而遠之。那些能夠在非營利部門有一番作為的人，因為不願意或不能夠在經濟上終生承擔這種犧牲，最後選擇投身營利部門。

現在我們回頭談間接成本規避——我之所以喜歡這個主題，一個原因就是身為經濟學家的我明白，捐贈時應該關心的是捐款的整體影響，而不是慈善機構的間接成本。然而，身為凡人的我要是在前往經濟艙座位的途中，看到坐在頭等艙的執行長，還是會心情惡劣。換句話說，雖然我理解我應該關切的是影響力而不是費用，但是實際上我對兩者都在意。當然不是只有我會這樣：研究顯示，無論成本效益如何，捐款人都一面倒地偏好間接成本低的慈善機構。[3]

為什麼人們不喜歡間接成本高昂的慈善機構，原因通常有二：首先，高額的間接費用可能表示組織效率低落，組織的管理者不稱職。其次，高額的間接費用可能表示慈善機構內部有腐敗行為，不是消費過度，就是貪汙。慈善機構的這兩類問題，大家都時有耳聞。因此，捐助人可能會保持警覺，而以慈善機構的日常開銷做為訊號，判斷它為理念實際上做多少努力。

除了前兩個原因，我還要指出第三個原因，而這個原因不但與捐助者的感受直接相關，也是來自我們所進行的一場頂尖執行長思想實驗的啟發：捐贈者希望他們的錢能夠對他們支持的志業有直接影響。當他們知道自己的捐款是直接用於孩子的餐點，而不是執行長的頭等艙座位時，或許會覺得自己發揮的影響力比較大。換句話說，想到自己的錢完全捐給孩子會增強他們的自我訊號，相信自己是幫助有需要者的好人。

艾葉蕾·葛尼齊、伊莉莎白·基南（Elizabeth Keenan）和我自問：這種感覺會不會就是人們不願意付間接成本的原因？[4] 在前述的 3 個原因中，哪一個才是間接成本規避的主要動機？除了純粹出於好奇，我們認為深入理解這種規避心理背後的原因，可能可以找到募款開源的新方法。我們的構想是受到一個簡單的思想實驗所啟發：假設你是某家慈善機構的執行長，剛剛從慷慨的個人捐款者得到資金，用於開辦新的募款活動。你要如何利用這筆初始捐款設計誘因，讓其他潛在捐款人願意掏出最多的錢？

這不是憑空設想的問題——慈善組織收到大筆捐款時，這是董事會成員的必考題。傳統上，慈善機構運用初始捐款開拓募款的方式主要有二：① 做為種子資金，以拋磚引玉（「有位慷慨的捐贈者已經為這項志業捐贈 1,000 萬美元」）；② 採用對等動撥模式，也就是每新收到 1 美元的捐款，就動撥 1 美元的初始捐款。已有研究證明，初始捐款的這兩種運用方法（種子資金和對等撥用）可以有效增加捐款額。[5] 我們希望實驗以誘因做為診斷工具，提出募款的新方法，挖掘人們討厭支付營運管理費用的原因。於是，我們提出第三種誘因：告訴捐款者，他們的捐款沒有一毛錢是用於間接成本。

回想一下，當你在頭等艙裡行經那位執行長的座位旁時，如果他和他的慈善機構在昨天的會議上對你保證，你的捐款百分之百都會用於為有需要的孩子購餐，至於營運管理活動所需要的資金，包括補貼、差旅和其他行政費用，是由其他人捐款人給非營利組織的資金來支應——這時你的感覺就不會那麼糟糕，因為你覺得他的頭等艙座位沒花到你捐的錢。你的捐款直接用於行善。知道這些，有助於減輕你的負面感受嗎？

我們認為答案是肯定的。如果這樣確實有幫助，那就可以用來檢驗我們的假設，也就是人們不願意支付間接成本，而在相信自己的錢會直接用於解決困難時會更願意捐款。這個直覺如果得到驗證，就能做為如何利用初始資金吸引更多捐款、如何繞過間接成本規避心理以增加捐款的指引。為了用實驗測試這種誘因，我們用初始資金支付慈善機構的營運管理費用，讓所有後續捐款都與間接成本完全無涉，直接用於慈善。

就像研究 PISA 時一樣，我們也進行現場實驗，以系統化的方式診斷間接成本規避心理背後的原因，並測試兩種標準解釋是否遺漏一些關鍵點——在這裡是指與捐助者自身貢獻相關的情感面因素。我們在一個教育專業的基金會測試這個想法。基金會買下一項權利，可以向 4 萬名過去 5 年內曾做過類似慈善捐款的捐款人發送一次勸募信。基金會把新做法通知所有參與者，並告知新計畫的成本是 2 萬美元，請捐款人踴躍捐款，以達成募款目標。

我們與基金會一起取得設計誘因需要的資金，並建構 4 個組別；各組都賦予不同類型的捐款誘因。具體而言，我們把 4 萬名潛在捐款人隨機分為 4 組，各組為 1 萬人，4 個類型的誘因配置分別如下：

- 對照組：沒有提供額外的誘因。
- 種子資金組：參與者得知基金會已經取得個人捐款人對計畫資助 1 萬美元。

- 對等動撥組：參與者得知基金會得到個人捐款人對計畫的 1 萬元資助款，並將用於對等動撥，也就是他們每捐 1 美元，基金會就可以從那筆初始資金動撥 1 美元，最高達 1 萬 美元。
- 零間接成本組：參與者得知基金會得到個人捐款人對計畫的 1 萬美元資助款，而這筆錢會用於支付所有營運管理費用。 因此，他們捐款的每一塊錢都會直接用於專案計畫。

從這項現場實驗，我們更能夠深入理解，捐贈者對於捐款給間接成本高的組織卻步的原因：是因為間接成本的規模？還是由誰支付間接成本？在倉促提出解決方案之前，診斷間接成本規避的根本原因非常重要。我們假設，如果我們承擔與該項計畫相關的所有間接費用，就能讓捐助者有捐款的動力，因為他們可以放心，他們捐的每一塊錢都會直接用於慈善計畫本身。

圖 26 顯示 4 組得到的捐款總額。種子資金和對等動撥可以有效地提高捐款金額，超過對照組的水準，不過事實證明，零間接成本更為有效。

之所以有這樣的實驗結果，主要是因為零間接成本有更多人被說服而捐款。與種子資金組和對等動撥組相比，以告知潛在捐贈者間接費用會由初始資金支應做為誘因，可以大幅提升決定捐贈的人數和捐款總額。

實驗結果有助於我們診斷間接費用規避心理背後的原因；結果顯示第三種解釋的重要性：捐助者在意的不只是幫助慈善

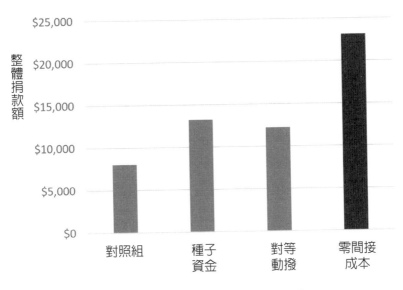

圖 26　4 類捐款誘因下的整體捐款額

事業，也在意做法給他們的感受。理解間接費用規避心理背後的原因，也不只是理論的練習，更有助於給予。一個方法是「教育」捐贈 100 美元的小額捐款人，為什麼他們應該關心的不是間接費用，而是影響力。然而，由於小額捐款者眾，這個方法的難度很高。此外，慈善事業的影響力也難以衡量。[6]

　　現在，從另一個角度來看，假設你是一家醫院的開發計畫負責人，面對一位即將捐 500 萬美元給醫院的重要捐款人，你可以告訴對方這筆錢的用途（例如建新大樓或是採購先進的機器），或者你也可以試著說服對方，把這筆錢用於支付醫院開發募款活動的間接費用。這次對話可能會讓醫院針對所有在意自己是否對慈善有直接貢獻的小額捐款人，舉辦專款專用（零間接成本）的募款活動。我們的研究顯示，這種方法（利用那筆資金為小額捐款人設立零間接費用的募款計畫）有助於增加捐款人數和捐款額，這筆 500 萬美元用於撥付間接費用，效益可能遠勝於單純用於建造新大樓。

這種方法在實務經營的知名例子是「慈善：水」（charity: water）這個非營利組織。它拆分成兩個獨立的組織：一是「慈善：水」，接受完全用於慈善活動的捐款；二是「泉井」（The Well），由一群專門的私人捐款者組成，負擔所有間接費用。[7] 這種做法滿足個人對直接影響力的渴望，也有助於整體的給予。一方面，組織能夠集中精力，說服少數大額捐款人，他們的捐款最好的用途是支付營運管理費用，以支持強大穩健的基礎設施的開發和維護。另一方面，一般大眾參與專款專用捐款也會感覺良好。這是雙贏的解決方案！

更廣泛而言，間接成本的相對效率再次凸顯控制故事框架的重要性。我們在這個現場實驗測試的 3 種誘因，從傳統經濟角度來看，是完全相同。然而，就像導論裡的可口可樂案例，故事怎麼講很重要。找到人們關心的框架，你的誘因會更到位。

▮▮▮ 重點提示：

間接成本規避心理的根源不只是擔心貪腐、無效率和浪費無度。強調捐款者的個人影響力也很重要。

第 15 章

問題 3：
找出真正有熱情的員工

　　假設你是一家中型公司的專案經理，手下有數十名員工。你通常會明確指派工作給各個員工，期待他們交出漂亮的成績，結果只得到平平的表現。有鑑於員工的資歷和過去的成就，你不會懷疑他們的能力。他們表現不佳的原因可能是什麼？有許多合理的解釋，例如工作時限太短、健康問題和缺乏動機。雖然直接向員工求證可以排除一些外部原因，但是講到動機，你幾乎不可能挖到真相。

　　從員工踏進公司的那一刻起，就是這樣。有一種談判情況可以接受撒謊：你在面試一份新工作時，無論真實感受如何，對於未來有可能成為你工作所在的公司，都應該表現興奮之情。在大部分談判中，不管你再怎麼想要達成協議，正確的策略都是保持冷靜，努力讓對方相信這場談判對你沒那麼重要。如果你走進一間二手車經銷商說：「哇！這款車我已經找了一年多。這部車獨一無二，實在棒呆了——我要買下它！多少錢？」這樣你可能會被當冤大頭。可是，求職面試正好相反。公司比較看重滿懷熱情的求職者。面試的最佳策略是盡可能表現出對這份工作的興奮，即使誇張一點也沒關係。

既然每個人都有表現出熱情的誘因，那麼雇主要如何辨別誰在假裝？問員工有多喜歡在你的公司工作是問不出什麼的，因為他們都會說：「我很喜歡！」雖然有些員工說的是實話，可是我們沒有辦法分辨真正有和沒有動力的人。

如何確認員工績效不彰的問題出在動機？要運用誘因診斷問題，行為經濟學的策略之一是創造與說實話「誘因相容」的情境。我們不去問那些對方回答時可能會刻意迎合你的問題，而是用誘因鼓勵他們展露真實偏好。

你身為雇主，要如何創造一個讓員工顯現工作意願的環境？有些公司採用一種耐人尋味的策略：「辭職獎金」。Zappos 首開先例，給主動辭職的員工 2,000 美元的辭職獎金，亞馬遜隨後效法，獎金是 5,000 美元。銳玩遊戲（Riot Games）甚至大手筆加碼，辭職獎金高達 2.5 萬美元，而且沒有任何附帶條件。[1]

亞馬遜執行長貝佐斯在致股東年度信中，如此解釋「離職獎金」策略：

> 辭職獎金的概念非常簡單。我們一年發一次員工辭職獎金。第一年是 2,000 美元。然後逐年增加 1,000

美元，最高是 5,000 美元。這項獎金的標題是「請不要拿獎金」。我們希望他們不要申請這項獎金；我們希望他們留下來。那麼，我們為什麼設立這項獎金？它的目的是鼓勵員工花時間思考自己真正想要什麼。從長遠來看，員工留在他們不想待的地方，對員工或對公司來說都不健康。[2]

「辭職獎金」策略迫使員工「言行合一」，是一種檢驗員工工作熱情的巧妙方法。公司不必詢問員工的真實感受，只需要給他們選擇並觀察他們即可。在大部分公司，怨憤的員工沒有動機表達自己的真實感受，而額外的金錢誘因讓員工隱藏真實感受的代價變高。辭職獎金讓偽裝變得昂貴，尤其是員工真的有所不滿的情況下，這筆獎金或許足以讓一些員工選擇另尋前路。這項誘因不只可以做為診斷工具，揭露員工是否有動機問題，也可以做為解決方案：沒有動機的員工可以愉快地離開，這對員工和公司來說都是雙贏。沒有動力的員工可以拿到一筆可觀的獎金走人；公司也能受惠，因為拒絕誘惑而留下來的員工是會比較努力實現長期目標的一群人。[3]

辭職獎金創始者 Zappos 在 2003 年到 2008 年間，預估年營業額從 7,000 萬美元成長到超過 10 億美元，隨後在 2009 年就被亞馬遜收購。《哈佛商業評論》的比爾·泰勒（Bill Taylor）認為，Zappos 的成功有一部分要歸功於出色的顧客服務。這家公司「充滿個性」，而如何篩選出客服中心那些敬業、懂應對的員工，讓顧客滿意，辭職獎金是關鍵因素。[4]

辭職獎金是激進的策略，不過可以讓經理人尋找訊號，顯示員工留在公司不是因為別無選擇，而是因為喜歡這家公司勝於其他一些非常有吸引力的選擇。

我曾經和一家對實行辭職獎金措施有興趣的大型顧問公司合作。在這家公司，員工的聖杯就是成為合夥人。在公司從基層做起的員工大部分最後都無法實現這個目標。不過，他們得益於在公司累積的經驗和知識，轉到其他公司工作。這個過程對公司和員工都好，雙方通常能好聚好散，而且對這段經歷懷著感謝。

這家顧問公司特別擔憂一點：它正在推動營運方式的重大科技變革，因此員工必須投入時間學習新科技，徹底改變工作方式。雖然有些人對這個機會滿懷期待，但是也有些人不想脫離現狀。因此，公司現在面臨一種逆選擇：它無法知道哪些員工想要改變，哪些員工不想。單是詢問只會讓每個人都說自己對變革感到振奮。

假設公司在五年期滿時對員工做評估。一如前文討論到的，直接問員工在公司是否滿意，答案可能是「當然！」即使員工意興闌珊，打算不久後離開，也不會吐實。如果公司提供豐厚的辭職獎金，可以更了解員工現階段的真實偏好。在此用賽局樹狀圖說明員工的決策過程。

如果員工真的想離開，公司或許最好在這個階段就了解到這一點，並用豐厚的獎金送他離開，這樣還能讓公司在外面多

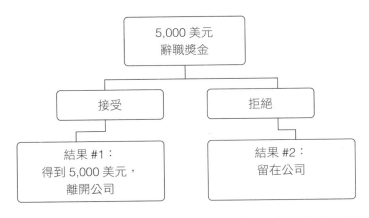

圖 27 員工面臨辭職獎金時的決策：員工的效用。如果長期承諾的動機足夠，那麼結果 #1 < 結果 #2 →拒絕拿獎金離開。如果長期承諾不足，結果 #1 >結果 #2 →接受辭職獎金，離開公司。

一名親善大使，因為對方對自己在公司工作的這段時期會說好話。在結果 #1（沒有幹勁的員工接受獎金），辭職獎金有助於公司節省因低素質員工而產生的成本，而這類成本在長期非常可觀。

在結果 #2，選擇放棄獎金的人表現留下來的決心，努力爭取成為合夥人。經過這個篩選過程，選擇留任的員工是更有幹勁、工作能力更強的員工。網路勞動市場研究顯示，在有辭職獎金措施下而留任的工作者，平均工作準確度比沒有任何誘因的對照組高出 8.3%。[5]

此外，這種情況的心理學指出，沉沒的機會成本會影響後續的行為。員工藉由放棄獎金表明自己的認真、有幹勁，因而會覺得有必要向自己證明，放棄獎金、努力為長期目標努力而留下來是值得的。阿姆斯特丹大學體育館的一項現場實驗印證這個見解。健身房對部分新會員提供一項退會方案，除了可以全額退款，還可以額外拿到原始入會費 10% 的現金獎勵。從統計數字來看，與對照組會員相比，適用但拒絕使用這個方案的會員每週上健身房的可能次數增加 0.29 次，續會率增加 4%，而且健身成效提高 0.76 分（滿分為 10 分）。[6]

ıllı. 重點提示：

提供員工辭職獎金能淘汰動力不足的員工，讓有決心的員工留任時間更長。「幹勁十足」現在變成可信的訊號。

第16章

問題 4：
專業操守與經濟利益的衝突

你是否曾經因為車子出現小故障而去找師傅，結果卻收到一大筆帳單，上面列出一堆你看不懂的「重要維修項目」？我有這種經驗。你是否曾經因為背痛去看醫生，結果聽到最好的解決辦法是動背部手術？我也有這種經驗。不過，我也和大多數人一樣，沒有足夠的專業知識可以判斷這些建議是否對我最好。

消費者的知識有限，往往要依賴專家的意見和建議做決定。然而，這些建議不一定對我們最好。在這些情況下，顧問和消費者之間經常出現資訊不對稱：修車師傅對修車懂的比我多，醫生對緩解背痛知道的比我多。因此，信任是這種關係的重要元素。以你的醫生為例：他們努力用功取得醫學學位是為了幫助你，而不是敲你一筆竹槓。儘管醫療領域充滿資訊不對稱和利益衝突，但是你相信醫生會把你的健康放在首位。

然而根據估計，過度醫療在美國每年造成醫療領域 2,100
億美元的支出浪費，部分原因就是醫生建議進行不必要的手
術，從中直接得到報酬。[1] 例如背痛手術現在已是司空見慣，
解決背痛的手術有愈來愈多選擇，其中很多已被證明不必要，
甚至有害。[2] 除了不必要的手術，醫療浪費有很大一部分來自
過度開立處方藥物。研究顯示，從醫療產業領取報酬的醫生，
開藥方式往往不同於沒有來自業界報酬的醫生。[3] 醫生怎麼能
把自己的經濟利益置於患者的健康之上？

　　不只是醫生。財務顧問也經常能從某些產品直接得到報
酬。雖然有些顧問會忽視自己的誘因，對客戶提出公正的建
議，但是有許多顧問會為了一己利得而提供偏私的建議，有時
因此犧牲客戶的最佳利益。與醫生一樣，財務顧問的薪酬結構
是重要因素。最常見的兩種結構是純顧問費制（fee-only），以
及顧問費加佣金制（fee-based）。前者的財務顧問只收取顧問
服務報酬，通常是資產的某個百分比，而不是根據他們推薦的
金融產品抽佣。後者的財務顧問通常隸屬於註冊的仲介經紀商
或保險公司，是根據推薦成功的產品賺取佣金。[4] 賺取佣金的
財務顧問通常會對客戶隱瞞這種行為。顧問決定推薦自己可以
獲利但會犧牲客戶利益的產品，背後的原因是什麼？一邊是金
錢利益，一邊是專業操守的威脅，他們如何調和兩者的衝突？

　　專家給出壞建議時可能會感覺不好；用我們的術語來說，
他們可能會接收到負面的自我訊號。顧問可能會自忖自己欺騙
消費者，不是好人。

「幸好」這有辦法解決。為了減輕金錢利益和自我形象之間的衝突，財務顧問可能會自欺，說服自己相信他們的建議符合道德。醫生可能會說服自己，手術不只是為了實現最大的獲利，對於病患來說也是最佳治療方法。

成功自欺的祕訣就是，在推薦中留有模糊或主觀的空間。例如對於是否需要手術來說，開刀是不是緩解病患背痛的最佳方法，通常是主觀評估，並且通常沒有反證能顯示這是不必要的手術。專家利用這種模糊性成功地說服自己，他們的建議（實現最大的自身實質利益）對客戶來說，實際上就是最好的行動方案，藉此挽救原本會毀壞的自我形象。

我的同事西薇雅・薩卡爾多（Silvia Saccardo）、瑪塔・塞拉－嘉西亞（Marta Serra-Garcia）、羅爾・凡・維杜依岑（Roel van Veldhuizen）和我想了解這種自欺如何運作，並利用誘因診斷偏頗建議背後的心理，也就是人們怎麼根據自己的誘因給出自私的建議，同時還相信他們的行為符合道德。[5]我們為此建構一個簡單的諮商遊戲，由顧問對不知情的客戶推薦兩種投資選擇當中的一種（A 或 B）。我們有系統地操縱顧問的自欺能力，也就是顧問如何說服自己，他們追求最高利潤的建議的合理性，並衡量他們的建議偏頗程度。

我們建構的諮商遊戲很簡單。顧問方有兩個建議選項：A投資是 2 美元或 4 美元、機率 50：50 的彩券。B 投資是 1 美元或 7 美元、機率 50：50 的彩券。我們建構這兩種彩券時，刻意讓 B 投資的期望報酬（4 美元）高於 A 投資（3 美元）。

不過，B 投資的變異性較大。想一下：你自己會選哪一種？

我們要求遊戲裡的顧問選擇向客戶推薦哪一種投資。我們沒有告知客戶有關投資的資訊，只有顧問知道，而客戶唯一可獲得的資訊就是顧問的推薦。

以下說明我們測試自欺的操作。第一組是對照組，顧問沒有偏好推薦任何一項投資的誘因。這時，有 31% 的顧問推薦 A 投資，其餘推薦 B 投資。大多數顧問顯然偏好 B 投資。

接下來，我們把第一組的結果與顧問推薦 A 投資有 1 美元獎金的兩種操作結果做對照。也就是說，只要顧問推薦 A 投資，可以自動得到 1 美元。這足以使他們的建議出現偏頗嗎？結果證明，這取決於他們知道獎金措施的時點。

在其中一組，我們先告訴顧問獎金措施，接下來才告知兩種投資的細節，並詢問他們的選擇——這是「先知組」；另外一組則相反，我們改變資訊提供的順序，先告知投資資訊，請他們思考（不要說出來，只是思考）哪一項投資較佳，接下來才告知推薦 A 投資有獎金的事——這是「後知組」。

顧問的實驗流程如圖 28 所示。

為什麼我們要讓顧問知悉獎金措施的時間有所不同？如果顧問還沒評估投資之前就知道獎金的事，他們可能會自欺。他們會為了領取獎金而扭曲自己的信念，說服自己相信推薦 A 是對客戶最好的選擇。他們知道推薦 A 能獲得獎金，所以在讀投資描述時就已經有偏見。他們會找理由支持選擇 A 的合理性，並說服自己說客戶其實會偏好 A。例如，他們可以說，

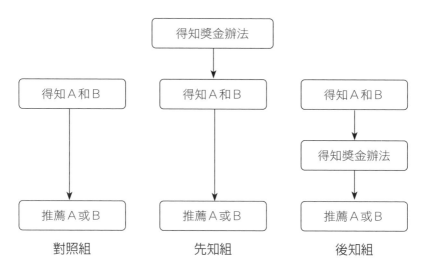

圖 28 3 種類型的顧問決策時間軸

哪個選擇比較好並沒有定論,因為這取決於客戶的風險偏好,而既然 A 的變異較低,因此對於客戶來說是比較安全的選擇。如果我們顛倒順序,等他們做完投資選項評估(結論可能是 B 投資對客戶較好)才告知獎勵措施,他們無法讓時間倒轉,說服自己相信 A 比較好。如果顧問在得知獎勵之前已經自己評估過投資,自欺就會變得比較困難。在這種情況下,顧問無法在推薦有獎金的投資選項時保持正面的自我形象。

實驗結果發現如下:之前提過,沒有誘因的對照組只有 31% 的顧問推薦 A 投資。在先知組(先告知推薦 A 能讓他們賺更多錢),推薦 A 投資的比例變成將近兩倍,為 61%。然而,後知組選擇推薦 A 的比例只有 33%,與對照組的比例在統計學上沒有顯著差異。我們利用誘因成功診斷出建議偏離「道德」的困境，並挖掘顧問在面對自利建議時為了保持正面的自我認知而自欺的心理過程。

以這些結果推測醫生做出不必要的醫療建議背後的心理，他們可能真的相信這是對的治療方法。他們在提出建議之前就知道自己的誘因，但是不認為自身利益會影響他們的選擇。數據支持這些偏頗的信念。例如，一名記者請醫生對過度醫療的調查結果發表評論時，「幾位從醫療業得到高額報酬、品牌藥處方率高於平均水準的醫生表示，他們的作為是為了病患的最佳利益。」[6] 我們的研究證明，他們可能真的相信自身行為符合病患的最佳利益。但是他們可能是受到誘因影響，以自欺避免負面的自我訊號並保護自己的形象。

這個發現揭示偏頗建議背後的決策過程，並對於這樣一套制度的建構者形成挑戰：在這套制度中，知情的顧問可以扭曲建議，從而扭曲結果。一個解決辦法是建立或參與一種顧問的財務利害得失與客戶的選擇無涉的制度。例如，你可以考慮向另一位與你的決定沒有財務關聯的醫生徵詢第二意見。另一個解決辦法是設計能夠讓自我形象的成本發揮更大作用的程序，以減少有道德但偏頗的個人做出不道德行為。

▂▃▅ 重點提示：

因為自欺心理，顧問在推薦犧牲客戶利益而讓自己受益的選項時不會覺得難受。

PART 5

用誘因
促進行為改變的動力

根據我的經驗，沒有罪過的人，也罕有美德。

——林肯（Abraham Lincoln）

「10、9、8……3、2、1！新年快樂！」午夜 12 點鐘響，
珊卓拉和朋友們一起又叫又跳，慶祝新篇章的開始。珊卓拉用
堅定的眼神向朋友們宣布：「就是今年！我要塑身，體重減掉
至少 15 磅。」支持她的朋友們用歡呼表示鼓勵。受到珊卓拉
新年立志的啟發，許多人隨之分享自己的新年立志，有人想存
更多錢、有人要吃得更健康，各種願望都有。散會時，每個人
都感到活力滿滿、衝勁十足。可是，開年後沒幾週，珊卓拉說
她工作太忙，於是取消健身房新會員資格，因為繼續繳會費是
浪費錢。

這種情況不一定只發生在新年立志上。以 55 歲的約翰為

例，他去赴和醫生一年一度的約診，一看到醫生的表情，就知道有事情不妙。他的醫生告訴他，他的體重超重 30 磅，處於糖尿病前期，中風的風險很高。

醫生建議約翰按處方服藥，飲食要更健康，每天至少步行 30 分鐘。約翰帶著這項新立志離開醫生的辦公室，下定決心要改變。但是才區區兩天，他又窩在沙發上看《六人行》的重播。他唯一的步行就是從沙發走到冰箱，拿一瓶冰啤酒。

我們很容易就會對珊卓拉和約翰嗤之以鼻，嘲笑他們意志薄弱或缺乏自制力，然而會虎頭蛇尾的不是只有他們。很多人都曾經立志卻堅持不久。宣布「新年新氣象」並立下高遠的長期目標很容易，但是要堅持到底、實踐承諾卻很困難。美國的健身房數據就反映出這個現象：在 1 月加入健身房的會員比任何其他月份都多，約占全年度入會數的 11%。[1] 然而他們就像珊卓拉一樣，不擅於保持動能。到了 1 月底，全美健身房新會員大約有 50% 都中止續會，能堅持到 10 月的只有 22%。[2]

　　人對於自己未來的自制力似乎會過度自信，因而高估自己改變行為的能力，例如更常去健身房。這種過度自信可能會付出高昂的代價。例如，加州大學柏克萊分校教授史代法諾・德拉・維格納（Stefano Della Vigna）和烏爾麗克・馬爾門迪爾（Ulrike Malmendier）分析 7,752 名美國健身俱樂部會員三年期方案合約後發現，月費超過 70 美元的會員平均每個月只參加 4.3 次，相當於每次上健身房花費超過 17 美元。根據他們的計算，80% 的會員改買 10 次套票反而比較划算，相當於一次費用為 10 美元，平均能在會員資格期間節省多達 600 美元；兩位學者把這種行為稱做「為不上健身房而付錢」。[3]

誘因設計
MIXED SIGNALS

這種溢付行為可能有兩個原因，第一個可能是過度自信，一如前文提到的：我在報名時過度樂觀，高估我未來上健身房的頻率。另一個原因可能是我在給自己設圈套：正是因為我知道自己將來會不想離開沙發上健身房，所以要是買計次套票，每次費用只要 10 美元，我最後更可能會賴在沙發上，因此我偏好預付月費，確保未來的我比較沒藉口不去健身房。

　　現在回到約翰看完醫生後沒幾天又坐在沙發上的時候，這種行為是行為經濟學家和政策制定者想要利用誘因改變習慣時所面臨的挑戰。以追求更健康的生活方式而言，你還能想出比約翰的處境更能激發強烈動機的情況嗎？他的處境名副其實就是生死攸關。約翰沒能改變自己的行為，可能不是因為缺乏資訊或動機。他屬於糖尿病前期，這個可怕的訊息可能還記憶猶新，而這個動機已經比其他人能夠提供的任何事物都有力得多。畢竟他不是非得跑馬拉松才能變健康，而是只需要每天走路半個小時就好。

　　行為科學家想要利用外在誘因，破解這個改變動機已經非常強烈的領域。有愈來愈多的研究試圖探索哪些方法有用、哪些無效，而由賓州大學的經濟學家凱瑟琳・米爾克曼（Katherine Milkman）和心理學家安琪拉・達克沃斯（Angela Duckworth）所主持的行為改進研究中心（Behavior Change for Good Initiative）就是其中一個知名的組織。兩人籌組學術專家組成的跨學科團隊，引薦給大型組織，共同測試能有效大規模引發行為改變的方法。他們進行大型研究，同時測試科學團隊改變特定行為的最佳構想。我很看好這種納入行為介入和誘因的方法。

學術知識也可以變現。幾年前，當時 22 歲、剛從大學畢業的珊曼莎‧潘塔佐普洛斯（Samantha Pantazopoulos）想與我見面討論她在構思的一個 App。我們在我的辦公室談了一個小時，她描述她的構想。我經常遇到有妙點子的人，不過這一次不一樣。她的構想不只是有趣，更重要的是，她顯然是個天生好手。她說服她的表弟迪倫‧巴博（Dylan Barbour）一起創辦 Vizer（如果你是 ABC 實境秀《鑽石求千金之天堂眷侶》〔Bachelor in Paradise〕的忠實觀眾的話，他就是第六季裡的那個迪倫）。[4] 他們的想法很簡單：創造一個可以在智慧型手機、Apple Watch 或 Fitbit 追蹤紀錄健身活動的應用程式，並利用這些數據鼓勵用戶完成每日健身目標。他們提供的誘因有一部分是社會誘因：每當用戶達成目標，Feeding America 就會捐贈一餐。第 11 章曾經討論到這種社會誘因。還有一部分是比較傳統的誘因：會員達成目標就能得到積分，累積積分可以兌換健康的獎勵。那是 4 年前的事，而之後他們兩人不斷開發他們的 App，成為健康養生領域的重要業者。

但是，在討論誘因如何發揮影響力之前，我們要澄清一點：人沒有改變自己的行為，這件事是錯誤嗎？約翰沒有每天走路半個小時，珊卓拉沒有完成她的健身目標，這是錯誤嗎？根據傳統經濟學家的觀點，這是錯誤：他們假設人是完全理性的生物，接收到新資訊就能融會貫通並立刻做出反應。我的觀點不同。**我在這裡不去判斷某件事是對或錯，而是問一個更簡單的問題：我要怎麼提供幫助？**我不知道珊卓拉和約翰是否因為不理性而犯錯；我只知道，他們想改變自己的行為，但是出於某種原因而失敗。我的挑戰是找到改變行為的實踐方法，供像珊卓拉和約翰這樣的人選擇，並順利地堅持到底。

本書 Part 5 要討論人無法維持行為改變背後的心理，以及如何利用誘因培養良好習慣、在長期戒除不良習慣。根本的問題在於我們如何激勵人們改變他們想要改變的行為，並盡可能以最低成本做到這一點。我們的錢在此可以善盡其用，特別是誘因也有助於在長期建立習慣的話。理想的介入措施不但能改變行為，即使在誘因消失後，改變仍然持續存在。本部會概述誘因影響行為改變的 4 個途徑。Part 5 是根據我與艾格妮・卡雅凱特（Agne Kajackaite）、史代方・梅爾（Stephan Meier）所做的研究所寫成。[5]

　　在各個領域都有人投入大量心力創造長期的行為改變，而誘因在這裡可以成為助力。了解誘因如何與其他動機交互作用，是成功提升健康、生產力、環保和儲蓄的關鍵。

設計
讓好習慣持續的誘因

約翰想要每天運動一個小時。他第一次上健身房，情況非常煎熬。他好不容易撐完 10 分鐘，滿身大汗、筋疲力盡地回家。第二天醒來時全身痠痛得不得了，甚至比鬆垮的腹肚還要綿軟無力。但是，如果他繼續去健身房，就能建立自己的「習慣庫存」（habitual stock），也就是累積一些練習和經驗。等到健身的好處變得具體、可見又清楚時，運動可能會變得更愉快（或者至少不那麼痛苦）──他會在日常生活中感覺更好、更強壯，體重減輕幾磅，還能隱約看到腿部肌肉的輪廓。證據顯示，開始是最困難的部分。

誘因可以幫助人們開始新事物，有助於建立這種行為庫存。如果約翰每次去健身房都能得到獎勵，就會有更強的外在動力讓他真正開始上健身房。即使他一開始吃很多苦頭，可是最後不但不會覺得那麼辛苦，甚至會開始覺得享受，而且去除誘因之後也更可能持續。後文會討論用誘因增進運動的實驗，那些實驗的結果顯示，付錢讓人們開始上健身房的效果在取消誘因之後還是存在。這項證據支持習慣庫存的概念，顯示那些離開沙發繼續做更多運動的人慢慢覺得運動變得有趣。我們了解的通則是，誘因可以幫助人們展開一項活動，建立行為的習慣庫存，因而開始維持長期行為。

第 1 天　　　　　　　　　　　幾週後

圖 29　習慣的養成

流汗賺錢

對於像我這樣的研究人員來說，一篇論文有點像一個孩子。發展細節總是鮮明地印在我的腦海。我對「運動誘因」的興趣要從杜桑（Tucson）的一次研討會開始說起。我和我的朋友蓋瑞·查尼斯（Gary Charness）泡在泳池邊的熱水浴池裡，一邊欣賞亞利桑那州層層疊疊的山脈，一邊討論誘因。這段對話發生在我發表關於誘因的論文之後：那篇論文談到誘因會如何破壞一個人單純因為行善、而不是因為有錢可拿而去做好事的內在動機。我們特別討論到是否可以用「賄賂」買通孩子以改變行為。有些時候，我們顯然可以這樣做而不會有長期問題。

比方說，如果你要讓孩子戒尿布，每一次他們用馬桶都給獎勵或許可以加快進程。等到他們戒尿布成功，你就可以取消「賄賂」，而且大概不必擔心他們會退化到再次使用尿布。一般來說，這種「一勞永逸」的行為改變比較容易用誘因去影響。需要反覆行動的改變通常比較困難，這就像要孩子閱讀一本書容易，但是要他們經常樂在閱讀就難得多。

然後蓋瑞和我開始討論運動，這是一種困難的行為改變，可能需要重複的行動。人在生活的某些時期比較可能運動，有些時期卻運動一下都有如提千斤重，這是為什麼？我們認為，給人們誘因讓他們開始運動並保持一段時間，或許可以養成習慣，而且在我們停止付錢給他們之後還能維持。於是，我們設計了一個現場實驗，測試誘因是否真的可以建立運動習慣。

我們的實驗有好幾種操作條件；這裡只討論比較有趣的操作條件。我們在實驗中提供誘因，鼓勵大學生上校園健身房。[1]學生來到實驗室後，我們讓他們閱讀一些關於運動重要性的資料，然後承諾他們，如果他們下週至少去一次健身房就給他們25 美元。我們用健身房的進場紀錄驗證他們的參與狀況。下一週，學生回到實驗室時，我們把他們隨機分為兩組。其中一組是對照組；至於另一組，我們告訴學生，如果他們在接下來的4 週內去健身房 8 次，就能再多得到 100 美元（達成 8 次時馬上可以拿）。因此，我們可以觀察到學生在介入措施之前、期間和之後上健身房的情況。

付錢給學生上健身房有效嗎？當然有效。我們的學生為了 100 美元幾乎願意做任何事，但是那不是我們想知道的。我們想知道的是，在我們停止付錢給他們上健身房之後，上健身房次數的變化。我們的假設如下：讓人們起步並累積「行為庫存」，他們會更有可能保持運動，因為在開始規律運動一段短時間之後，上健身房就會變得沒那麼痛苦，也更有樂趣。

我們要測試的想法如下：最初幾次上健身房的成本高昂，而且不怎麼有趣，但是經過 4 週，成本效益發生變化，即使沒有誘因，人們也會繼續保持。

一如預期，我們發現誘因組學生上健身房的次數大幅增加，而且持續到第五週，也就是我們停止獎勵措施的那一週。有趣的事還在後頭：在第五週到第 12 週，也就是我們中止向誘因組參與者支付獎金之後，他們上健身房的平均次數是兩倍。上健身房次數的增加完全來自之前不是健身房常客的人。換句話說，對於在我們研究之前就定期上健身房的學生，我們的誘因並沒有什麼激勵作用。

我們的實驗顯示，用金錢獎勵事件發生足夠的次數，以促進好習慣的養成，這種做法確實可行。一如前文討論的，這麼做似乎能讓一些人跨過保持運動所需的行為庫存量門檻。根據這項研究而寫成的論文主張誘因可以有效增進運動，這引發一場關於使用金錢介入措施促進運動和習慣養成的討論。我們且來檢視一些後續研究，它們重現我們的實驗結果並更進一步，提供更多關於習慣養成的真知灼見。

天真的錯誤

後續的研究進一步探究我們的研究所留下的一些懸而未決的問題。首先是柏克萊大學教授丹・艾克蘭（Dan Acland）和倫敦經濟學院教授馬修・雷維（Mathew Levy）。[2] 他們的主要問題是：那些得到獎勵而去運動的人對於他們之後去健身房這件事有何想法？他們是否相信自己經歷這種介入措施之後會成為健身房常客？他們的預測正確嗎？

艾克蘭和雷維也在一個月的期間內給予參與者上健身房的獎勵，並採用與我們類似的實驗設計。我們已經確定，在獎勵結束後的幾週內，有獎勵繼續上健身房的學生數多於沒有獎勵的學生數，但是這種運動習慣會隨著時間而衰退嗎？艾克蘭和雷維能夠蒐集到更長期間內的健身房報到資料，從實施獎勵前37週一直到獎勵後33週。整段期間涵蓋3個完整的學期加上暑假和寒假，這是為完整追蹤習慣的形成和衰退，以描繪出更完整的樣貌。這項研究重現我們的發現：獎勵上健身房確實有助於建立短期習慣。然而，好景不常：在為期4週的寒假期間，誘因的效應衰退大半。這項實驗結果顯示，雖然誘因可以在介入後促進習慣的養成，但是效果有保存期限。它也顯示，要達成長期效果，不能只有在一開始助推一把，我們還需要別的助力。

為了解答有關參與者對未來上健身房的信念的主要問題，艾克蘭和雷維請參與者在實驗前後，分別預測他們在介入措施之後上健身房的頻率。他們在誘因期之前及之後都詢問參與者，他們認為介入措施結束之後自己會繼續多久上一次健身房。在激勵期之前和之後，參與者被問及在介入結束後他們將繼續去健身房的頻率。艾克蘭和雷維發現，參與者有因為現時偏誤（present bias，第19章會完整探討這個概念）而產生的自制力問題，更重要的是，參與者對他們的自制力問題有些天真：他們大幅高估自己未來上健身房的次數。這個結果顯示，人們沒有完全意識到自己缺乏自制力，並且在承諾運動時往往會高估未來的自己。

這些信念可以解釋人為什麼立志短暫以及前文提到的現象（也就是繳月費和年費的健身房會員，以他們的實際使用頻率來看，其實應該堅持買回數票比較划算）：人總是天真地高估自己使用健身房的次數，而他們相信的比實際多出許多。

把我綁在桅杆上！

由於有自制力的問題，我們要如何運用誘因計畫，確保像珊卓拉和約翰這樣的人能堅持到底？一個方法是用承諾機制，把一項很難只靠意志力實現的計畫和自己綁定在一起。希臘神話裡有個最古老的例子：女妖賽蓮（Sirens）是危險的生物，最會用迷人的音樂和聲音引誘附近的水手。傳說中的英雄、伊塔卡（Ithaca）國王奧德修斯（Odysseus）想出一個避免災難的策略：他把自己綁在船的桅杆上，以免自己聽到賽蓮之歌後被蠱惑而跳船。[3]

2015 年，經濟學家希瑟·羅耶（Heather Royer）、馬克·史代爾（Mark Stehr）與賈斯汀·西德諾（Justin Sydnor）在一項現場實驗中利用承諾機制，矯正健身房使用者的自制力問題。實驗的參與者是一家財富 500 大企業的 1000 名員工。[4] 員工隨機分成兩組：一組是對照組，沒有任何誘因；另一組是有誘因的實驗組，參與者每一次到現場使用健身設施就可以得到 10 美元，每週最多 3 次。

一如預期，誘因發揮激勵效果，對於培養運動習慣有正向作用。這項實驗重現蓋瑞和我所做實驗的結果，正向效應只出現在實驗之前完全不去健身房的人身上。在移除誘因之後，實驗之前就會去健身房的人，到健身房報到的頻率也回復到過去的水準。

實驗的主要介入措施出現時點，是在誘因期結束之後。誘因組有一半參與者可以自願自己出錢設立承諾機制：他們承諾會持續上健身房，而且在接下來的兩個月內，不會跳過超過連續 14 天的運動計畫；如果當事人沒有達成他們宣告的運動目標，那筆錢就捐給慈善機構。基本上，這些人是自願「把自己綁在桅杆上」，承諾達到自己設定的運動目標。除了說服未來的自己上健身房（不然就要損失自己的錢），他們拿自己的錢冒險沒有任何好處。

除了規避經濟損失，參與者還體驗到自我訊號的力量：在正式承諾目標之後違背諾言，會對自己發出負面訊號，顯現他們意志薄弱，損害自我形象。另一方面，如果能夠信守對自己的承諾，則能傳達正面訊號，顯示他們是意志堅定的人，因而提升自我形象，並鼓勵自己不斷運動。承諾機制有效嗎？有！它有助於習慣的養成，並提高習慣養成後持續的影響力。在最初的獎勵措施結束後的兩個月內，參加承諾機制的實驗組成員，由誘因引發的運動增加量還能維持一半的水準。換句話說，在承諾機制的輔助下，誘因獎勵計畫的「賞味期」明顯延長，而且沒有額外成本。即使在承諾機制約定期結束之後，習慣養成的長期影響仍然持續，顯示承諾機制是敦促個人在介入措施之繼續運動的利器。

呼朋引伴力量大

想像以下兩種情境，時間都是懶洋洋的週日午後：第一種，雖然你答應自己今天要去健身房，但是你的沙發感覺特別舒服；第二種，你也是賴在沙發上，但是突然收到朋友發來簡訊，說她正在前往健身房的路上，這時你想起來自己曾說過要跟她一起去運動。在哪一種情境下，你比較可能從沙發起身？朋友能夠鼓勵人們上健身房、增進運動的誘因，並有可能有助於培養習慣嗎？

2010 年，經濟學家菲力浦‧巴伯科克（Philip Babcock）和約翰‧哈特曼（John Hartman）曾進行現場實驗，從運動誘因的社會效應研究這個問題。[5] 他們針對大學生做調查並設計誘因，鼓勵他們去校園娛樂中心。為了檢驗社會效應，巴伯科克和哈特曼讓學生在實驗前填寫一份朋友調查，從參與實驗的學生名單中標記出他們認識的人的名字。這樣一來，實驗人員就能描繪出參與者詳細的交友網絡（他們全住在同一棟宿舍）。然後，學生經隨機分配到實驗組或對照組。實驗組的學生如果在接下來的 4 週內至少去大學體育館 8 次，就能得到 80 美元。

隨機分組之後，個別參與者會自然接觸到有獎勵和沒有獎勵的同儕，而且人數隨機。為了分析運動獎勵的社會效應，巴伯科克和哈特曼檢視，參與者所接觸兩組同儕人數的隨機變異如何影響誘因的效果。他們的直覺與我們初始情境的推論一致，也就是有誘因的參與者如果有比較多有誘因的朋友，就會

誘因設計
MIXED SIGNALS

更常去健身房。

　　認識更多有運動誘因的人能增加上健身房的次數。作者發現，有運動誘因的參與者，如果有運動誘因的朋友多，也會更常上健身房。另一方面，即使是有誘因的學生，如果在對照組（沒有獎勵）的朋友比較多，那麼就會比較少去健身房。可見人們的運動行為受到朋友的影響很大。

　　如果志同道合的友誼可以增加上健身房的頻率，那麼相互依賴的伙伴對於健身者是否也有激勵作用？ 2017 年，西徹斯特大學（West Chester University）的經濟學家賽門・康德利菲（Simon Condliffe）、艾布魯・以斯金（Ebru Işgın）和布萊恩・費滋傑羅（Brynne Fitzgerald）設計了一項實驗，測試團隊合作是否能增加運動。[6] 他們徵求大學生參與實驗，方式類似前述的學生娛樂中心實驗。不過，這項實驗最有趣的是它的操作條件：有一組學生是個人單獨參與實驗；另一組學生則有一個隨機指派的伙伴。在伙伴組，互為伙伴的兩個人在獎勵上有連坐關係：只有兩個人都達到目標才能得到獎勵。研究人員發現，團隊誘因下的學生去健身房的次數明顯較多。

　　這些發現顯示，社交網絡和同儕可以提高誘因塑造習慣的效果。它們也有一些有趣的啟示：如果你想養成規律運動的習慣，找個朋友協調一下，最後運動的實際成效可能會更好。這種網絡效應也可以做為前文討論到的承諾機制。你現在可能不想去健身房；但是你知道朋友在等你，而你不想讓他們失望。

　　這種不願意朋友失望而信守承諾的行為，反映出社會訊號的力量。如果你在最後一刻取消和朋友一起運動的計畫，就是向朋友發出你這個人不可靠的訊號，有損你的社會形象。另一方面，始終信守承諾並堅持實行計畫可以提升你的社會形象，讓你有動力做更多運動。我朋友告訴我的一個故事就是很好的證明：他想去健身房，但總是跨不出那一步。後來他太太給他一張3個月的私人教練健身課程優惠券，結果他連一堂課也沒缺過。在這裡，私人教練發揮了承諾機制的作用；如果我朋友哪一次沒辦法上課，就必須向那位和藹可親的教練解釋原因。總之，一起做比單獨做更容易成功。

規律或彈性？

　　穩定的習慣是從規律中養成。透過不斷遵循一組重複行為的模式，個人從事某項行為所耗費的認知力量就會比較少。想一想你早上的例行事項：你早上或多或少都有一套規律，多年下來已經發展成一個有效率的流程。隨著流暢的心智關係形成，這些例行行為的執行多半已經進入自動模式。[7]現在，雖然前面提到的誘因實驗獎勵參與者經常上健身房，但是也給參與者相當大的彈性：他們必須一週去好幾次才能得到獎勵，但是沒有具體規定運動的時間。相較於彈性誘因，嚴格規定上健身房的時間是否更能維持運動習慣？

　　最近，來自哈佛大學和華頓商學院的經濟學家團隊〔約翰·貝雪爾斯（John Beshears）、李海寧（Hae Nim Lee，音譯）、米爾克曼、羅伯特‧米斯拉夫斯基（Robert Mislavsky）和潔西卡‧威茲頓（Jessica Wisdom）〕對 2,508 名 Google 員工進行一場現場實驗，探究這個問題。就像許多其他企業一樣，Google 也對這個問題有興趣。[8] 實驗一開始，參與員工都要選擇每天最適合運動的時段（時間是兩個小時）；從週一到週五，他們都會在這個時段開始時收到運動提醒。為了比較規律誘因與彈性誘因的效能，我們把參與者隨機分為 3 組：**一是沒有誘因的對照組；二是彈性組**，參與者只要週間任何一天在公司的健身房運動至少 30 分鐘，就能得到獎勵；**三是規律組**，參與者必須在週間任何一天於他們所選定兩小時時段內，上公司健身房運動至少 30 分鐘才能得到獎勵。第二組和第三組的操作差異在於參與者是否有選擇每天哪個時間運動的彈性。

在經濟學家的眼中，有彈性顯然比較好。畢竟，彈性意味著更多選擇。不過，一如剛才的討論，心理學家或許會猜想，時間固定有助於習慣的養成。那麼，要讓員工上健身房，究竟哪一種時程安排更有效——是嚴格的規律？還是靈活的彈性？結果證明，能夠靈活安排每日運動時間的參與者，運動量明顯多於必須遵循預排運動時間的參與者，而且效果在移除誘因之後還持續存在。這個發現與過去的心理學理論、我們的直覺背道而馳：當人們遵守一份頻率固定但是時間安排嚴格的運動計畫，往往會減少運動，而且由此養成的長期習慣也較薄弱。

然而，在你因此放棄固定運動時程、改成有空時才去健身房之前，請務必注意：這項實驗的結果受到背景環境的影響相當大。Google 的工作環境步調快速，工作日程可能非常不確定而且經常變動。因此，即使每次上健身房可以得到 7 美元的獎勵，員工也很難無視於臨時事件的干擾，而遵守預先設定的兩小時空閒時段。如果是工作排程和工作環境穩定的人，採用規律誘因培養習慣，或許還是能看到卓著的成效。

Ⅱ.Ⅰ. 重點提示：

誘因可以做為上健身房的起步助跑工具，並培養長期運動習慣。可能的話，加上其他心理學的增強措施，像是承諾機制和社會網絡，以提高誘因並延長習慣的時效。

第 18 章

設計
能根除壞習慣的誘因

與培養習慣一樣，誘因設計也有助於戒除習慣。約翰在誘因措施的幫助下，現在的運動量可能已經增加，但是他的啤酒還是喝得一樣多，他的醫生對這一點有意見。如果過去的飲酒量能夠藉由累積行為庫存而推動習慣的養成，那麼減少飲酒量是否可以藉由減少行為庫存以「消滅」習慣呢？

沒錯，確實可以。好習慣和壞習慣都是從不斷的消費而養成。一如增加飲酒可以建立習慣，減少飲酒也可以減少行為庫存，藉以「消滅」習慣。回想一下運動的例子：今天去健身房的樂趣，過去一個月去健身房的影響可能大於一年前去健身房。因此，預測你下週是否會去健身房的最佳指標，是你本週是否去過健身房，而不是一年前。同理，要預測一個今天會不會抽菸的最佳指標，就是他昨天有沒有抽菸。如果習性會隨著時間過去而衰退，那麼用誘因獎勵人們暫停某種活動，能降低他們在誘因消除後回復舊習的可能性。

　　誘因設計如何幫助約翰戒除喝啤酒的習慣？如果只喝水的每一天都能得到獎勵，他可能會停止喝啤酒，或至少改掉下班後一回到家，就立即喝一罐啤酒的習慣。換句話說，戒除習慣的一個潛在方法，就是針對活動賦予誘因。如此一來，習慣庫存就會開始減少。我們的目標是消耗庫存，等到取消獎勵時，庫存已經低到足以讓活動中止。我稍後會討論一個約翰可以用來激勵自己戒酒的實用方法。

　　本章的主題是一種極其普遍但是有害的習慣：抽菸。美國每年大約有五分之一的死因是由抽菸所引起。[1] 抽菸除了每年造成大約 50 萬人死亡，與菸害相關的疾病所耗費的醫療費用累積數十億美元，而造成的身體傷害更是無法衡量。大多數抽菸者對這些負面後果都心知肚明，也有高達 7 成的抽菸者想要戒菸，但是每年大約只有 3% 的人成功戒菸。[2] 為什麼戒菸這麼難？**抽菸與運動不同，它的樂趣是立即的，而苦果要等到未來才會出現。**以下就來看看誘因戒斷計畫如何助人戒菸。

戒菸獎金

　　2009 年，凱文・佛爾普（Kevin Volpp）與同事在一家跨國企業進行一項現場實驗，付錢讓員工戒菸。[3] 想要鼓勵員工多運動的公司，也會有提倡員工戒菸的直接動機，因為抽菸會導致醫療費用增加、勞工生產力下降。

實驗的第一步是把878名員工隨機分為兩組：一是對照組，員工只會收到有關戒菸計畫的相關資訊；二是誘因組，員工除了收到計畫相關資訊，也會知道獎勵措施。

　　誘因組的員工必須通過生化測試才能得到獎勵。完成戒菸計畫的人可以得到100美元，參與研究後繼續戒菸六個月可以得到250美元，接下來再繼續戒菸6個月可以再獲得400美元。獎金支付時程之所以如此安排，因為大部分破戒都發生在嘗試戒菸的第一個月，而且有大約90%的人都在前6個月故態復萌。[4]

　　這樣的獎金足夠讓員工有動機戒菸。有戒菸獎金時，參與戒菸、完成計畫並在研究結束後6個月保持戒菸的比例，都明顯高出許多。你現在可能已經了解，我們關心的是長期影響。過去關於戒菸的文獻顯示，抽菸者一旦戒菸一年以上，就有95%的機會成功戒菸20個月。[5]這些獎勵有效地幫助抽菸者通過這個長達一年的重大關卡。在獎勵結束之後，誘因組參與者在加入計畫後的9到12個月以及15到18個月的戒菸率，明顯高於沒有獎勵的對照組。

　　雖然這個結果讓人眼睛一亮，但是誘因組的長期戒菸率其實只有9%。由於對照組的戒菸率有一大段落差（3.6%），這項獎勵計畫仍然算成功。這個結果顯示，財務誘因不但能激勵人們參加戒菸計畫、讓他們在短期內戒菸，即使在取消獎勵之後，也能幫助抽菸者長期戒菸，不再重蹈覆轍。

救救嬰兒

雖然我不斷強調長期影響的重要性，不過有時候短期的成功本身就是一項成就。以懷孕的母親為例，即使她們產後再次抽菸，在懷孕期間戒菸還是很重要。在美國，懷孕期間抽菸是預防妊娠問題最重要的因素，因為它會導致種種問題，像是未出生嬰兒肺部和大腦組織損傷、流產和早產的機率增加、新生兒體重較輕等，這還只是其中幾項問題。[6]

雖然許多介入措施都採用資訊策略，例如提供當事人醫療專業人員的建議，以及用衛教單張宣傳抽菸相關的危害，但是這些在提升戒菸率方面成效不佳。[7]這沒有什麼好訝異，因為懷孕的母親大概都知道並理解抽菸可能會傷害她們的寶寶，但是任何傷害都要到遙遠的未來才會顯現。懷孕的抽菸者亞曼達講述她的經歷；被問到身為一個有抽菸習慣的母親時，她坦承：「我知道抽菸會造成嬰兒出生時有嚴重的健康問題。但是我也認識很多在懷孕期間抽菸的人，她們都生下健康的嬰兒。」她認為「這種事不會發生（在我身上）」，而且她「無法停止（抽菸）」。[8]那麼，財務誘因能否讓抽菸的母親安全度過懷孕期呢？如果可以，我們應該採用哪種誘因？

2012 年，史蒂芬・希金斯（Stephen Higgins）領導一支由衛生研究人員組成的團隊，以商品禮券為誘因以探究這個問題。[9]他們把 58 名懷孕婦女隨機分配為兩組。兩組都收到禮券。在控制組，禮券是無條件贈送，無論參與者是否抽菸都有。在

誘因設計
MIXED SIGNALS

另一組，禮券的放發有一個條件：參與者必須通過生化檢測，確認戒菸之後才能拿到禮券。

一開始，檢測是每天一次，然後間隔在整個孕期逐漸拉長到兩週一次。有條件發放的禮券從 6.25 美元開始，每通過一次檢驗就增加 1.25 美元，最高可以達到 45 美元。在過程中，如果參與者有哪一次沒有通過檢測，禮券金額就會降級，回到一開始的水準；不過，之後如果有連續兩次檢測通過，禮券價值又會恢復到降級之前的水準。這種誘因結構能緩慢地積聚金錢的正向動能，獎勵持續戒菸；失敗者會受到懲罰，同時容允彌補的機會。因此，抽菸的母親有財務誘因要盡可能維持長時間戒菸，而在破戒時也有改正的動機。另一方面，對照組女性則收到無條件的禮券，價值固定為產前每次 11.5 美元、產後每次 20 美元。

哪種發放方式的禮券更有效？你可能已經憑直覺猜到，在孕期結束時，有條件禮券組的 7 天戒菸率增加為 37%，明顯高於無條件組（9%）。長期效應呢？在產後 12 週的母親，有條件禮券組的戒菸率增加 33%，對照組則是 0%。產後 24 週，也就是禮券獎勵停止後 12 週，有條件組母親的 7 天戒菸率仍然為 27%，而對照組為 0%。

言行合一，行動是金

正如我們在無條件禮券組懷孕抽菸者的案例所看到的，只靠自制力戒菸的效果沒有那麼好。事實上，這項研究的參與者在長期都沒有成功保持戒菸。那麼，抽菸者該拿他們有限的自制力怎麼辦呢？還記得上健身房的人有效強迫自己努力運動的承諾機制嗎？抽菸者也可以採用相同的策略，賭上自己的錢，幫自己戒菸。

2010 年，經濟學家扎維耶爾·吉內（Xavier Giné）、迪恩·卡蘭（Dean Karlan）和喬納森·辛曼（Jonathan Zinman）進行研究，測試這類自願承諾機制能否幫助抽菸者戒菸。[10] 他們把一家菲律賓銀行的兩千名員工（全部都是抽菸者）隨機分為兩組：對照組收到錢包大小的提示卡，卡片上是香菸包裝上看了讓人很難受的圖片（像是因抽菸而受損的肺部）；而實驗組可以選擇簽署一份幫助他們戒菸的承諾約定。根據約定，在 6 個月的介入期間，會有一名銀行員工每週向抽菸者收取自行訂定金額的押金。6 個月後，如果抽菸者通過尿液檢測，就能拿回全部的錢；如果沒有通過，這筆錢就捐給慈善機構。這種每週押金約定的設計對員工持續施加金錢的壓力，迫使他們在 6 個月內維持戒菸。

類似賦予運動誘因的承諾機制，這種戒菸押金約定也具有自我訊號的力量。違反約定不只會讓抽菸者損失押金，還會向抽菸者自己發出缺乏決心的訊號。因此，抽菸者有動力遠離香菸，以避免負面的自我訊號並保護他們的自我形象。

社會訊號是這個誘因設計裡的另一層承諾要素。假設你是這項約定的當事人：每週六下午一定會有一名銀行員工來向你收押金，而如果你這一週承諾的押金是 0，這大概表示你沒能守戒；這等於向銀行同事宣告你是個意志力薄弱的人。你的社會形象會受損，你會感到無地自容。這種從約定而來的另一層社會壓力能讓人承諾更高的金額，更努力強迫自己戒菸。

不過，承諾機制通常面臨的問題之一是採納率低。[11] 即使知道把錢押進去有助於戒菸，但是願意用自己的錢測試自制力的人不是很多。在這項實驗中，實驗組抽菸者只有 11% 的人簽署約定。不過，立約者承諾的押金都相當高：6 個月期間平均押金為 550 比索（11 美元），由於這個金額大約相當於員工月薪的 20%，從這個角度來看，這是非常重大的承諾。

雖然採納率有限，但是結果證明，押錢對賭不失為抽菸者戒菸的有效策略。在 6 個月約定期結束時，立約組的戒菸成功率比對照組高 3.3% 至 5.8%。12 個月後，研究人員重現一樣顯著的承諾機制成效：介入措施結束 6 個月後，研究人員對抽菸者進行一次沒有任何財務誘因的突擊測試。儘管成效卓著，但是立約的抽菸者有 66% 最後還是戒菸失敗。這告訴我們，雖然有些抽菸者承認自己需要承諾機制以彌補自制力的不足，但是他們還是過度自信，而且錯估未來的自己對誘惑的抵抗力。

一起戒菸？

我們都知道同儕壓力的力量。朋友抽菸時，你可能會忍不住跟著來一根。另一方面，同儕壓力也可以做為協助戒菸的工具。有一群努力戒菸的朋友可以激勵你堅持下去。賓州大學史考特‧哈爾朋（Scott Halpern）領導的團隊 2015 年進行的戒菸群體效應研究，就是在探究這個想法。[12] 參加實驗的喜維適健康（CVS Caremark）員工及其親朋好友經隨機分配為五組，包含一個對照組和 4 個實驗組。對照組得到的是「常規照護」，也就是美國癌症協會（American Cancer Society）的戒菸指南、在地戒菸資源，有些喜維適員工可以免費接受尼古丁替代療法、參加行為矯正計畫。至於 4 個實驗組，其中兩組實施個人獎勵計畫，另外兩組則是 6 人的團體獎勵計畫。

　　除了測試社會效應，研究人員也想了解押金約定是否比獎勵計畫更有效。我們在銀行員工的承諾約定看到，抽菸者非常積極避免損失。但是，抽菸者避免自身金錢損失的動機，是否比從獎勵計畫得利還強烈？為了找出答案，分別有一組個人獎勵組與團體獎勵組，成功戒菸者可以得到大約 600 美元的獎勵。至於另外一組個人組與團體組則實施押金計畫，先提繳 150 美元的可退押金，成功戒菸者除了拿回押金，還能額外得到 450 美元的獎金。我們把 4 個實驗組分別稱為團體獎勵組、團體押金組、個人獎勵組和個人押金組。與前面提到的誘因設計類似，在所有組別，600 美元獎金（在押金組，包含 150 美元的押金）會分 3 次發放，時點是參與者達成目標後的 14 天、30 天和 6 個月，每次發放 200 美元。

　　在團體獎勵組，團體成員要集體成功才能得到獎勵：在 3 個獎勵時間點，如果只有一名成員成功戒菸，他們可以得到

誘因設計
MIXED SIGNALS

100 美元（只要有一名成員失敗，成功戒菸的人只能得到 100 美元）；但是如果所有 6 名成員都成功戒菸，他們每個人都可以得到 200 美元。這種誘因設計利用社會訊號和人際責任激勵抽菸者，獎金隨著團體成功率的增加而增加。假如你是小組中唯一破戒的人，你的失敗會向你的團隊成員發出社會訊號，顯示你缺乏決心，這樣一來就會損害你在群體中的社會形象。你可能會感到尷尬和內疚，因為你的失敗導致其他人錯失更高額的獎勵。反之，成功戒菸能提升你在團體中的社會形象。這種方式可以激勵團隊協力合作，像是隊友之間彼此監督和鼓勵。

另一方面，在團體押金組，團體成員之間為競爭關係：總獎金是 3,600 美元（包括 6 名團體成員每人的 150 美元押金和 450 美元獎金），由在各個發放時點成功戒菸的成員重新分配。因此，每個時點發放的獎金是 1,200 美元。假設 6 人當中有 4 人在 14 天期成功戒菸，他們就能平分 1,200 美元的獎金，每人 300 美元。所有小組成員都用匿名，以避免可能的破壞效應。這種誘因設計是在群體環境運用損失規避心理：看到自己的錢和獎金因為自己戒菸失敗而被群體中的其他人瓜分，這是非常大的打擊。

為了保持各實驗組的總期望值和獎金相等，團體獎勵組和團體押金組的參與者如果在 6 個月期間成功保持戒菸，也會得到 200 美元的獎金。

實驗結果反映前面提到的承諾機制的採納率問題：獎勵

組有 90% 的人願意實行戒菸獎勵計畫，但是在押金組，只有
13.7% 的人願意參與。至於在 6 個月介入期的戒菸維持率，所
有 4 個實驗組都顯著優於對照組。一般預期團體組的成效會優
於個人組。然而，團體組和個人組的 6 個月戒菸成功率非常接
近，分別為 13.7% 和 12.1%。事實證明，這裡的團體誘因沒有
優於個人誘因，顯示社會效應沒有假設的那麼強烈。那麼，
純獎金制與押金機制的比較又是如何？純獎金制的戒菸率明
顯高於押金計畫，多出 5%。不過，這個領先差距的成因主要
來自兩項計畫的採納率差異。如果把這個差異納入考慮，情
況就會逆轉：押金計畫參與者的戒菸率比純獎金計畫參與者高
13.2%。實驗結果顯示，對於深諳自身自制力有限而想尋求因
應之道的人，加入承諾機制計畫（像是以押金為設計基礎的誘
因結構）能夠得到成效。

窮菸槍

　　1940 年代時，受教育愈多的人抽菸率愈高。然而，在後
續數十年間，隨著抽菸相關的健康風險變得更明顯而且觀念普
及，菸草產業的行銷策略開始轉向，改為以低收入群體為目
標。菸草公司向公宅居民免費發送香菸，並在食物券和預付卡
等常見低收入戶補助品隨附菸草折價券。部分拜這些行銷活動
所賜，今天有 72% 的抽菸者都來自低收入群體。[13] 儘管抽菸人
口大部分落在最不富裕的群體中，對於這群身處診療或工作場

所之外的低收入抽菸者,關於誘因設計協助戒菸的效應,卻沒有太多論證。

2016 年,日內瓦大學的尚一馮史瓦・艾特(Jean-François Etter)和費莉西雅・史密德(Felicia Schmid)為了探討這個議題,在瑞士召募 805 名低收入抽菸者做研究。[14] 參與者被隨機分為兩組。對照組收到衛教資料並瀏覽戒菸網站。實驗組除了接收相同的資訊,還有財務誘因:在實驗開始後的第一、二、三週以及第一、三和六個月各做一次生化檢驗,確認戒菸後提供獎勵,共計 6 次。實驗的誘因設計也運用遞增的獎勵以促進持續戒菸。

獎勵的最高金額為 1,650 美元,第一週是 110 美元,一路增加,到第六個月是 440 美元。所有參與者的可課稅所得都低於 55,000 美元,所以戒菸計畫的獎勵相當可觀。如果參與者沒有通過生化檢驗,下一次的獎勵金額會重設為上一次他們得到的獎勵金額。還是一樣,這種誘因設計類型會懲罰失敗,但是也為參與者保留爭取未來戒菸獎勵的希望。為了防止低收入參與者把戒菸獎勵拿去買菸,獎勵是一家不銷售菸酒的大型連鎖超市的禮品卡。

為了進一步激勵抽菸者,研究人員要求他們報到時簽署一份約定,承諾在自己設定的目標日期之前戒菸,而這份約定會由一名研究助理和一名自選的社群支持者(可能是抽菸者的家人或朋友)共同簽署。然後,這位社群支持者要在抽菸者的戒菸過程提供他們支持。

如前所述，這類承諾約定的設計能讓自我訊號和社會訊號發揮作用：抽菸者簽署這份約定，正式向自己發出承諾訊號，而保持自我一致性是一股強大的動力；抽菸者找社群支持者簽署約定，是向朋友或家人傳遞社會訊號，表達自己的承諾。社群見證人的有無，可能攸關重大，因為違背對支持者的承諾、讓對你有信心的幫助者失望所受到的打擊，可能比違背對自己的承諾更沉重。

結果顯示，財務誘因在長期確實可以有效地讓低收入抽菸者戒菸並保持下去。實驗組抽菸者的 7 天戒菸率明顯高於對照組，在第三個月、第六個月和第 18 個月分別是 54.9% ／ 11.9%；44.6% ／ 11.1%；18.2% ／ 11.4%。此外，在長期戒菸的主要指標（第六個月至第 18 個月的持續戒菸率），實驗組也明顯高於對照組。在遞增的金錢獎勵措施下，9.5% 的實驗組抽菸者在獎勵措施取消之後都能夠在 12 個月內保持戒菸。

從戒菸計畫及其誘因結構所得到的洞見，不只適用於鼓勵戒菸，也可以用於戒除其他壞習慣，像是吃太多速食和看太多電視。

.ıl. 重點提示：

如果以長期來看，誘因能夠緩步消除習慣，維持長期改變。如果要強化誘因的效能，可以加入心理增強機制，像是以押金為基礎的承諾機制和社群支持者。

設計
克服短期滿足感的誘因

我們還有什麼方法能幫助約翰改掉喝啤酒的習慣,並增加運動呢?記住,約翰的健康利益在遙遠的未來,提供現下的誘因可能有助於克服行為改變最基本的問題之一:成本通常發生在現在,而利益只出現在遙遠的未來。例如,運動有些利益不但在遙遠的未來,而且無形,可是坐下來喝一罐啤酒卻能立即得到滿足感。

現在是週六下午 2 點。你在 Netflix 又看完一集你最喜歡的新節目,當你正要按下「繼續觀賞」鍵、秒回劇情裡時,你想起來今天應該去健身房 —— 你向自己保證至少每週運動兩次。這時候,你會怎麼做?我們每天都在面對誘惑,無論是看電視、玩電動還是吃垃圾食物。當我們在「想做的事」和「該做的事」之間左右為難時,通常會選擇前者。

有沒有什麼方法可以養成良好的習慣,同時減少具誘惑力的活動所產生的罪惡感以及浪費的時間?華頓商學院的米爾克曼、哈佛大學的朱莉亞·明森（Julia Minson）和賓州大學的佛爾普（Kevin Volpp）有個明智的建議——他們稱之為「誘惑綑搭」（temptation bundling）：[1] 也就是把能立即產生滿足感的「想做的事」（觀賞你最喜歡節目的下一集）與利益延遲而需要意志力的「該做的事」綁在一起。

多年來，我只讓自己在滑步機運動時看我最喜歡的電視節目。這種組合解決兩個問題：第一，減少「該做的事」引發的直接痛苦，以增加運動的欲望；第二，把「想做的事」完全只與有益行為搭配，以減輕放縱的罪惡感。

前述三位學者在大型大學健身中進行現場實驗所要探討的，就是這個捆搭概念。他們用扣人心弦的有聲小說（「想做」的事）綑搭運動（「該做」的事）。參與者經隨機分為三組：

- 對照組：參與者在研究開始時得到邦諾書店（Barnes and Noble）的禮物卡。
- 綑搭組：參與者只能在健身房用 iPod 聆聽他們挑選的四部有聲小說。
- 分立組：操作與綑搭組一樣，但是有聲小說是下載到個人 iPod，參與者可以隨時聆聽。

正如誘惑捆搭這個洞見的預測，分立組參與者上健身房的頻率比對照組高 29%。這個結果顯示，單是鼓勵人們把有聲讀物限制在上健身房時享受就能大幅提高上健身房的情況。

綑搭組的效果甚至更好：相較於對照組，參與者上健身房的次數躍增51%，凸顯承諾機制的有效，也就是把「想做的事」完全限制在做「該做的事」時才能進行。雖然誘因的效果確實會隨著時間而減弱，不過在實驗結束時，這類承諾機制仍然有很高的需求：高達 61% 的參與者選擇付費在健身房專用的 iPod 上播放有聲小說。這種對承諾的需求顯示人意識到自己的意志力有限，願意為有效的誘惑綑搭措施付費，強迫自己致力於做「該做的事」。

明白誘惑綑搭的力量之後，你也可以利用它增進運動以外的各種有益行為。比方說，如果你體認到自己缺乏健康飲食的意志力，就可以限制自己只在飲食健康時看你最喜歡的節目；或者，如果你做家事總是拖拖拉拉，就可以只在洗碗或洗衣服時聽一本你想聽的有聲書。如果你知道自己在某些有益行為的意志力薄弱，而且找到一種有吸引力的活動與這種「該做的事」互補，就可以建構你自己的誘惑綑搭。

誘惑綑搭的目的是克服現時偏誤。請思考以下兩種情境：

情境 1： 你要今天拿 100 美元，還是明天拿 110 美元？許多人或許會偏好立刻拿到 100 美元，就可以今天花用，而不必等到明天。「現在」就是這麼有力。

情境 2： 你要一年後拿 100 美元，還是一年又一天後拿 110 美元？因為兩個選項都在遙遠的未來，如果你已經等了一整年，要是再多等一天就可以多 10 美元，那麼你會覺得多等一天也無妨，對嗎？

請注意，你在兩種情境下都可以選擇多等一天多拿 10 美元，但是在第一種情境下，你會比較沒耐心等待。人們傾向於接受較少的當下獎勵，勝於等待較多的未來獎勵，這種傾向稱為現時偏誤。這個觀念很簡單：「現在」就是這麼有力而且難以抗拒。

但是，這種行為可能會出現有趣的逆轉。回想在情境 2 中，你選擇等待一年又一天拿 110 美元嗎？假設時間快轉，現在就是一年後，而我要為你改變規則。本來你選擇再等一天拿 110 美元，可是我現在允許你改變主意，你可以改成現在立刻拿 100 美元。這個新選項與情境 1 相同，所以我們知道你的偏好是什麼：你不想再等一天，所以改變主意，直接拿走 100 美元。這種逆轉稱為動態不一致（dynamic inconsistency），也就是人們事先做好選擇，但是等到行動時刻到來，卻又改變選擇。

現時偏誤和動態不一致是改變行為困難重重的主要原因。未能實現目標的原因並非缺乏動力或計畫不周。如前所述，**成本與利益有時間落差：成本發生在現在；利益出現在未來。**我們經常沒有體認到這些力量有多麼強大。我們承諾於未來，對於自己堅守承諾的能力過於自信。我們立志明天開始節食、運動或戒菸，但是等到「明天」到來，我們再度被舊習慣所誘惑。

這裡有個有趣的例子。心理學家丹尼爾・里德（Daniel Read）和芭芭拉・汎・魯汶（Barbara van Leeuwen）進行零食選擇調查：參與者可以選擇健康但是不太美味的零食，或是不太健康但是比較美味的零食。在比較為現在做的選擇與為下週做的選擇時，有趣的情況出現了：被問到下週想吃什麼時，49.5%的參與者選擇健康零食；但是在被問到現在想吃什麼時，83%的人選擇不健康的零食。[2]

現時偏誤不僅影響人們的食物偏好，在財務上也會造成相當嚴重的影響。例如信用卡債務，由於信用卡公司收取高利率，這是非常糟糕的債務累積方式，而經濟學家梅爾和查爾斯·史普倫格（Charles Sprenger）曾經做過卡債研究。他們先用一些實驗技巧衡量人們的現時偏誤，發現36%的參與者都有現時偏誤。接下來，他們把實驗結果與真實數據做比較，發現有現時偏誤的人陷入卡債的可能性高出16%。[3]

現時偏誤和動態不一致對於如何設計有效的誘因有重大意涵。如果人們現在就想要，現在就給他們。獎勵要在前面就擺出來，不要許諾於太遙遠的未來。如果有人往期待的方向改變行為，請立刻給予獎勵。

還有一個方法可以有效而長久反制現時偏誤和時間貼現，那就是移除障礙以降低現時活動的成本。我們會在第20章討論這個解決方案。

▁▁▁ 重點提示：

行為的改變之所以困難重重，是因為我們有現時偏誤和動態不一致。可能的話，獎勵要即時，藉此提高獎勵的效果。

用誘因
移除行為改變的障礙

　　從父母、醫療專業人士到政治家，你是否曾聽過有人說
「孩子應該多看電視、少運動！」之類的話？體能活動與健康
有正相關，也有許多研究提到控制體重、降低心血管和其他疾
病風險、以及增進心理和情緒健康等好處。[1]

　　這就是為什麼我女兒有一天放學回來告訴我，由於學校刪
減預算，她的體育老師被解僱，現在她一堂體育課也沒有時，
我感到很失望。學校因為預算限制而做這樣的決定是否明智？
換個方式說，想像一所學校的管理階層只關心學業成績（可惜
這通常是事實），現在必須做出痛苦的取捨；如果學生目前每
週有 10 個小時的數學課和兩個小時的體育課，而學校礙於預
算限制，必須取消兩個小時的課程，於是考慮在減少兩個小時
數學課與完全取消體育課之間做選擇。

如果我們希望孩子在學校有優異的成就，每週兩小時的體育課會比多兩小時數學課更有幫助嗎？我們應該讓孩子在下午花更多時間到處跑而不是繼續學習嗎？以目前可得的數據，很難回答這個問題。

　　當政治人物決定削減學校預算時，常規體育運動對教育成就是否重要，成為熱門議題。為了讓這場辯論更有實據，我和同事亞力山大・卡佩林（Alexander Cappelen）、查尼斯、馬提亞斯・艾克斯托姆（Mathias Ekström）、貝提爾・東戈登（Bertil Tungodden）著手探究，運動是否有正向的外溢效應，不只能改善健康，還能提升學業成績？

　　根據民間智慧，答案是肯定的──我們經常聽到「健康的心智、健康的身體」這種說法。美國醫學研究院（Institute of Medicine）發布的一份報告顯示，「相較於文靜的孩子，活潑好動的孩子比較容易專注，能更快完成簡單的規定事項，而且工作記憶和解決問題的能力較佳，標準化學術測驗的成績也較好。」[2] 這是每個家長的夢想：把孩子丟進小聯盟，數學成績就名列前茅。

　　可是，這些先前的研究發現有「相關、而非因果」的問題：多運動的孩子學業成績好，原因有很多，比方說，或許是因為他們的自制力或意志力較強。也就是說，他們的學業成績並不是因為多運動，而是因為其他特質讓他們多運動，而且學業成績好。醫學研究院的研究結果觀察到的是簡單的相關性，而不是因果關係。我們不能因此斷言運動有助於提升學業成績。

免費健身房

　　要確立可信的因果關係，並提供適當的政策建議，就需要做實驗。為此，我和我同事設計誘因，鼓勵學生多運動，然後觀察他們的學業成績是否提升。[3] 我們隨機指派參與者去或不去健身房，直接探究運動對學業成績的影響。

　　為了檢驗運動可以提高學業成績的假設，我們設計誘因，鼓勵大學生上健身房，並衡量運動量增加對其學業成績的影響。我們進行這種介入措施時，會盡可能達成規模擴延性；也就是說，如果有人想要真正實行研究的建議並改變政策，實驗的結論在實務規模，也是務實而可行。在教育領域，誘因設計的一個重要顧慮就是，每當我們想要實行誘因措施，都會受到教育工作者的強烈反對，他們認為學習應該出於內在動機，而不是外在誘因。不久前，我向洛杉磯一所中學的教師說明我在誘因的研究工作。光是提到以誘因激勵學生的想法，就足以讓他們跳腳——他們對我的想法不以為然。他們主張（立足於之前討論到的排擠效應），如果付錢給學生達到教育成就，他們或許在短期內會進步，但是在長期不會對學習有興趣。有鑑於這個困難，我們認為按參與者上健身房次數發獎金的簡單方法在實務的政治氛圍下不可行，於是選擇一種以消除障礙為基礎的間接方法。我們在挪威卑爾根的兩所大學召募學生參與實驗。在這兩所大學，每學期的健身房會費大約是 140 美元。我們不是付錢給上健身房運動的參與者，而是提供免費會員資格。我們邀請還不是健身房會員的學生，免費給他們一張健身房通行卡，藉此消除運動的一個重大障礙——會員費。

回應實驗邀請的參與者會填寫一份調查問卷，幫助我們了解他們的生活方式和習慣，例如學習時間、生活滿意度和自制力。然後，我們從 778 名參與者中隨機挑出 400 名，分配到實驗組；這 400 名參與者會得到免費的健身房通行卡。所有參與者都同意讓我們蒐集他們在健身房的掃瞄數據，因此我們可以衡量他們在當學期上健身房的總次數。他們也同意我們查詢個人成績和完成課程數的行政資料。

一如預測，以免費健身房會員資格移除運動障礙後，參與者使用健身設施的機會增加。對照組的學生上健身房的人數很少，而實驗組裡大多數學生（得到免費健身房通行證）至少去過一次。

但是，這項研究的目的當然不是證明學生會因為得到健身房免費會員證而增加運動。我們想探究的是運動對學業成績的影響。根據民間智慧，我們預測鼓勵體育運動與學習成績提升之間有正向的因果關係。由於我們可以得知每個學生學業成績相關的完整資料，所以能夠據此解答我們要探究的問題。我們得到的大量資訊，包括考試紀錄和每次考試成績，還有相關的學分數。

一如我們的預測，鼓勵體育運動能夠使學業成績突飛猛進，平均提升 0.15 個標準差。在那些實驗前生活作息混亂並表示自己有疲勞問題和自制力低落的學生，正向效應甚至加倍。我們也進行一項後續調查，問題類似一開始的問卷，結果發現免費會員資格這項誘因是提升生活方式的原因。

我們的實驗結果指出，鼓勵體育活動能引發生活習慣的正向改變（改善飲食、更長的睡眠時間等），最終提高學業表現。這些結果對於當前進行的辯論很重要，因為它們找出運動與學業成就之間以生活方式習慣為調節變項的因果關係。研究結果顯示，政策制定者應該仔細考量預算削減的選項。很多時候，體育課是最先被犧牲的項目（再見了，體育老師，離開時別忘記帶走你的籃球！）在美國，人們愈來愈擔心體育不再是學校教育的重點項目：有些地方有一半的學生表示平時週課表沒有排體育課。[4] 政策制定者一直在打安全牌，以為多一小時數學優於多一小時運動。其實，一小時體育課的影響，可能比數學課多加一小時來得更大。

移除障礙的重要性

現在我們回頭看看那個苦苦戒不掉啤酒又缺乏運動的約翰：還有什麼事物是他去健身房的阻礙？約翰舉出很多理由為自己保持現狀開脫：健身房的地點太遠、費用太貴等等。我們要怎麼幫他？誘因有助於移除障礙。

就像前面的例子，對於有些人來說，健身房免費或許就足以讓他們起身去運動。對於其他人來說，轉換成本可能是另一種障礙。也許約翰的問題不是會費，而是健身房的地點。他的

誘因設計
MIXED SIGNALS

健身房離住家很遠，但是他不想花時間和精力找一家比較近的健身房。他的慣性構成程序性轉換成本：要換健身房就必須研究有哪些健身房比較近，還要實地參觀、比較成本，了解付費的方式和時間等等。由於這些轉換成本構成障礙，約翰一直留在他付了錢但是從來不去的那家遙遠的健身房。誘因在這裡可以派上用場：如果較近的健身房有足夠的補貼，這樣約翰就願意著手研究並換一家健身房。

最近有一項實證研究證明，補貼健身房會員費以消除障礙，可以有效提高健身房的使用率。經濟學家塔蒂亞娜·霍莫諾夫（Tatiana Homonoff）、巴頓·威拉奇（Barton Willage）和亞歷山大·威倫（Alexander Willén）在一所大學展開一項大規模的健康計畫，每年蒐集 10 萬筆學生觀察資料以及健身房 150 萬使用人次的數據。[5] 在這項計畫下，6 個月內至少上健身房 50 次的學生可以拿回會員費。雖然我們和霍莫諾夫等人的研究方法都是移除運動障礙，但是我們是預先給學生免費會員，他們則是在學生達成使用目標後提供會費退款。兩項研究的另一個重要區別在於，我們做的是隨機分組實驗，而他們是採用自然實驗，在參與者沒有經過隨機分組下觀察退款措施實施之前、期間和之後的長期影響。他們的研究蒐集到五年期間健身房每日使用的個人管理資料，包括誘因措施實施前一年、介入期間三年，以及措施結束後一年等資料。

一如預期，霍莫諾夫等人發現，計畫的誘因激勵對參與者達到 50 次使用門檻（也就是可以退回會費的水準）有顯著影響。此外，退款計畫還讓學生每學期上健身房的平均次數增加約 5 次，比整體平均值高出 20%。最重要的是，這些結果顯示，誘因的成效在移除誘因之後還能保持 50%。研究結果告訴我們，對於像約翰這種因為健身房較遠而從來沒去，卻一直付錢的人來說，降低轉換成本、補貼較近的健身房應該可以刺激他開始上健身房，甚至養成長期的運動習慣。

除了促進運動，這種移除障礙的方法也能成功改變消費者行為，達到節省能源的目標。美國公用事業顧客參與平台 Opower 定期向數百萬美國家戶郵寄家用能源報告（Home Energy Report），內附一些個人節約能源小訣竅。這項介入措施沒有像前述各項案例那樣採用財務誘因，而是利用**社會比較**：報告會顯示顧客與鄰居在能源使用上的相對情況。這份對照報告能發揮社會訊號的力量。如果一個家戶在一個月內消耗的能源明顯比鄰居多，可能顯示這戶人家浪費或是反環保，因而傷害形象；反之，如果家戶的能源消耗相對排名較低，會被視為具有環境意識。根據經濟學家杭特・艾爾考特（Hunt Allcott）和陶德・羅傑斯（Todd Rogers）的說法，收到報告的家戶明顯減少能源消耗，而且在家戶沒有收到報告之後，這種效應仍然持續存在。[6] 雖然社會比較的正向效應會隨著時間衰退，不過仍然處於顯著水準。

能源消費報告如何消除節能障礙？亞歷克斯・布蘭登（Alec Brandon）領導的經濟學家團隊分析 2017 年的 Opower 數據後得到結論：客戶的行為改變大部分不是由於習慣的改

變，而是資本投資。[7] 以下是一種可能情境：傑克收到每月的家戶能源報告，發現自己每個月的能源使用量比鄰居高出許多。他很在意，於是巡了巡房屋，看看有什麼可以做調整，以節省能源和金錢。後來，傑克把房屋的燈泡換成節能燈泡。社會比較的誘因能激勵像傑克這樣的能源用戶克服改採優良技術而產生的轉換成本，例如購買高效率的設備。

不只在健康和節能，以誘因降低轉換成本也可以用於其他領域。商店有許多促銷活動都是從這個概念出發。就以我們的購物習慣為例：大部分人到大賣場買衛生紙時，都會重複購買同樣的品牌。頭幾次挑選衛生紙品牌時，我們可能會花精神比較選項和價格，也許會試幾個品牌。不過，等到我們碰到滿意的選擇，幾乎就會不知不覺地一再買同一個牌子。要跳脫這種消費者慣性，成本高昂。這些成本可能是自然成本（例如要花費更多時間和心力研究競爭產品），也可能是人為成本（例如放棄公司為維持顧客忠誠度而發放的重購折扣）。

如果 Scott 衛生紙想要破除消費者的習慣，說服 Charmin 衛生紙的忠實顧客換成它的牌子用用看，或許會舉行有吸引力的促銷活動，例如買一送一，做為降低轉換成本和移除障礙的誘因。Charmin 顧客看到促銷，可能會移步到 Scott 衛生紙的貨架。如果他們購買、用過並覺得不錯，Scott 可能就會成為他們買衛生紙時的新首選品牌——即使在促銷結束之後也是如此。

還有另一種轉換成本：從 Charmin 衛生紙換成 Scott 衛生

紙時不會體驗到，但是假設從蘋果手機換成三星手機時就會很有感。在放棄具有獨特認同和強烈忠誠度的品牌時，我們可能會經歷一種「關係面」的轉換成本，也就是打破認同關係造成心理上或情感上的不舒服。[8] 例如，T-Mobile 曾經為了補貼這種關係轉換成本而推出一項促銷活動：如果顧客決定攜碼轉台，T-Mobile 會負擔每個門號高達 650 美元的轉換費。[9] 可想而知，因為這項促銷活動而攜碼到 T-Mobile 的顧客之後會維持一段時間。

為了增加市場競爭，立法者經常針對轉換成本高昂的產業制定政策，目的是削弱相關企業的市場力量。例如在個人手機服務市場早期，顧客不能像現在這樣輕易更換電信公司，而且轉台還必須換號碼。聯邦通訊委員會（Federal Communications Commission，FCC）認為這是重大的轉換成本，於是要求所有無線電信業者必須在 2004 年之前開放攜碼。幾年之後，朴敏君（Minjung Park，音譯）探討這項新政策對無線通訊定價的影響。朴檢視約 10 萬個資費方案，發現無線通訊資費方案的價格在 FCC 裁決後的 7 個月內下降 6.8%。[10] 大幅降價顯示缺乏門號可攜性是轉換的重大障礙，而一旦 FCC 移除這個障礙，公司只好以降價來留住客戶。

請留意，誘因當然可以用來降低轉換成本，但是也可以用於構築轉換成本。許多公司利用箇中的巧妙，以誘人的前期交易吸引客戶，然後創造獨特的便利性並提高轉換成本，以「鉤」住顧客繼續使用他們的產品。假設報稅軟體 TurboTax 提供 15

美元的產品折扣，於是你決定試一下，今年用它來報稅。系統要求你輸入從住址到工作場所名稱等大量個人與財務資訊。你花了大把時間和精神填完所有必要資訊之後，高興地發現TurboTax可以保存所有資訊，留待來年使用。這下子，即使你下個年度發現另一種更便宜的報稅軟體，但是為了省卻煩人的轉換成本，你可能還是會繼續使用TurboTax。無獨有偶，亞馬遜的「一鍵下單」（1-Click）專利也是利用這個成本：顧客只要輸入一次運送和付款資訊，日後就可以直接購物，省去拿出信用卡、重新輸入住家地址的麻煩。這項專利為亞馬遜帶來多少營收，確切數字雖然不清楚，但是據估計每年應該有數十億美元。

📊 重點提示：

誘因有助於移除行為改變的障礙。善用誘因降低轉換成本，讓活動的採納更容易。

PART 6

實例分析 1：
設計「習俗革新」
的誘因

我們已經確立誘因的力量，並且見證有效的誘因如何塑造對你有利的故事、辨識並解決複雜的問題，還有在長期改變個人行為。那麼，社群層面的行為改變呢？誘因設計的力量是否夠強大，足以改變幾個世紀以來在社群歷史中普遍存在而根深柢固的文化習俗和傳統？

　　這個挑戰不同於我們目前為止遇到的挑戰，例如鼓勵懷孕的母親長時間戒菸或是激勵員工不要開車上班。要引進文化變革，必須先處理個人層面和社群層面的文化傳統。文化歷經幾個世紀的演變，通常具有韌性且根深柢固，牽涉相互關聯的因果力量和廣泛的社會影響。然而，所有的社群傳統都是由個人行為所組成，而每一項個人行為最終都取決於誘因。我們可以利用設計準確、實施謹慎的誘因，以長遠而有益的做法根除並取代有害的傳統。

本書的 Part 6 要轉換場景，前往馬賽人居住的東非肯亞和坦尚尼亞。我們要運用誘因，嘗試解決和改變一些危險而有害的文化習俗。如果能夠成功，不但能改善這個地區共生而長遠的生態系統，也能挽救數十萬個年輕女孩，免於遭受磨難——有時候甚至是逃過死亡。

　　警語 以下幾章包含敏感內容，可能不適合所有讀者。

第 21 章

與自然搏鬥 vs. 與生態共存

你可能想像得到，只用一支長矛殺死獅子是相當危險的事。16 歲的馬賽男孩薩姆森（Samson）正要去做這件事。這是他的成年儀式。他要藉此向他的部落證明他的勇敢和力量，宣告他會成為一名戰士。他從幼年開始就在為這一刻做準備，聆聽馬賽族的睡前故事，聽英勇的戰士如何用長矛刺穿可怕的獅子，拯救他們的村莊。

你可能覺得這一切聽起來有點誇張，不過這是事實，沒有一點誇大——殺死獅子是薩姆森所屬文化的核心。馬賽人是一支位於肯亞和坦尚尼亞的尼羅特民族。[1] 他們沒有銀行帳戶或豪華汽車，他們把所有的錢都拿來買牲畜。如果你的銀行帳戶遭到掠奪，你會無所謂嗎？你可能會拚命保護自己的財務——同理，馬賽人也有充分的經濟理由追殺那些獵殺他們的牲畜、威脅他們生計的獅子。

讀到這裡，你可能覺得奇怪，加州大學聖地牙哥分校的教授怎麼會和這個故事扯上關係。請容我做個簡短聲明：我在肯亞和坦尚尼亞期間沒有用矛刺過任何獅子；不過，我確實花了一些時間與馬賽人相處，了解他們如何能夠改變獵殺獅子的悠久傳統。

當我提到野生獅子，你可能會把牠們想像成殺手，巴不得有偶爾出現的胖嘟嘟遊客或不小心的部落住民給自己加餐。但是獅子其實和許多動物一樣，通常會避開人類。不過，獅子有時候會攻擊牲畜，而這通常是環境條件惡劣所致，例如遇到乾旱，或是失去父母的幼獅沒有足夠的力量獨力捕獵野生動物。這種攻擊出現在馬賽人的家園時，馬賽戰士會追趕並用矛刺獅子，主要是防止牠再次攻擊牲畜。馬賽人和獅子在這種均衡狀態下生活長達數百年。

然而，過去數十年間，肯亞的獅子數量因為經濟發展而大幅減少，而馬賽人的獵獅傳統對事態幾乎談不上有益。1928年，肯亞人口只有 290 萬；接下來的一個世紀，人口數量增加 16 倍以上：2019 年超過 5,200 萬，而且還在不斷增加中。[2] 人口隨著經濟發展而成長，兩者共同導致自然棲息地的喪失，獅子數量因而進一步減少。非洲的野生獅子 30 年前大約是 20 萬隻，目前已經減少到只剩約 2 萬隻。[3]

獅子數量減少有多重不利影響，首要就是這些對肯亞的國際形象有諸多貢獻的華麗動物的消逝。此外，就像任何瀕臨滅絕的物種，獅子數量的減少會破壞食物鏈的平衡。此外還有經濟面：獅子是肯亞旅遊業的重要資源，帶來龐大的經濟效益。當獅子數量開始下降，有些人也在思考，是否能夠利用誘因改變馬賽人本於經濟需要而保護牲畜的殺獅傳統？

　　我和朋友在飛往肯亞的飛機上討論到這個問題，我們都很開心能見到那些站在第一線化解這個僵局的人。一架小型塞斯納飛機從奈洛比（Nairobi）起飛，帶我們抵達位於肯亞南部、與坦尚尼亞為鄰的目的地。飛機著陸後，我們與路卡・貝爾皮特羅（Luca Belpietro）會面。路卡是個充滿活力、幹勁十足的義大利人，出生、成長於義北地區，小時候第一次和父親一起去非洲；他的父親是狂熱的大型動物狩獵者──以一個長大後成為堅定的自然資源保護主義者的人來說，這樣的出身背景相當有趣。1996 年，路卡和妻子安東奈拉・波諾米（Antonella Bonomi）創辦「藏寶園」（Campi ya Kanzi），這個生態旅遊營區就位於馬賽族的荒野保護區，映襯著吉力馬扎羅山與海明威（Ernest Hemingway）筆下「非洲的青山」令人屏息的風光。

　　我們前往藏寶園的主樓，與路卡一起吃晚飯。路卡手裡拿著一杯渣釀白蘭地，斜倚著壁爐，和我們說起他十幾歲時在義大利的往事：他在自家房子外面搭帳篷，住在裡面，為的是讓父親相信他已經準備好加入他的非洲探險之旅。

　　路卡在這些探險之旅中愛上肯亞，最後選擇搬到馬賽人的土地定居，和妻子共同建立自己的家園和生活。他們的孩子和馬賽孩子一起上學，他們最好的朋友是部落族人。然而，當被問到他與馬賽人的關係時，路卡回答說：「還在發展中。馬賽世界獨一無二。如果你不是生為馬賽人，就不得其門而入。我很高興有些窗口為我打開，讓我偶爾得以一窺那個世界。」[4]

不過，路卡並不是那種耐心坐等窗口打開的人。他是個充分尊重並理解馬賽傳統的行動派，成立馬賽荒野保護信託基金會（Maasai Wilderness Conservation Trust）來協助社群。基金會僱用 3 百多名馬賽族人，致力於保護野生環境、馬賽土地和文化。[5] 基金會最著名的支持者是演員愛德華・諾頓（Edward Norton），他愛上這裡的人和土地，並且成立基金會的駐美分支機構。諾頓邀請一些馬賽人與他一起參加紐約市馬拉松比賽，幫助基金會提高知名度。其中一名跑者是薩姆森・帕拉什納（Samson Parashina），也就是你在本章一開始看到的那個男孩。他現在已經 37 歲，不再是個拿著長矛躲在草叢裡的男孩。他泰然自若地站在路卡身邊，用流利的英語解釋他們兩人如何相遇。

薩姆森在接受馬賽戰士的訓練時，同時在藏寶園的餐廳擔任服務生。就像他那些接受戰士訓練的同儕一樣，他也學會如何使用長矛保護牲畜，並在必要時殺死獅子。不過，同一時間，隨著他在藏寶園不斷升遷，他也在學習管理知識。他憑藉東西合璧的經驗，前往奈洛比的一所大學繼續深造。路卡看到薩姆森的潛力，等薩姆森一畢業就將藏寶園交給他管理，後來薩姆森還成為基金會的總裁和董事長。

薩姆森對我說明，他擔任這項職務的首要任務之一就找到獅子數量急劇減少的對策。薩姆森就任時，藏寶園所在的庫庫牧場（Kuku），獅子數量已經減少到只有十隻。在鄰近地區，獅子數量從十年前的 3 百多隻減少到勉強撐在 70 隻左右。儘管獅子數量的折損有部分要歸因於蠶食式的開發，馬賽人也要承擔部分責任。2000 年初有一百多隻獅子遭到當地的馬賽人獵殺，而且這股趨勢還在持續。[6] 為了解決獅子數量減少的問題，路卡和薩姆森一起設計出一項財務誘因計畫，名為「辛巴計畫」（Simba Project，「simba」在史瓦希利語〔Swahili〕的意思是「獅子」）。

傳統上，當獅子殺死一頭牛，身為牲畜主人的長老就召集戰士，這些戰士會合力追趕並用矛刺殺獅子。雖然這種應對方式無法補償長老死一隻牛所遭受的損失，但是確實成功防止獅子未來對牲畜的攻擊。辛巴計畫針對擁有牲畜的長老設計誘因，目的是改變這種造成獅子數量減少的動態。

路卡和薩姆森說明，根據辛巴計畫，如果該地區在牛隻擊殺事件之後沒有獅子遭到獵殺，身為死亡牛隻主人的馬賽長老就可以得到財務補償。

這項誘因計畫改變族中長老所面對的現實。在這個新現實下，如果長老召集戰士，要他們追殺獅子，就無法得到補償。同時，如果戰士不獵殺獅子，長老就有資格得到補償。於是，你可以看到長老在辛巴計畫下有告訴戰士不要追殺獅子的動機。辛巴計畫也針對其他野生動物（如鬣狗、豹子、獵豹和野狗）的衝突所造成的牲畜損失提供金錢補償。把這些動物納入補償計畫，對於落實不追逐掠食動物的規範以及保持食物鏈平衡都非常重要。

原來的決策路徑（在啟動辛巴計畫之前）如下方賽局樹狀圖所示。簡單說，獅子殺死一頭牛，長老必須決定是否要召集勇士。如果決定不要，結果對他不怎麼理想：他少了一頭牛，而獅子可能會回來殺死另一頭牛（結果 #1）。如果決定召集戰士獵獅，他還是少一頭牛，不過獅子不會再回來，損失另一頭牛的風險因此降低（結果 #2）。對於長老來說，結果 #2 比結果 #1 好，因此長老會召集戰士。

賽局決策樹狀圖能讓我們考量誘因對每個「玩家」的影響，藉此協助我們判斷把誘因放在流程裡的哪個環節會最有效。在我們的賽局樹狀圖（圖 30）中，戰士與長老都是「玩家」。請注意，他們並非處於競合關係，但是一方的決定仍然

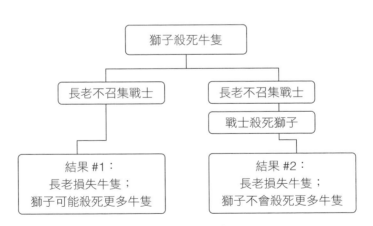

圖 30 啟動辛巴計畫之前，馬賽殺獅的誘因：對於長老來說，結果 #1 ＜結果 #2 → 獅子遭到獵殺。

會影響另外一方的報酬。長老的報酬是存活的牲畜，戰士的報酬是藉由獵殺獅子完成成人儀式——成為一名戰士。

路卡和薩姆森決定以長老做為辛巴計畫誘因設計的核心，改變他們召集戰士的報酬，他們創造一個更有吸引力的替代方案。薩姆森在一次部落會議向長老講述補償計畫：如果長老不召集戰士，而是向辛巴計畫的檢核人員報告事件，就能得到對死亡牛隻的補償。獅子會繼續活著，而如果牠之後又回來殺死牛隻，長老還是能得到補償（樹狀圖裡的結果 #3）。

薩姆森第一次在部落會議解釋計畫時，路卡看到長老們的表情，從一開始的困惑和搖頭，後來轉成了理解和默然同意，一個接著一個點頭。長老們離開會議後，路卡和薩姆森都在思考同一個問題：這樣的誘因是否足以改變長老的行為和部落長

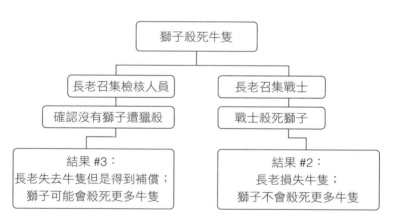

圖 31 啟動辛巴計畫之後，馬賽殺獅的誘因：對於長老來說，結果 #3 > 結果 #2 →獅子不會遭到獵殺。

誘因設計
MIXED SIGNALS

期以來的傳統？

讓計畫奏效的一個關鍵決策是補償金額。如果辛巴計畫給每位沒有召集戰士獵獅的長老一筆高到荒謬的補償金，比方說 100 萬美元，計畫當然會有效——誰會對這麼多錢說不？可是，這樣一來，計畫會在死第一頭牛時就破產，問題也會繼續存在。

辛巴計畫真正的做法是根據被殺死牲畜的市場價值做補償。相較於與獅群相關的觀光旅遊業為馬賽人帶來的經濟利益，補償金似乎還算是一個可以負擔的價格。這種財務計算是辛巴計畫在經濟上可長久的條件，因此非常重要。路卡解釋道，這項計畫的資金完全由藏寶園的賓客挹注：住宿費用的附加稅會轉用於補償因掠食動物襲擊而造成的牲畜損失。換句話說，來到藏寶園體驗荒野的遊客，同時也在為保護荒野計畫貢獻資金。

.ıl. 重點提示：
誘因可以改變報酬，從而改變文化。

第 22 章

預防保險詐欺與
道德風險

〰

任何計畫的成功都取決於細節。看到第 21 章所描述的辛巴計畫,你可能已經想到誘因設計中一些潛在的問題。這項計畫其實就是針對獅子殺害牲畜事件給長老一張保單,就像我們在西方國家為汽車投保事故險一樣。也就像任何保單一樣,辛巴計畫也要面臨策略挑戰。本章會討論兩項主要挑戰,還有薩姆森和路卡如何合力尋找解決方案。

保險詐欺

如果你以為保險詐欺是西方社會的發明,你最好再想想。肯亞的長老會得到獅子保險,而薩姆森擔心會有獅子保險詐欺。他體認到,這項計畫第一個、也是最明顯的挑戰就是確保長老如實報告事件。如果長老濫用辛巴計畫圖利,計畫就會失敗。

比方說有個長老有一頭病牛。辛巴計畫啟動之後，長老可能會忍不住讓生病的「受保牛」進入獅子的領地；這頭倒楣的牛當然會被獅子殺死，然後長老就能把牛隻的死亡當成獅子攻擊事件，理直氣壯地要求賠償。我們用賽局樹狀圖描繪這個情境，同樣以長老為玩家，而他有兩種選擇：① 讓牛自然死亡，得不到補償，或者 ② 讓牛在獅子附近徘徊，期望牠受到攻擊，長老就能得到補償。

保險類詐欺形形色色，對策也是。你可能還記得《黑道家族》（Sopranos）有一集〈誰做的好事〉（Whoever Did This）裡的劇情：東尼心愛但是跛腳的賽馬 Pie-O-My 在一場神祕火災中喪生，[1] 而東尼一下子就推敲出 Pie-O-My 的共同所有者拉爾費是火災背後的藏鏡人。根據拉爾費的算計，Pie-O-My 這個時候死去比活著更值錢，於是派人縱火燒毀馬廄（連馬一起陪葬），好領取保險金。東尼自有辦法處理這種行為。他立刻開車到拉爾費的家，當面與他對質，然後赤手空拳把他打死。

路卡和薩姆森的辦法不像東尼的那麼極端，而是採用一種嚇阻詐欺的執法機制。第二天，薩姆森接到申報案件，邀請我們同行，我和朋友因而得以目睹他們的解決方案如何執行。在前往案件現場的路上，薩姆森向我們說明，他和路卡在基金會成立一個「檢核人員」小組。這些檢核人員負責看管庫庫馬賽 28 萬英畝的土地，職責是權衡族人提出的賠償申請，就像車險理賠員一樣。

當我們接近馬賽人的屋舍聚落時，一名檢核人員騎著摩托車停在我們旁邊。我們一起去拜訪那位長老。他站在他的屋舍外面，焦急地等待我們。檢核人員首先請長老解釋事情發生經過，並邊聽邊記下長老的敘述內容。初步訪談之後，長老帶我們來到他的山羊被殺的現場。檢核人員只需要幾分鐘就能確認事件內容。他好心地告訴我們，他相信長老說的是實話：他可以從現場的爪印和其他追蹤指標清楚判斷，確實有幾隻鬣狗襲擊山羊。薩姆森進一步說明，這些檢核人員都訓練有素，可以在幾秒鐘內分析索償請求的真實性，而且準確得不可思議。

不過，勘查程序不是到此結束。在檢核人員用有 GPS 功能的智慧型手機拍攝現場照片和影片時，薩姆森向我們解釋，證據已經自動做地理標記並輸入資料庫，進行整套程式的統計分析。檢核人員對本案的最終分析和結論很明確：山羊與聚落的距離在合理範圍之內，因此賠償要求有理。即使如此，他還是把理賠申請輸入資料庫，在補償正式批准之前由團隊做進一步分析。他回到摩托車上時，給身為案主的長老一張補償金兌領券。薩姆森告訴我，這項計畫剛開始實施時，這種嚴格的檢核系統的消息就已經傳開，因此長老們很快就明白他們無法虛報事件欺騙這些檢核人員。

道德風險：我何必要修籬笆？

解決保險詐欺問題之後，路卡和薩姆森還要面臨第二個挑戰，那就是經濟學家所說的「道德風險」（moral hazard）。

根據這個理論，一個人只要能為某個事物投保，例如車子或房屋，就比較沒有動機去確保它的安全。舉個例子，如果你的車子沒有保險，失竊時你會損失車子的全部價值。因此你有很強烈的動機要確保這種情況不會發生。以此而言，沒有保險的車主比有保險的車主更可能採取額外的防範措施，像是方向盤鎖。如果你有保險，車子失竊時你可能還是會不開心，但是因為知道至少可以從保險拿回大部分的錢，受到的打擊因而大幅減緩。因此，儘管乍看有違直覺，但是最破舊的汽車（如圖32 裡的那一輛）通常會有額外保護措施，因為這些汽車一開

圖 32　這輛車又破又舊，卻上了方向盤鎖，你能猜出是為什麼嗎？停車場裡的其他車都沒有方向盤鎖。

始就不值得投保！

隨著辛巴計畫的實施，薩姆森發現馬賽部落很容易出現道德風險問題。當我們走回停車處時，他指出屋舍聚落周圍是有刺灌木做成的圓形籬笆，目的是保護家庭免受掠食動物的侵害。籬笆內還有另一道圓形籬笆，而牲畜就住在兩圈籬笆夾成的環形空間裡。這些籬笆的維護需要同村協力，持續投入大量心力。

路卡和薩姆森一開始擔心，如果牲畜有保險，長老就沒有努力保護牠們的動機——這和覺得沒有必要裝方向盤鎖是一樣的意思。當然，他們還是比較喜歡獅子不來攻擊的夜晚，只是他們維護籬笆的壓力或許會輕很多。相較於與對詐欺事件的顧慮，說服長老妥善保護有保險的牛隻，這件事與詐欺行為的可能性無關。可是，從計畫的觀點，疏忽大意並非基金會所樂見，因為疏失可能導致出險而申請補償。

為了解決這個道德風險問題，路卡和薩姆森在設計辛巴計畫時，對於聚落房舍籬笆規格有清楚的規定。根據計畫的規定，房舍籬笆的高度至少要有 2.4 公尺高，表面有高密度覆蓋物，不能有掠食動物可以趁虛而入的開口，而且大門必須安全穩固。基金會聘請馬賽專家教育長老，提升他們的牧養策略以及籬笆建造技術。檢核人員在受理補償案件時，除了與長老訪談、檢查現場之外，也會檢查房舍建築。如果他們確定房舍維護不當，或者是牧養不符合辛巴計畫的規定，補償金可能會視缺失嚴重程度而減少。

為了因應道德風險問題，辛巴計畫提供三類補償。[2] 第一類的補償最高，適用於牲畜以認可方式牧養或是安全地待在建造工法適當的聚落裡卻受到攻擊的案件。在這些情況下，長老可以獲得牲畜的市場價值的 70%。就像汽車保險，長老不會得到全額補償，原因類似大多數保單都設有共付額（copay），這樣當事人才會保持一定程度的誘因避免事件發生。另外兩類是遞減補償，給付的是牧養或是房舍安全有問題的案件。

॥।॥ 重點提示：

別傻了——保險會削弱當事人謹慎小心的誘因。

第 23 章

用誘因
改變對英勇的定義

一位長老憶述道：

成爲一名戰士是興奮而有趣的事；這個身分擁有許多
特權，不過也要承擔許多義務。許多戰士都把那些時
光視爲生命中最美好的時光——雖然絕對不是最輕
鬆的時光。要成爲戰士，我們必須展現我們的英勇：
我們必須在全體族人面前接受割禮，沒有一絲退縮，
眼睛連眨都不眨一下，也不能顯露任何痛苦的跡象。
畢竟，如果我們不能勇敢承受可以忍受的痛苦，又
要如何說服長老，我們會冒著生命危險保護我們的
牲畜和我們的族人？

因此，馬賽男孩從小就接受訓練，不只要殺死掠食者，還
要忍受劇烈的身體疼痛，才有辦法在 15 歲接受割禮時不流一

滴眼淚。舉行割禮儀式時，族裡所有 15 歲的男孩坐成一排，面無表情地看著割禮者走來，逐一為他們行割禮。哭泣或是流露任何痛苦被會認為是情節重大的軟弱表現，也會讓部落蒙羞。

我們目前的討論一直聚焦於長老以及如何改變他們的報酬。那麼，戰士對這項計畫有何觀感？他們會袖手旁觀，被動地接受傳統的消逝嗎？隨著經濟發展，儘管有許多肯亞人現在都享有現代的生活方式，但是馬賽人還是自豪地依照祖先留下來的傳統構建他們的社會。他們現在雖然更常在一個地方定居，但是仍然認為自己是半游牧民族，每個人還是扮演傳統的角色。女性負責撫養孩子、照顧山羊和綿羊，以及照料家務。馬賽族是極端的父權社會，你在拜訪他們時很快就會發現，有些性別角色與我們在西方世界的習慣不同。

當我和朋友抵達營區時，男人出來迎接我們，女人把我們的行李搬到帳篷裡。一般而言，女性比男性工作更吃重。不過，戰士仍然由年輕人擔任，職責是保護部落不受掠奪者和敵人的侵害。長老（完成戰士責任的人）對自己統治部落的角色非常自豪，而且這種自豪感不容輕忽，特別是考慮到戰士的傳統時。

薩姆森向我們解釋殺死獅子如何成為一種成年禮，除此之外，馬賽戰士的身分地位取決於對部落福祉的貢獻。薩姆森有個朋友就回憶道：「我們現在屬於一個年齡群，有與我們分擔責任和義務的同儕。我們有嚴格的戒律。我們不能在家吃肉；

我們要吃肉，就必須和其他戰士一起進入叢林捕殺動物，以免我們吃到原本應該給其他家人吃的肉。我們不能喝酒、不能嗑藥：我們需要隨時保持警惕，隨時準備為拯救我們的牲畜或保護我們的部落立刻採取行動。」這些年輕人肩負部落的重責人任，滿懷驕傲地成為能力齊備的戰士，一直到 30 歲左右才轉變身分，成為長老並娶妻生子。

薩姆森自己就曾經是一名戰士，因此很快就意識到，讓戰士參與辛巴計畫是需要因應的關鍵挑戰。路卡和薩姆森預期，財務誘因足以促使長老擺脫傳統，但是他們發現戰士沒有改變行為的誘因；畢竟，他們的成年禮仍然是用長矛殺死獅子，也是他們從男孩成為男人的必經關口。

辛巴計畫不只需要為牲畜的死亡補償長老，也要為傳統的轉變補償戰士。因此，計畫創建另一個稱為「辛巴偵察隊」（Simba Scouts）的團體。在檢核人員處理賠償事件時，得到培力的辛巴偵察隊則負責一項與戰士傳統截然相反的任務：保護獅子。這個團體由有地位的戰士組成，有些成員在獵殺獅子方面有豐富的經驗，而他們現在要負責保護獅子。基金會借助於教育以實現這項轉變：戰士不分年輕或年長，現在都了解保護獅子的重要性。年長而經驗老到的戰士協助基金會教育年輕的戰士，讓他們慢慢開始改變觀點。許多年長的戰士在獵殺獅子時親眼目睹朋友死亡，因此樂於見到一種能同時保護生命和保存戰士傳統的生活方式。辛巴偵察隊重新定義馬賽戰士的核心價值——英勇不是表現在殺死獅子，而是保護獅子，從而防止

誘因設計
MIXED SIGNALS

不必要的死亡，並提升戰士和獅子的共生環境。辛巴偵察隊也在部落發揮重要作用，要向牧人通報附近獅子的位置，以防止牲畜損失。

辛巴計畫藉由改變敘事，創造成年禮的替代儀式，讓戰士保留他們的驕傲與傳統的戰士角色。他們用新誘因改變故事，緩慢地扭轉潮流。漸漸地，許多戰士開始申請在辛巴偵察隊任職，因為他們理解這項職責現在是戰士的角色，可以過著不錯的生活，又能保存傳統。

我在肯亞期間有幸見到偵察隊小組的領導者，而且有機會親眼目睹他們的行動。23 歲的大衛・卡奈（David Kanai）是個有領導魅力、運動神經發達的馬賽戰士；一天早上，他邀請我們加入他的小組，到山坡尋找獅子。我們和 6 名穿著傳統馬賽服裝的偵察隊員一起走去搭吉普車上山。他們用舊車胎製成的涼鞋擦過小徑，長矛準備就緒，精巧打磨過的刀子在皮帶上鏗鏘作響。偵察隊員很高興有同伴隨行，一路上展示他們令人讚嘆的擲矛力量（也嘲笑我彆腳的擲矛功夫）。

我們坐上吉普車朝山上駛去時，大衛和他的偵察隊員向我們簡報他們的計畫，並解釋我們的行為規範。抵達目的地後，我們走下吉普車，他們立刻收斂起原本的一派輕鬆，迅速列隊，提高警覺，偵察周圍情況。大衛解釋說，辛巴偵察隊的部分工作是借助於特殊的追蹤項圈監視獅子在區域內的活動。他從腰帶取下一根天線，用於檢測該地區獅子佩戴的項圈所發出的訊號。這是偵察隊用來找到獅子的舊式技術，雖然精確度不高。偵察隊更充分掌握獅子整體的行動和行為後，就能保護獅群和馬賽人。他們的工作是減少人類和野生動物的接觸，因為這通常是一開始導致牲畜被殺害的原因。偵察隊利用他們蒐集到的數據向牧人通報獅子的位置，讓牧人能夠在衝突發生之前把牲畜帶往別處。

我們繼續往山上走，仍然不見獅子踪影，但是大衛告訴我們，牠們就躲在附近觀察我們。偵察員沿著足跡追蹤，發現獅子幾個小時之前吃掉的一頭斑馬的殘骸。雖然我們沒有與獅子打照面，但是這個上午怎麼樣也不算白費。偵察隊現在知道獅子的位置，並立刻向附近的牧人通報訊息，要他們遠離這個地區，提前防止任何潛在的衝突。

圖33 搜尋獅子的辛巴偵察隊小組長大衛和他的隊員約瑟夫（Joseph）。

誘因設計的努力得到回報。路卡和薩姆森對誘因的理解，是辛巴計畫背後的理念得以推動的原因，最終締造計畫的成功。如前所述，計畫啟動時，該地區只剩下大約 10 隻獅子。十年後，這個數字已經增加到 65 隻，這是那塊區域在自然資源限制下所能容納的地盤性動物的最大數量。

　　甚至傳統本身也在馬賽部落內部演進。長老在牲畜受到攻擊時不再召集戰士。年輕的馬賽男孩不再嘗試殺死獅子。該地區的獅子數量和旅遊業都蓬勃發展，馬賽人和路卡對這個結果感到非常開心。辛巴計畫成功地將有害的傳統變成有益的傳統：誘因改變了故事。

　　雖然我們對辛巴計畫的成功很感興趣，不過這並不是我們前往肯亞的原因。我們遠道而去，為的是另一個相關的目的：我們記取從辛巴計畫學到的課題，並利用它們為另一項計畫設計誘因，以破除馬賽部落的一個可怕傳統：女性割禮。

　　重點提示：
　　運用誘因建構新傳統。

第24章

用誘因
改變婚姻市場的價值觀

露西永遠忘不掉的那個夜晚

三名女人加入我母親的行列。其中一人拿著一把長而彎曲的刀片，刀面血鏽閃爍。握著刀片的那隻手，蒼老、乾癟又堅定。我後退一步，目光卻無法從那隻手、那把刀上移開。我退到門邊，耳中聽到屋外孩子們玩耍的聲音，這時我撞進一副堅定不屈的懷抱裡。她們當中的一人，也是我最喜歡的姑姑，已經擋住門口；另一個緊抓我的手臂，壓得我動彈不得。她把我推倒在堅硬的泥土地上，我姑姑走過來幫忙。第三名女士，也就是行割禮的人，走近我，而我母親就在她身後。我看著母親，拚命哀求她。她是我的母親——她會保護我，對吧？母親眼神悲傷卻堅定地說：「這是一定要做的事。」就這樣，她們開始割——我開始尖叫。

以上是露西‧奈紹（LucyNashaw）記述她 9 歲時的遭遇。她流血將近一個月，夜裡在疼痛中輾轉難眠。當流血終於止住，她立刻嫁給一個已經有兩名妻子的 40 歲馬賽男子。

根據估計，在肯亞和鄰國坦尚尼亞的馬賽部落，絕大多數女性都受過割禮。[1]女孩接受割禮的年齡通常在 12 歲到 15 歲之間。就像殺死獅子被視為馬賽男孩的成人禮一樣，在馬賽文化中，割禮被視為女孩成為成熟女性的成人儀式。

基於既有利益，肯亞政府每年都會阻止露西和成千上萬不幸的女孩所經歷的遭遇：女性割禮的習俗。2011 年，肯亞與非洲其他國家共同宣布把女性割禮列為非法行為；根據世界衛生組織的定義，女性割禮是指「出於非醫療原因，部分或全部切除女性外生殖器，或對這些器官造成其他傷害。」[2]肯亞的 42 個部落當中，有 5 個部落有這項傳統慣例，不過在馬賽部落最盛行。

對露西來說，改變已經於事無補，但是對於未來要接受女性割禮的成千上萬名馬賽女孩來說，改變還來得及。我向你保證，這絕對不是又一個富裕的西方人不請自來，前往第三世界國家介入當地文化和傳統的例子。女性割禮通常與性侵年輕女孩相提並論，是一種應該革除的習俗，而且有許多人已經在為此努力。有些基本人權的侵犯行為不能、也不應該被視為我們不理解的文化的一部分而被忽視。

你或許在想，男嬰割包皮在世界各地很普遍，而且本書前文也描述過，馬賽男孩會在 10 到 15 歲之間接受割禮，那為什麼女性割禮會遭到如此強烈的反對。³ 這裡無意為男性割禮辯護，但是女性割禮在很多方面完全不同於男性割禮。割包皮很少導致併發症，但是女性割禮卻是現代世界中最長久、最普遍而被默默忍受的侵犯人權行為之一。受害者餘生的身心健康都會受到嚴重影響，而且對中學教育、低齡婚姻和計畫生育都有不利影響。許多女孩因為部分陰蒂和大部分陰唇被切除出現併發症，被迫輟學幾個月。她們永遠無法享受性生活；感染成為常見而且反覆出現的問題；她們經常有無法控制排尿的問題。疤痕在分娩時引起的併發症也是重大問題，會危及母親和嬰兒。

既然有這麼嚴重的負面健康後果，這種做法是怎麼成為傳統的？傳說在很久以前，馬賽人的丈夫經常離家一年去打獵或是保護部落，回家後發現妻子懷著另一個男人的孩子。女性割禮的發展就是為了解決這個問題。女性行割禮後無法享受性生活，從而減少不忠的機會。隨著時間過去，它成為一種傳統，並開始變成女孩成為女人、踏入婚姻的必經儀式。

遺憾的是，政府和非政府組織只透過教育和法律行動改變馬賽女性割禮傳統，而他們的努力多半沒有成功。尤其，女性割禮的教育運動在肯亞已經推行一段時間，甚至在 2011 年立法之前，但是它們帶來的變化非常緩慢——緩慢到不足以改變社會規範。[4] 偶爾會有母親被教育說服，讓她的女兒免於割禮，但是這個家庭隨後要面臨被社群排斥的風險。為了實現長遠的改變，必須改變社會規範。光是靠進展緩慢的教育活動，每年還是會有無數女孩遭受苦難，這是絕對不能接受的結果。我和我的團隊〔卡佩林、艾葉蕾·葛尼齊、蘭維格·法爾屈（Ranveig Falch）和東戈登〕前往肯亞，提出另一種阻絕女性割禮的方法——以誘因為立足點。

女性割禮傳統具有經濟意涵。受過割禮的新娘在婚姻市場的「價值」較高；父母可以得到更多的聘禮（更多牛隻），女孩也可以找到地位較高的丈夫。[5] 面對這些經濟誘因，以及遵循傳統的龐大社會壓力，即使母親自己就是這個悲慘傳統的受害者，大多數馬賽人父母還是願意拿女兒的健康冒險。

根深柢固的傳統無論弊害多深，都特別難以撼動；如果再牽涉到經濟誘因，改變更是難上加難。不過，一如我們在前面章節所看到的，有其他馬賽傳統已經不再實行，顯示改變確實有可能。我們之所以對女性割禮習俗的改變抱持樂觀，辛巴計畫成功地利用經濟誘因破除獵獅傳統是一個原因。我們現在的問題是：我們能否借助於經濟誘因，終結馬賽人的女性割禮？我們的團隊目前正在研究一項介入措施，目標是改變決策者面臨的誘因結構，以創造不實行女性割禮的經濟誘因。

介入措施提案

要理解我們如何設計介入措施以實現這個目標，首先要想像目前的誘因結構，如圖 34 的賽局決策樹狀圖所示，圖中的決策者是母親，因為馬賽人的母親是女兒是否行割禮的決定者。如果母親決定不行割禮，女兒可能找不到社會地位高的丈夫，娘家得不到高額聘禮，女兒也可能會被同儕排擠（樹狀圖的結果 #1）。另一方面，如果母親決定讓女兒接受割禮，比較有機會找到地位高的丈夫、得到更多聘禮，也能鞏固女兒在部落的地位（樹狀圖中的結果 #2）。不論是從社會或經濟角度來看，結果 #2 都優於結果 #1，因此母親會選擇讓女兒接受割禮，就像目前大多數馬賽母親所做的。

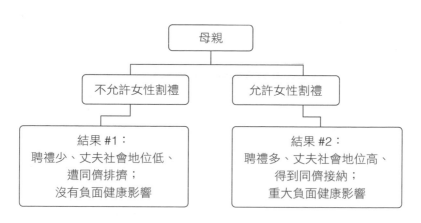

圖 34　沒有介入措施下的女性割禮決策

我們的任務是判斷誘因措施在這個過程的哪個環節最能有效改變母親的行為。我們如何利用誘因改變結果，而讓替代割禮的方案成為首選？顯然，誘因規模必須相當大，但是也必須具有規模可擴性，因為我們希望善用預算，也希望能說服贊助組織在其他地方實施。

與薩姆森和路卡等部落成員多次討論後，我們了解到，一般的馬賽父母都希望女兒上中學。然而，目前大多數馬賽女孩在 14 歲時完成小學學業，就立即接受割禮並結婚。令人難過的是，2011 年的法律產生意想不到的影響，降低女性割禮的執行年齡，因為年齡較小的女孩不太會意識到這是非法行為，也不太能了解自己的權利並反抗。[6] 因此，許多女孩到了 15 歲就已經走入家庭，準備生育第一個孩子。

不過，有少數幸運兒走上截然不同的道路。接受中學教育的馬賽女孩，無論是否行過割禮，前途都更好，而能上中學的女孩少之又少，純粹是因為馬賽人的居住地沒有中學。為了接受中學教育，馬賽女孩必須被送往較遠的寄宿學校。寄宿學校的費用每年約 2,000 美元，大多數馬賽家庭都負擔不起。極少數有機會接受中學教育並畢業的女孩，人生與接受割禮並結婚的女孩截然不同。這些受過教育的馬賽女孩 18 歲時回到部落之後，能夠找到高薪工作。許多人都擔任教師或護士工作，而這些在部落裡都是令人嚮往的職位。這些獨立、受過教育的女孩在回到家鄉之後，有足夠的能力拒絕被迫接受女性割禮。值得注意的是，這些受過中學教育的馬賽女孩在婚姻市場的身價高出許多——還是一樣，無論她們是否受過割禮都是如此。

受到辛巴計畫成功的啟發，我們把從補償金得到的洞見應用於女性割禮。我們提出的誘因計畫很簡單：只要她們不受割禮，我們就會支付女孩的中學學費。在馬賽的學年開始之前，我們為符合條件的女孩做健康檢查。如果體檢結果確認她們沒有受割禮，我們就會支付這一學年的中學學費。我們規畫每年重複健康檢查，直到女孩中學畢業，到時候如果有人想要她們受割禮，她們已經有足夠的獨立性和教育可以反抗。

在我們的誘因計畫下，如果母親不讓女兒受割禮，團隊會負擔她女兒的中學學費。現在，割禮之外的另一種選擇對母親來說變得更具吸引力——她們有強烈的動機不讓女兒受割禮。如果母親選擇不讓女兒受割禮，破除女性割禮計畫能夠確保娘家還是能得到優厚的聘禮，而她的女兒也能保持健康，接受中學教育，並因此保障前途（樹狀圖裡的成果 #3）。她的女兒也會繼續得到同儕接納，因為教育和職業而在部落裡備受尊重，光芒蓋過她沒有受割禮這件事。

終結獵獅傳統，有觀光旅遊業的獲利可以彌補，而終結女性割禮在社群層次卻沒有如此立即而具體的經濟報酬。就像抽菸和運動，它在最終報酬實現之前需要長期承諾。然而，它能促進馬賽未來世代女性的福祉和健康，如果成功，也能在未來帶來經濟利益。因此，我們所提出誘因計畫的優點，遠遠超越只是防止女性割禮：透過女性教育和女性培力，讓她們有自己的收入來源，長期下來在整個社群創造一連串的正向連鎖反應。

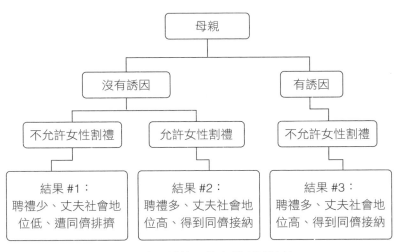

圖 35　介入措施下的女性割禮決策

我們的規畫

　　就像一直以來一樣，我們要檢驗誘因設計的效能。我們計畫做一場現場實驗，也就是隨機對照實驗（randomized control trial，RCT），讓我們能夠比較接受我們學費贊助與沒有贊助的女孩（對照組）後來的結果。如此一來，我們就可以量化誘因措施的效果，並與其他方法做成本效益的比較。

　　在我們拿到妥善的研究許可之後，第一步就是取得女孩及父母的同意。所有在研究啟動當時年齡介於 11 歲到 14 歲之間的馬賽女孩都有資格參加這項研究，因為她們接受割禮的風險最高。在取得同意之後，我們規畫在所有 22 所參與研究的學校做健康檢查，而其中一個檢查項目，就是我們團隊的護理師會記錄每個女孩是否有接受割禮。

　　第二步是隨機挑選 11 所學校做為對照組（女孩及其家庭不會獲得獎勵），另外 11 所學校則是有學費贊助的實驗組。我們在 11 所實驗組學校對女孩及其家人宣布這項獎勵措施：每個未受割禮的女孩在接下來的這一年都可以獲得獎學金。我們希望，即使是原本沒打算上中學的年輕女孩，誘因的期望也足以說服她們的家人不要對她們行割禮。我們計畫每年回到村莊做檢查，持續 6 年。

預見挑戰

　　就像辛巴計畫一樣，我們必須預見潛在的挑戰，才能避免困難。我們找到誘因計畫最令人憂心的 3 個挑戰，並著手研擬解決方案：① 同儕壓力，② 社會規範，以及 ③ 馬賽男性。

　　同儕壓力。在目前大多數女性都受割禮的環境下，要做一個拒絕割禮的女性有其困難。這些被排斥的女性被認為還是「女孩」，她們的意見不被當一回事。[7]其他女性稱她們為「不能娶的淫婦」。在團體裡被排斥者從來都不是好受的事，而在馬賽部落裡尤其艱難，因為融入群體有其必要。

　　為了阻絕部落裡未受割禮女性所承受的同儕壓力，這項計畫刻意同時以部落裡大部分的女孩為目標。在計畫實施的學校中，我們預計將近全部 1200 名 11 歲至 14 歲的女孩都會參加。

我們的目標是防止同儕壓力激化女性割禮。

社會規範。有什麼能夠阻止母親在 4 年後為女兒行割禮？有證據顯示，許多中學畢業生都沒有接受割禮，但是在村落婚姻市場的行情卻非常好。此外，肯亞的寄宿學校公開譴責女性割禮，學校教師也會教導與割禮相關的健康影響和風險。一個接受四年中學教育、了解自身權利與女性割禮風險的女孩，當父母想要在她 18 歲左右時對她進行割禮時，更可能成功地抵抗。馬賽女孩一旦年滿 18 歲，就可以不再受到家人逼迫。女性割禮介入措施的目的是保護她們安然無傷到那個年紀。

我們相信，破除女性割禮計畫會真正產生長期影響，並以中學教育做為成人禮的替代形式，讓社會規範朝正面的方向改變，就像成為辛巴偵察隊員現在已經成為馬賽男孩的成人禮一樣。這些受過中學教育的女孩在成為母親之後，也不會為自己的女兒施行割禮，因而打破傳統的有害循環，並建立一種女性培力的傳統。

馬賽男性。由於馬賽人如此傳統，你可能會想知道，馬賽男性對於女性割禮是何立場。雖然馬賽部落屬於父權社會結構，但是施行女性割禮與否，完全由母親做決定。馬賽男性偏好受過割禮的妻子，主要原因是希望她能得到群體接納。

馬賽男性願意娶未受割禮的女孩嗎？當我們問起這個問題時，他們的回答有點矛盾。一方面，他們確實希望妻子能享受與他們的性生活，並且免於女性割禮相關的健康問題之苦。另一方面，他們也非常關心妻子在村裡的社會地位。因此，大多數馬賽男人愈來愈偏好娶未受割禮的女性，因為她的社會地位較高，也為群體所接納。

破除女性割禮計畫解決男性的兩難困境，讓他們更容易做選擇，以改變他們的誘因。一名受過教育的女性，無論是否受過割禮，都會因為有自己的事業和收入來源而擁有高社會地位。在這項計畫下，馬賽男性可以兩全其美：如果他們與受過中學教育、未受割禮的女性結婚，妻子能享受性生活、保有健康，也能在群體間擁有高社會地位。

兩種未來

我們的誘因設計已經納入之前概述的提案中，而我們現在正在申請補助款和研究許可，以便在未來幾年展開這項實驗。如果這項計畫的重要性還無法引起你的共鳴，請暫時把賽局決策樹狀圖和圖表擺一邊，走進肯亞，認識一下馬賽女孩南吉妮（Nangini）。她在家裡的 5 個小孩裡排行老二，每天都在忙著躲避混亂。學校是她唯一的避風港。她雖然年紀還小，卻已經顯現一股幫助別人的熱情，她的志向是成為一名護理師。想像一下她面臨的兩種未來：一是有我們的介入計畫，二是沒有。

破除女性割禮計畫已經蓄勢待發。我們在肯亞的合作夥伴滿懷希望，與我們一路走來，共同跨過每一步。我們希望運用誘因設計改變南吉妮與無數像她一樣的馬賽年輕女孩的人生。

圖 36 南吉妮（Nangini）

.ıll. 重點提示：

設計誘因時，網羅愈多方參與愈好。

PART 7

實例分析 2：
設計談判成交的誘因

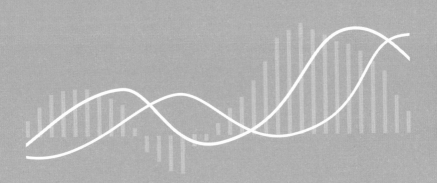

你剛剛在聖地牙哥找到夢寐以求的工作。你已經開始神遊美麗的拉霍亞（La Jolla）海灘，不過你人還在芝加哥，搬家之前還有一些後勤問題需要解決。第一項大任務就是賣房子，你希望能盡快完成。你在 2012 年買下海德園（Hyde Park）的一棟石灰岩造房屋，現在已經增值，不過房屋的確切價值很難估計，因為它是該區經過修復而為數不多的房產。在做過相當多的研究之後，你認為它的合理預期售價介於 75 萬至 80 萬美元之間。

你花了幾週清理多年來積累的所有垃圾，終於把房子整理好，可以準備展售。開放參觀日訂在 8 月最後一個週六——在那個美麗的早晨，你走出屋外，面帶微笑，心裡樂觀。第一個小時有幾個人停留。他們巡視周邊環境幾分鐘，禮貌地問了幾個問題，然後離開——這些顯然不是真的想買房的人。第二個小時，一名年輕女士進門，說她叫珍妮佛，你領她到一張桌子旁，她放好包包後，轉身熱情地告訴你，她在來看房子的路上偶然發現一個很棒的農民市集。你聽了會心一笑。過去 12 年來，你每個週六早上都會去她說的那個街角農民市集，那也是這個鄰里你最喜歡的地方之一。你祈禱珍妮佛會像喜歡市集一樣喜歡這棟房子。

她在房子裡走來走去，檢查每個角落和縫隙。你能感受到她的興奮——你想起你在聖地牙哥出價要買的那間海灘小公寓，當你在屋裡看著那一片風景，也是這麼興奮。參觀結束時，珍妮佛告訴你，她認為你的房子很適合她，並且她非常有興趣。

你現在準備談判。你想要房屋售價愈高愈好，而珍妮佛希望房屋買價愈低愈好。你要如何展開這樣的談判？首先，你應該牢記你願意出售房屋的最低價格，也就是你的「保留價格」（reservation price）——就你的狀況來說，你的保留價格是75 萬美元。當然，你希望能賣得更高。一如許多談判，你不知道對方（珍妮佛）願意支付的最高金額為何。

　　如果達成協議，這種類型的談判被稱為「零和互動」（zero-sum interaction）。也就是說，交易的總獲利額為固定：你的損失就是珍妮佛的獲利，一塊錢不多，一塊錢不少。當然，你想要分到比較大的那塊餅。

　　在把房子放到市場上標售之前，你需要做一個重要決定：你的報價應該訂多少？你可能認為第一個價格沒有那麼重要。

我會說服你它確實很重要，而且你的要價應該大膽但是合理。這樣的訂價方式會向買方傳遞一些非常重要的訊號，可能會影響買方的後續行為。Part 7 會探討 4 項重要行為準則，它們會影響初始報價在傳遞訊號時的價值：錨定與調整不足、對比效應、價格是品質的訊號，以及互惠準則。我會描述這些原則如何發揮作用，並以前述例子說明如何應用。讀完這個部分的內容之後你會明白，正確的初始報價如何讓你在這類談判取得優勢。更好的是，你能夠解釋原因。

第25章

錨定與調整

　　錨定效應（anchoring effect）意味著買方對於標的物價值的看法並非獨立於談判本身。以你的房子來說，珍妮佛願意支付的最高金額與你的初始訊號（你的開價）有正相關。

　　以下是錨定效應一個很好的例子，它來自特沃斯基與康納曼 1974 年的經典實驗：他們先請參與者轉動「命運輪盤」，得到一個數字，然後問參與者認為非洲國家在聯合國的比例是高於或低於他們剛剛在命運輪盤所轉出的數字（這是一個隨機數字）。他們問參與者的最後一個問題是：「非洲國家在聯合國中的占比是多少？」

　　這時，大多數人（包括我自己）都不知道這個問題的答案。有趣的是，特沃斯基和康納曼發現，參與者的猜測與轉輪盤得到的數字顯著相關。雖然沒有參與者認為命運輪盤的數字與非洲國家在聯合國的占比有關，但是那些得到高錨點

（輪盤轉出數字較大）的人在回答非洲國家問題時，猜測的數字明顯高於那些得到低錨點的人。簡單講，轉出的數字結果愈大，猜測的比例就愈高。特沃斯基和康納曼把這種現象稱為「錨定效應」。[1]

我可是專家，我才不會被左右！

專家不會被初始報價所左右，對嗎？為了研究這個問題，有人做實驗測試錨定效應對專家的效果。[2] 1983 年，當時的基本放款利率大約是 11%，而實驗人員請一組金融業經理人估計未來 6 個月的基本放款利率水準。他們作答的平均值為 10.9%。實驗人員向另一組經理人提出同樣的問題，不過方式稍微改變。他們先請經理人估計未來 6 個月的基本放款利率會高於或低於 8%，然後再請他們估計利率水準。這時候，作答的平均值為 10.5%。

第二組專家給的估計值較低，因為他們受到 8% 的錨定效應所影響。這個 8% 的數值對他們有訊號作用，顯示實驗人員對未來利率的預期。參與者估計 6 個月後的基本放款利率不會像 8% 那樣比目前的 11% 低那麼多，因此向上調整估計值，但是調得還不夠，因為他們的估計值仍然往下偏向之前提到的 8%。這種現象就稱為錨定和調整不足（anchoring and insufficient adjustment）。

同理，雖然不動產經紀人是專家，他們還是可能會以你的開價（這裡指的是你的初始報價）為定錨，據此估計你的保留價格，就像珍妮佛一樣。由於你給珍妮佛的數字是初始報價，她可能知道你的要價是高開，之後會往下調整數字。然而，她會把你的要價當成一個訊號，顯示你期望的價格高於她之前的估計，而她的調整可能不足。結果呢？她對你的保留價格的估計值仍會往初始報價靠攏。

現實世界會發生這種現象嗎？

有一項實驗請亞利桑那州的不動產經紀人，根據大量書面資訊、不動產的實地考察和牌告價格，評估亞利桑那州真實待售不動產的價值。[3] 除了牌告價格，所有經紀人都收到相同的資訊，藉此訂定錨點。在實驗後的訪談裡，每位不動產經紀人都堅稱他們的評估不受牌告價格影響。也就是說，經紀人表示他們沒有把要價當作訊號，但是實驗結果卻是另外一回事。

低牌告價格組的參與者對不動產的估值，明顯低於高牌告價格組的參與者。即便面對其他現成資訊，牌告價格也發揮訊號的作用並產生錨定效應。錨定的訊號價值對非專家和專家都適用：不動產經紀人每天都要估計不動產價值，但是仍然受到定錨的影響。

讓我們回到與珍妮佛的談判。根據剛剛討論的實驗結果，你預期她會受到錨定的影響。如果你的要價基本是丟出定錨，向珍妮佛傳達你的期望，她會嘗試估計你的保留價格為何，不過她的估計會偏向錨定值。如果你從一個較高的數字開始報價，珍妮佛的估計值會偏向這個高開的數字，而她的還價也會較高。

但是，初始報價應該多高？還是一樣，請切記，你的報價應該要高，但是不能不合理。如果你的初始開價是 200 萬美元，反而顯示你的期望不切實際或者你不懂行情。珍妮佛可能會禮貌地道謝，然後迅速離開。你的第一個報價應該要樂觀：高到讓買家吃驚，但是也要合理，讓買方可以還價。

｜｜｜．重點提示：
你的初始開價會影響對方的還價。務必傳遞你的預期價格很高的訊號。

對比效應

一個高而合理的初始報價不但可以用錨定效應影響對方，對整個談判過程都有好處。它能讓「對比效應」（contrast effect）發揮作用。為了說明它的基本原理，我要在這裡講一個我父母在我小時候講給我聽的一個故事：

> 從前有個窮人與母親、妻子和 6 個孩子住在一幢只有一個房間的小屋裡。窮人覺得小屋又吵、又亂、又窄，於是決定向拉比尋求建議。
>
> 拉比撫著鬍鬚，若有所思，最後建議窮人把雞、鴨和鵝帶進屋裡和家人同住。窮人覺得這個建議很荒謬，不過還是按照拉比的話去做。
>
> 不久之後，窮人發現情況只有變得更糟。現在屋裡除了家人的哭聲、爭吵聲，還有動物的呱呱、咯咯、

嘎嘎的叫聲。這些家禽礙手礙腳，羽毛掉得到處都是。這些動物只會增加混亂，家人的空間也變得更少。於是這個人決定再去找拉比商量。拉比又提出看似荒謬的建議，要窮人讓山羊也住進小屋。在這種可怕的安排下生活一週之後，窮人第三次、也是最後一次拜訪拉比。這一次，拉比的建議聽在這個人耳裡有如天籟，因為拉比建議窮人把小屋裡所有動物都移走。窮人高興地滿口答應。

當晚，這個人和家人睡得很安穩。屋裡沒有動物的叫聲，也有許多空間。現在，住在這間只有他們一家的小屋，這個窮人只覺得安靜、和諧又寬敞。

一個夠高而樂觀的初始報價，例如 87.5 萬美元，不只可以做為珍妮佛的錨點，也可以做為後續每個報價以及最終售價的參考點，好處不斷。談判後續所有發展都會與第一個報價做對照。我們將這種自動比較稱為對比效應（contrast effect）。

證明對比效應存在的基礎實驗非常簡單，你自己就可以做，而且不必讓雞和羊在你屋子裡亂竄。把左手放入一桶冰水，右手放入另一桶熱水，雙手保持在水中大約一分鐘。然後將雙手浸入另一桶溫水。溫水的溫度如何？

你的右手感覺可能與你的左手不一致。雙手在同一桶水裡，但是感覺截然不同。之前泡冰水的左手現在感覺水是溫的。之前泡熱水的右手感覺水是涼的。這種感覺很怪異。雖然你知道溫水的溫度只有一個，但是大腦卻從兩隻手接收到不同的訊號。桶子裡的手感受到的是相對於之前所在處的溫度差異，手向大腦發送的訊號不是「桶裡的水溫是攝氏 23 度」，而是「桶裡的水感覺相對熱（或冷）」。

事物的判斷屬相對性質，而不是絕對性質，這一點有違事物價值獨立於參考群體的原則。這是經濟學家經常主張的原則——換個說法，就是選擇的價值不應該取決於不相關的替代選項。以水桶的例子來說，水溫不應該取決於手之前所在的位置。我們思考時都能「理解」這一點。然而，我們的手感覺不同，因為它們受到對比效應的影響。

對比效應並不是心理物理學實驗所獨有；它經常出現在經濟決策裡，違背經濟學家的預期。我們可以利用對大腦的知識，控制對大腦傳遞的訊號，以提高或降低經濟選擇的吸引力。

為了說明對比效應的作用，我們來看不動產業的另一個例子。我們的朋友是一位非常成功的不動產經紀人（姑且稱她為茱莉亞）。當我們聘用新教授時，都會把他們介紹給茱莉亞。她誠實、有耐心、人緣好，也不會給買方施加壓力。

通常，新教授會設定找房屋的條件（面積、大小、價格等）。茱莉亞根據這些條件和座標位置編製適合物件的清單。新教授會造訪這座城市幾天，而茱莉亞會在其中一天帶他們參觀潛在的物件。茱莉亞事先安排的看屋行程排得非常緊湊，他們要花上一整天緊鑼密鼓地參觀房子。

當馬丁到我們這裡任教時，我親眼看到茱莉亞是怎麼做的。馬丁是我朋友，所以我陪他一起參加茱莉亞安排的賞屋行程。一個美好的春天早晨，我們三人開車到處看房子。馬丁的首要考慮因素之一是地點──他有兩個年幼的孩子，因此希望房子位於距離大學不遠的郊區。

我們賞屋行程的第一站，房屋比較舊，屋況也不太好。之前的房客是不太會維修整理房屋的學生。此外，房屋的位置也不理想，離大學有點遠，而且離噪音吵雜的高速公路很近。最重要的是，這間房屋的價格相當高。我們離開時，馬丁沉默不語，一臉沮喪。

不過，我們參觀的第二間房屋就好太多了。它的地點安靜，有個漂亮的後院，而且屋況顯然維護得很好。當茱莉亞告訴我們價格時，馬丁立即露出笑容──比第一間房屋還便宜！

我看著馬丁的笑容，為他感到高興，而這時我有一種似曾相識的感覺。我想到幾年前茱莉亞帶我看房時也有類似的經歷。當我和妻子想在聖地牙哥買下我們的第一棟房子，茱莉亞一開始帶我們看的也是一棟糟糕的房子。我們送馬丁回旅館時，我暗自思考這個問題。這是巧合嗎？

並不是。當我們開車返回拉霍亞時，茱莉亞坦然證實這一點。這完全不是巧合。她說，她刻意安排先參觀比較差的物件。為什麼？因為這樣才能產生對比效應。糟糕的房屋會讓人產生預期：它發出訊號，顯示房市的價格可能很高，而且物件沒有特別好。對比之下，後來的房屋看起來就好很多，買家更容易滿意。

茱莉亞知道如何部署訊號並利用對比效應——她知道買家會拿後面看的房屋與第一間糟糕的房子做比較。比較之下，後面的房屋看起來好極了。俗話說，幸福的祕訣是降低期望。

珍妮佛在參觀你的房屋之前是看到什麼樣的房屋，你顯然無法控制，不過你還是可以利用對比效應。你已經知道你在開價時（初始報價）應該利用錨定效應，而且價格要能傳遞「你很珍視你的房子、你的保留價格可能很高」的訊號。後續報價都會以開價做對比。掛得高高的初始開價（珍妮佛覺得不好）會墊高珍妮佛對後續報價的評價。當她將後續較低的報價與最初的高報價做比較，更有可能接受後續較低的報價。

對比效應不只會影響珍妮佛的決定，也會直接影響她的滿意度。有一項針對大學生的實驗證明這個現象。在這項實驗中，參與者得知以下資訊：

假設你剛取得傳播學碩士學位，正在考慮與兩家雜誌簽一年合約。

（A）A 雜誌的薪資是 3.5 萬美元。不過，訓練和經驗與你類似的工作者，薪資是 3.8 萬美元。

（B）B 雜誌的薪資是 3.3 萬美元。不過，訓練和經驗與你類似的工作者，薪資是 3 萬美元。

一半的學生被問到：「你會選擇哪個工作？」不意外，有84% 的人選擇薪資較高的 A。另一半的學生被問到：「哪個工作會讓你比較開心？」答案很有意思。被問到這個問題時，

62% 的學生選擇 B：他們認為絕對薪資較低但是相對於同儕薪資較高的工作會比較快樂。

假設學生喜歡錢多，根據標準思考來預測，他們選擇 A 應該會更快樂，因為薪資多 2,000 美元。同事領多少薪資應該無關緊要才對。這個邏輯誤判了相對薪資對滿意度的重要性。

這一點對於你與珍妮佛的談判也很重要。想像一下，你與珍妮佛的談判可能朝以下兩種情境發展：在 A 情境中，你開價 87.5 萬美元，經過一番協商之後，以 82.5 萬美元成交。在 B 情境下，你開價 80 萬美元，而你堅決不在價格上讓步，於是房屋以 80 萬美元出售。

哪一種情境下，珍妮佛會比較開心？是她能夠砍價 5 萬美元的 A 情境？還是與一個不肯協商的頑固賣家打交道的 B 情境？由於對比效應，珍妮佛在 A 情境可能比較開心：她會拿 82.5 萬美元與原價 87.5 萬美元做比較，而對 82.5 萬美元的觀感更好。

▮▮▮ 重點提示：

我們的大腦是用對比來評估價值。務必為你的初始報價創造鮮明的對比。

訂價策略

　　我們的高錨點傳遞第一個訊號，隨後的對比效應傳遞第二個訊號。派樂騰（Peloton）執行長約翰・佛雷（John Foley）為那部現在到處都看得到的健身車訂價時，在反覆測試中發現了我們的第三個訊號。佛雷 2018 年接受雅虎財經（Yahoo! Finance）專訪時憶述道，「我們挖到非常有趣的心理學。在非常非常早期的時候，我們在頭幾個月向客戶收取的派樂騰健身車費用是 1,200 美元。結果顧客向我們反應，一部 1,200 美元的健身車，品質一定很差。於是我們改售價，一部賣 2,000 美元，結果銷量增加，因為大家會說，『哦，這一定是一部高品質的健身車。』」[1]

　　這個例子說明消費者如何以價格做為品質的訊號。我們與派樂騰的顧客一樣，認為價格等於品質。研究顯示，消費者往往相信價格反映品質，因此認為價格較高的商品，品質也比較高。[2]

想像以下場景：今天是你的生日，你想帶一瓶好酒回家慶祝。你平時喝的葡萄酒大約是一瓶 20 美元，不過由於今天的場合特殊，你決定買一瓶 50 美元的葡萄酒。你心中沒有特別喜歡哪一支酒；你只是假設 50 美元的葡萄酒比 20 美元的葡萄酒更好喝。

本於這個故事的精神，艾葉蕾・葛尼齊、多明妮克・拉嘉（Dominique Lauga）和我在 2009 年夏天與加州泰梅庫拉（Temecula）酒廠老闆喬（Joe）做了一個簡單的實驗。[3] 喬想要找出葡萄酒的最佳訂價策略，並徵詢我們的建議。我們立刻把握這個幫他的好機會。你有多少時候能夠一邊喝高級葡萄酒一邊討論訂價策略？

在喬的酒莊，遊客可以品嘗不同的葡萄酒，然後從中選擇購買。消費者專程前往這個地區品酒，從一個酒莊到另一個酒莊，品嘗、購買葡萄酒。我們實驗的葡萄酒是 2005 年份的卡本內蘇維濃（cabernet sauvignon）──「一款非常棒的葡萄酒，帶有藍莓派、黑嘉倫利口酒、金合歡花、鉛筆屑和甜美的森林地衣的繁複香氣。」（我們無從得知鉛筆屑的味道從何而來，不過想必有某位失意的詩人嘗了出來。）喬給這款酒定價 10 美元，賣得相當好。

為了檢驗這種價格等於品質的現象，有幾週期間，我們會在不同的日子把卡本內蘇維濃的價格訂為 10 美元、20 美元或 40 美元。每一天，喬都會接待訪客，並向他們說明品酒事項。然後，訪客來到櫃檯，品酒的負責人會遞給他們一張酒單，上面有 9 種葡萄酒的名稱和標價，價格從 8 美元到 60 美元不等。遊客可以挑 6 種品嘗。和大多數酒莊一樣，酒單上的酒種是按照「口感從輕盈到濃郁」來排列，從白酒開始，然後是紅酒，最後是甜酒。訪客通常會按照名單順序選酒，而卡本內蘇維濃固定放在酒單的第七位。品酒需要 15 到 30 分鐘，之後遊客要決定是否購買任何一種葡萄酒。

簡單的價格變化所帶來的影響讓喬大吃一驚。定價 20 美元時，訪客購買卡本內蘇維濃的可能性比定價 10 美元時高出將近 50%。也就是說，葡萄酒提高價格反而變得更受歡迎。喬根據實驗結果調整價格後，酒莊的總獲利增加 11%。從那時起，喬就學會不要憑猜測訂價，而是要做實驗。

你已經在與珍妮佛的談判中以高開價建立這種關聯。高開的初始報價是顯示房屋品質優良的訊號。想像一下，如果你的初始開價很低，接近你的保留價格（例如 80 萬美元），珍妮佛想到的可能不是「哇，太棒了！」，反而可能會把低價解讀為房屋有問題的訊號，或許是三更半夜吵鬧的鄰居、地板發霉、閣樓裡有松鼠窩——她的想像力會瘋狂奔馳。無論最後成交價格如何，低於預期的要價或許會讓買方認為她一開始就高估了房子的價值。

價格影響消費者的信念和期望，進而影響主觀的體驗，就像對比效應會影響滿意度一樣。在喬的酒莊做實驗時，我們還增加一項調查，詢問顧客對他們嘗過的每種葡萄酒的喜歡程度。結果，我們給卡本內蘇維濃的定價愈高，他們的好感度就愈高。

在對健身中心會員進行的一項實驗也發現類似的結果。[4]
參與者在運動前和運動課程期間都得到一瓶能量飲料。一組參
與者被告知飲料的定價是 2.89 美元；另一組則被告知，飲料
定價是 2.89 美元，不過因為健身中心有機構合約折扣，所以
進價是 0.89 美元。參與者在運動結束之後評估運動強度以及
疲勞程度時，折價組的參與者對運動強度的評價明顯低於正規
價組的參與者。此外，折價組的參與者表示的疲勞程度也高於
正規價組的參與者。

這種「高價格＝高品質＝高滿意度」的效應與你和珍妮佛
的談判有什麼關係？讓珍妮佛認為產品（你的房子）比較貴，
可以改變她對自己的保留價格的想法，甚至可以讓她因為買新
屋更開心。

▂▃▅ 重點提示：

價格是品質的訊號。務必營造正確的印象。

互惠準則

～～～

你用高開價對珍妮佛施展錨定效應，也利用對比效應，並發出訊號，用高價格標榜高品質。我在這裡討論的最後一個心理因素是互惠心態，也就是人類天生有投桃報李、禮尚往來的特質。別人對我們好，我們也會覺得應該對他們好。

1974 年，楊百翰大學（Brigham Young University）社會學家菲利浦・昆茨（Phillip Kunz）做了一個簡單的實驗：他從電話簿隨機挑出 600 個住在附近幾個城鎮的人，給他們寄聖誕卡。幾週後，他收到兩百多張陌生人的聖誕卡。為什麼？互惠準則（norm of reciprocity）。[1]

互惠準則在我們的文化中根深柢固，即使是對於我們不認識或不喜歡的人，甚至我們一開始沒有想要別人的善意示好，我們也會覺得有禮尚往來的義務。在一項展現互惠準則的著名實驗裡，參與者被告知要參加一場藝術欣賞實驗，而他們的任務就是為繪畫評分。每名參與者會與另一名參與者搭檔評分（後者其實是冒充參與者的研究人員，我們假設他叫「吉姆」）。在其中一組，吉姆會離開房間幾分鐘，回來時帶一瓶可樂請同伴喝。在另外一組，吉姆只是離開房間，幾分鐘後回來，沒有帶可樂。當吉姆和參與者都完成畫作的評分之後，吉姆請同伴買獎券。收到可樂的參與者購買的獎券是沒有可樂的參與者的兩倍多。收到可樂的參與者覺得虧欠吉姆，更高的購買率就是他們對吉姆的回報，而他們當初甚至沒有要求喝飲料。

成功的銷售人員一直都在利用互惠準則創造更多銷售。亞利桑那州立大學的羅伯特‧席爾迪尼（Robert Cialdini）在他的經典著作《影響力》（Influence）中指證歷歷，即使最初的善意並非出於真誠，而是為了誘導回報而為之，互惠準則也能引發禮尚往來的回應。[2] 席爾迪尼舉的一個例子是哈瑞‧克里希納（Hare Krishna）的信眾，他們在發送鮮花後沒多久就立刻請求捐款。

互惠心態是一種強大的力量。在與珍妮佛談判時請切記這一點。如果你在開始談判時把初始開價掛得夠高，等於給自己留下對珍妮佛展現「友善」的充裕空間——假裝做出很大的讓步。假設你的開價為 87.5 萬美元。你沒有真的期望她會接受，不過你已經做好準備：你已經對她施展錨定效應，你已經表現出你認為你的房子品質很好，你也已經確保所有後續報價都會拿來和 87.5 萬美元做對照。珍妮佛提出一個比你的開價低得多的價格。

由於開價掛得很高，你現在可以做比較大的讓步，比方說 3 萬美元。你現在的要價是 84.5 萬美元，還是遠高於你的保留價格，但是相對於開價來說，對於買方還是很有吸引力。你向珍妮佛表現你慷慨的讓步，現在輪到她投桃報李。這個訊號可能也會影響珍妮佛的反應。3 萬美元的讓步應該不會影響她對第二次出價的評估，但是就像所有人一樣，她會受到社會規範的影響，覺得自己應該禮尚往來，回報這個優厚的「恩惠」。她更有可能接受第二個要價或是出一個對你比較有利的價格。在談判中，這種有給有拿會被視為「公平」：我做出讓步，然後你也做出讓步。較高的開價才能給你玩有給有拿遊戲的空間，逐次縮小讓步，直到珍妮佛接受為止。反過來說，如果你一開始的報價就低到 80 萬美元，就無法利用前 3 個訊號，也無法利用第四個訊號：你不可能大幅讓步，珍妮佛也不願意加價。你們最後可能會談判破裂，不歡而散——這不是一個理想的結果。

前文提過，你的報價應該「大膽而合理」，但是怎麼樣才算「合理」？我之前曾說，如果你的要價高到買家轉身離開，那麼所有訊號都無法發揮作用。你的價格應該出乎買家意料，但是又不會讓他們放棄談判。正如《頂尖名校必修的理性談判課》（*Negotiating Rationally*，先覺出版）的作者之一瑪格里特・妮爾（Margaret Neale）所說，你的初始報價應該要「剛好逼近瘋狂」。[3]

誘因設計
MIXED SIGNALS

關於這種談判策略，若是問我最喜歡的例子是什麼，那就要講到我兒子隆恩（就是導論提到的那個去迪士尼玩的小孩）九歲時脫落的一顆乳牙。儘管我和太太知道他不再相信牙仙，不過我們還是繼續演下去，就像對大女兒一樣。我提醒他睡覺前把牙齒放在枕頭下，還問他覺得牙仙會給他多少錢。他聳聳肩，去穿睡衣。幾個小時後，我太太（牙仙本人）帶著 3 美元走進他的臥室，把手伸到他的枕頭下，找到他的牙齒，不過還找到一張紙條，如圖所示。

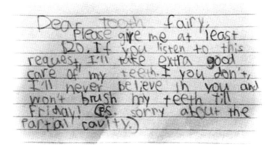

（紙條內容：親愛的牙仙，請最少給我 20 美元。如果你聽從我的請求，我會特別好好照顧我的牙齒。如果你不答應，我就永遠不再相信你，一直到週五都不刷牙！ P.S. 這顆牙有部分蛀掉了，對不起。）

圖 37　給牙仙設計誘因

她把紙條拿出來給我看，我們笑了一陣之後，認為他的創意值得他要求的 20 美元。我兒子找到一個完美的要價。如果他要求更多，我們可能會說一句「想得美！」，還是放原來的

3 美元在枕頭底下。如果他要求 5 美元，我們會二話不說立刻再掏出 2 美元。但是他要價 20 美元，雖然讓我們嚇一跳，卻沒有把我們嚇跑。金額很高，但是還不至於高到讓我們拒絕，於是我兒子多賺 17 美元。

當然，「高但是合理」的定義可能會因為脈絡和文化而異。比方說，如果你是中東市集裡討價還價的小販，就算你的開價比保留價格高幾倍，也不會怎麼樣。但是這種策略不太適合你的石灰岩房屋，你的開價最好不要比預期售價高出超過 20%，否則可能會失去訊號的可信度。在一些談判空間較小的產業，1% 可能就已經很嚇人。

本章的重點是初始報價的「科學」面。在談判當下隨機應變則是談判的「藝術」面，需要準備、蒐集資料、經驗和直覺。不過，這裡有一條很好的經驗法則：如果對方願意還價（沒有大發雷霆，也沒有說「把合約給我，我現在就簽字」），那就表示你的初始要價沒有太過大膽。

｜ 重點提示：

在談判中考慮你的初始報價在傳遞訊號上的價值。它能幫助你為談判定錨、創造對比效應、提高物件在對方眼中的價值，並觸發互惠心理。

結論

消除錯誤的混合訊號，
掌握正確的故事框架

COVID-19 大流行期間，我在車庫改建的工作室裡寫作本書大部分內容，省思疫情如何把世界變成現實生活的行為實驗室。人們為時下的問題辯論，而這些問題都是本書主題的核心。有些問題偏向實務面：我們可以運用誘因設計提高疫苗接種率嗎？我們如何控制這些誘因措施發出的訊號？有些問題更偏向道德面：即使我們可以運用誘因設計並控制訊號，但是我們應該這麼做嗎？

時間快速倒轉到 2021 年春天：疫苗已經準備好，為我們帶來片刻喘息。全世界終於能夠鬆一口氣，但是很快就發現要慶祝還太早──很多人都不想接種疫苗。於是組織一個個開始鑽研怎麼樣才能鼓勵大眾接種疫苗。

美國政府站在這項疫苗注射推動工作的第一線與核心位置。2021 年 5 月 25 日，美國財政部發布最新政策：只要獎勵措施「在合理預期下」能提升疫苗接種率、讓成本與預期公衛效益「呈合理比例」，各州可以把新冠病毒紓困計畫中的數十億美元用於獎勵措施，包括彩券、現金和非貨幣福利。隨著州政府和聯邦政府發放數億美元獎勵疫苗接種，許多私人企業也紛紛效法，抓住機會給接種疫苗的顧客發送禮物，以鼓勵疫苗接種並促進產業發展。無論大家對新冠疫苗抱持什麼立場，在對獎勵措施感興趣的個人和組織來說，這都是興奮的一刻。

　　《紐約時報》記者莎拉・梅爾沃許（Sarah Mervosh）討論到最早採用的彩券獎勵措施之一。她的報導標題是〈誰想成為百萬富翁？在俄亥俄州，你只需要運氣，還有新冠疫苗。〉[1] 這篇報導是關於俄亥俄州的「接種疫苗拿百萬計畫」（Vax-a-Million），居民只要接種一劑疫苗就能領一張彩券，彩金是100 萬美元。梅爾沃許採訪俄亥俄州某個郡的衛生行政人員傑克・培柏（Jack Pepper），他描述郊區疫苗接種診所過去門可羅雀的冷清情況，然後說道：「這還是診所這陣子頭一遭門口大排長龍。本來還在為怎麼樣才能提高疫苗注射率想策略的公務人員突然工作滿檔。無論我走到哪裡，都有人跟我開玩笑說，『嘿，什麼時候輪到我中一百萬？』」其實，真的有一名中獎的幸運兒：第一個百萬美元的得主是來自俄亥俄州辛辛那提市附近西弗頓鎮（Silverton）的艾碧蓋兒・布根斯克（Abbigail Bugenske）。恭喜她！

　　俄亥俄州州長麥克・德韋恩（Mike DeWine）對計畫的成

效滿懷興奮，他說：「我無法形容我有多麼開心⋯⋯這是顯著的變化，令人矚目。」事實上，這個改變也傳到聯邦政府官員耳中。白宮 COVID-19 顧問安迪・史拉維特（Andy Slavitt）稱讚州長：「德韋恩解開一個祕密。人們關心新冠病毒，但是也關心其他事情。」[2] 馬里蘭、紐約、科羅拉多和俄勒岡等其他各州也採用類似的計畫。

看到有人「解開（誘因的）祕密」總是樂事一件。我喜歡看到誘因奏效，也為人們了解到誘因設計是他們可以運用的工具而感到欣慰。當然（這時你應該可以感覺得到那個「但是」在此呼之欲出），「接種疫苗拿百萬」的街聞巷議很有趣，但是彩券獎勵是否真的有效，答案的真相要複雜得多。德韋恩注意到，在實施彩券獎勵之前，每日疫苗施打劑數是 1.5 萬劑，實施期間躍升到 2.6 萬劑，於是根據這些資訊做出彩券獎勵計畫成功的結論。這個結論的問題點很容易看得出來：沒有對照組（沒有獎勵措施）；因此我們無法獨立分析彩券獎勵的效應。接種人數陡增的原因可能是因為彩券獎勵啟動時有更好的基礎設施，或是因為 12 歲兒童的疫苗在同一時期獲得批准，或是其他無數可能的原因。沒有對照組，我們就無法區分彩券與其他同時事件的影響。現實世界很複雜。[3]

德韋恩的結論言之過早，還有一個重要原因：他觀察到彩券立即的效應，但是沒有考慮到誘因可能會造成反效果。你現在已經很了解這種潛在的反效果。以下請跟著我一起研究一個例子。想像一下以下這個情境：有一所醫學院在測試一款新疫苗，付給參與臨床試驗者 50 美元。參與者必須簽署一份同意書，內容記載疫苗只有輕微的已知副作用，而且應該安全無虞。很多人都會為了公益而協助臨床實驗——事實上，這基本上就是目前的醫學研究方式。現在，想像一下同樣的情境，不過醫學院支付給參與者的費用不是 50 美元，而是 5 萬美元。你做何反應？我的可能會是這樣：「等一下、等一下，我現在面對的是什麼情況？」在這種情況下，高額誘因顯示研究人員可能隱瞞資訊。我可能會為了錢而選擇參與實驗，不過還是會擔心。百萬美元的彩券獎勵可能也是同樣的情況。這樣的獎金大放送無意間向某些人發出訊號，特別是那些可能已經對疫苗和政府有所疑慮的人，把高額獎金解讀為疫苗有問題；不然政府幹嘛要花這麼多錢拜託大家打疫苗？

即使每個人都接受高額獎金，也認為獎勵以疫情的嚴重程度來看是合理措施，不過彩券獎勵仍然有在長期出現反效果的顧慮。如果彩券能夠在計畫期間提高疫苗接種率，那很好。但是彩券活動結束之後，大眾接種疫苗的意願會發生什麼變化？比方說，衝高的接種人數可能會大幅回落。若是如此，政府一開始就不要發彩券可能比較好。

推動 COVID-19 疫苗接種這個案例完美地說明，建構在誘因裡的訊號，作用如何因人而異。我們可以根據對誘因的反應把人分為 3 類。第一類人不需要誘因就會去執行某項任務。以接種疫苗來說，這些人相信科學，認為不接種疫苗的風險高於接種疫苗的風險。第二類人無論面對什麼誘因都不會去執行某項任務。同樣以疫苗來說，這些人不相信科學或政府，認為比爾·蓋茨（Bill Gates）會利用疫苗把微晶片植入毫無警戒的無辜者體內。沒有任何誘因能讓這群人接種疫苗——即使是百萬美元也沒有用。第三類是那些抱持懷疑或困惑的人，誘因可以左右他們的行為。這些人才是你應該以誘因去影響的目標群體，他們也是會去尋找每個訊號以決定做什麼的那一群。對他們來說，高額獎勵可能是不良訊號，原因如前文所述。

在這裡要說清楚的是，問題不是出在以彩券做為誘因。在此列舉另一個彩券的例子，我認為它的成效遠勝於百萬美元彩券。2021 年 5 月，紐澤西州州長菲爾·墨菲（Phil Murphy）推出「澤西之夏行動」（Operation Jersey Summer）。猜猜其中有一個獎項是什麼？與州長夫婦共進晚餐。至少接種一劑COVID-19 疫苗的居民就有資格參加摸彩。即使你喜歡墨菲，但共進晚餐的價值顯然不到 100 萬。但是這種誘因措施更好、更聰明，因為它顯示州長重視疫苗接種，並願意為提高疫苗接種率貢獻自己的時間。企業界也不乏以彩券做為誘因的例子。洛杉磯郡舉辦一場抽獎活動，獎品是兩張湖人隊季票，只要在週末之前接種疫苗的人就有資格參加抽獎。門票由湖人隊贊助。湖人隊因而建立良好的公共形象，而更重要的是，這些門票表示湖人隊希望賽事重開時開放觀眾進場，因此需要觀眾接種疫苗。

儘管百萬美元彩券是絕佳的話題，顯然能吸引公眾和媒體的關注，但是我更偏好有些公共和私人組織沒那麼光鮮的墨菲式誘因，也就是名目金額較低的獎勵。例如，紐澤西州還提供州立公園免費入場券給接種疫苗的人。我喜歡這種獎勵，原因是它能與正確的訊號做連結。就像湖人隊的門票，這種誘因措施告訴居民，為了讓州重新開放，大家需要接種疫苗。免費州立公園門票這項獎勵措施，與只有大眾接種疫苗才能安全進行的事情直接相關。引用紐澤西州公園與林業部主任約翰・塞西爾（John Cecil）所言：「我們期待今年夏天能開門歡迎所有人前來，也真誠希望許多人利用這個省錢的機會，同時做正確的事，為疫情的終結盡一分力。」[4] 全國各地都有類似的獎勵措施；紐澤西州的鄰居紐約提供紐約市水族館、紐約植物園、紐約市渡輪等門票。

我最喜歡的 COVID-19 疫苗接種獎勵措施，把接種疫苗與當地企業的成功做連結。你可能也曾在就地避難令發布期間被在地企業的懇請所打動。這就是為什麼我喜歡這樣的訊息：「想想你附近的咖啡館／餐廳／書店在疫情期間遭受多少損失。為了支持他們，你需要接種疫苗並再次惠顧這些店家。」同樣地，公部門和私部門組織也把約當於現金的誘因措施與支持在地企業連結起來，鼓勵疫苗接種。2020 年 5 月末，康乃迪克州州長內德・拉蒙特（Ned Lamont）宣布，完整接種疫苗的居民，可以在當地參加活動的餐廳享用一杯免費飲料。[5] 州長說，「我們會想盡辦法獎勵你，如果你已經接種疫苗，請快進來。」康乃迪克州餐館協會（Connecticut Restaurant Association）執行董事史考特・杜爾奇（Scott Dolch）指出，「這多少像是在說『謝謝』。如果不是每個人出手幫助我們的產業，而且去接種疫苗——因為他們知道此舉有助於我們保護最脆弱的群體、在這個夏天回歸正常——我們不會等到這一天。」[6] 這就是如何利用誘因設計傳遞你想要的訊號。Krispy Kreme 就成功地傳達出這項訊息——只要顧客出示疫苗接種卡，就可以免費獲得一個原味糖霜甜甜圈。Shake Shack 推出「你打疫苗，我請客」（Get Vaxxed, Get Shack）活動。[7] 這種誘因措施很難有出現反效果的理由——它們是傳遞正確訊號的聰明誘因。

目前為止討論的疫苗獎勵措施，目標是鼓勵人們接種疫苗，因此相對容易為大眾所接受，而且多半都能實現這個目標，也沒有損及那些選擇不接種疫苗的人。我之所以說「多半」，因為以「接種疫苗，保護自己和別人」這個框架來建構誘因，一如鼓勵人們接種疫苗的企業所做的，其實有其代價。這個訊號有暗指選擇不接種疫苗的人不關心別人的意味。我個人相信科學，也相信人們應該接種疫苗，但是利用誘因把信念加諸於他人身上可能會產生滑坡效應。

要不要吞下這種羞辱，不是小事一件。過去到現在，疫苗接種對於許多公私組織來說都很重要，因此他們願意表態。不過，也有一些組織予以反擊。一些組織用規定包裝誘因，其中最突出的是「健康通行證」，在全世界許多地方都成為進入餐廳、表演會場、健身房等場所時需要出示的文件。健康通行證就是讓不想打疫苗的人生活愈來愈艱難、好推他們一把，跨過打疫苗的門檻。沒有接種疫苗的人必須每隔幾天做一次檢測，不然有許多場所就不得其門而入。雖然這些規定都是本於公衛考量，但是也被設計成一種負面誘因，刺激不願意接種疫苗的個人去打疫苗。

當然，誘因可能會轉變為政策——疫苗強制令就是這種情況。支持這些規定的理由很明確：到醫院的病患不想接受沒有接種疫苗的醫療工作者的治療；航空公司的乘客不想從沒有接種疫苗的空服人員手中拿椒鹽餅乾；學生走進我的課堂時，不想因為有教授或同學未接種疫苗而擔心受怕。但是正如支持這些規定的論據一樣，立基於法律和道德的反對意見也同樣明確。[8]

這些反對意見都不是新的；當年強制繫上汽車安全帶的規定立法時，也出現類似的反對聲音。丹尼爾·艾克曼（Daniel Ackerman）在《商業內幕》（*Business Insider*）針對 1980 年代的安全帶規定，與最近的 COVID-19 疫苗強制令所遭到的反對做了有趣的比較。美國在 1980 年代以前，是否繫上安全帶完全是個人的自由選擇。1956 年，福特車只有 2% 的買家選配 27 美元的安全帶，而車禍死亡人數呈現上升趨勢。接下來的數十年間，安全帶能有效拯救生命的證據愈來愈清楚，不過在 1983 年，只有不到 15% 的美國人表示經常繫安全帶。1984 年，紐約成為第一個強制規定繫安全帶的州，其他州很快跟進。不過，正如艾克曼的描述，大眾對此不滿。1984 年 7 月的蓋洛普民調顯示，65% 的美國人反對這些強制繫安全帶

誘因設計
MIXED SIGNALS

的法律。就像疫苗的情況，有些反對意見純粹是統計邏輯謬誤，像是有人說撞車時被甩出車外比被困在車裡安全。艾克曼還引用其他從道德出發的反對意見，像是有一名反對者在1987年《芝加哥論壇報》的社論寫道：「在這個國家，拯救自由比透過立法管束生活更重要。」有些人剪斷汽車安全帶以示抗議；有些人在法庭上對安全帶法規提出質疑。他們對個人自由採取強硬立場，宣告：「你不能用安全帶把美國人民綁起來。」[9]

就像安全帶事件一樣，疫苗強制令的訊號如此強烈，正是因為它所面臨的挑戰極為艱鉅。當我回想我的童年，我記得汽車後座根本沒有安全帶。你能想像今天有這樣的汽車嗎？為了讓安全帶成為日常生活的一部分所做的耕耘，現在早已開花結果。數據顯示，今日超過90%的美國人一定會使用安全帶。正如艾克曼所指出的，這種轉變需要時間、公共服務宣傳活動、執法，甚至汽車本身固定發出提醒。所有這些努力都在宣示，繫安全帶對於拯救生命有多麼重要。立法者不會隨便頒布這種法律。同理，汽車製造商不是因為覺得顧客會喜歡而給汽車加配煩人的噪音。他們選擇這麼做，正是一個明確而強烈的訊號，顯示他們重視這項行為。雖然繫安全帶的行為改變花費數十年（立法強制介入後整整歷經一個世紀才發生），但是疫苗接種行為的改變或許會更快。

本於這個精神，我們應該閱讀拜登總統2021年7月的行動呼籲，敦促各州發100美元給新接種疫苗的人，因為「有人在垂死掙扎，而不必死亡的人將會死亡。」拜登總統指出，「如果我們能讓更多人接種疫苗，所有人都會受益。」他沒有這樣就算了，他同時還為聯邦人員制定更嚴格的安全政策，要求員工出示疫苗接種證明，或是接受強制檢測和佩戴口罩。他體認到只採用金錢誘因的不足，而以更嚴格的措施捆搭金錢獎勵，發出更強的訊號，傳達疫苗接種的重要性。就像安全帶規定一樣，誘因與極端訊息口徑一致時，強制規定的整體影響就會更強烈。[10]

強制措施如此極端，正是顯示政府相信疫苗的重要性。還有其他例子也能印證強烈訊號的有效。以下就是一個關於強烈訊號與課稅的例子，改寫自理查・塞勒（Richard Thaler）和凱斯・桑思坦（Cass Sunstein）的《推力》（*Nudge*）：

瑞典目前的碳價是世界最高，約為每公噸130美元。瑞典自1991年實施碳稅，開徵時的稅率大約是28美元，其後逐次增加到目前的水準，至今實質GDP成長83%（與其他OECD會員國相當），排放量減少27%。雖然稅賦推升油價，但是人們對稅賦的反應所形成的行為改變，幅度遠遠大於單由油價上漲所造成的預期影響。我們在這裡學到一課。如果人們認為稅賦是解決嚴重問題的對策，他們的反應可能會比對純粹的誘因措施還大。這時候，他們可能會聽到訊號，知道減少溫室氣體排放是件好事——

即使不符合他們的經濟利益，他們或許還是願意去做。人類就是這樣。[11]

碳稅讓終極目標變得明確。這項稅賦的訊號在傳達行政主管機關的優先事項為何。

另一個強烈訊號的例子是一次性購物塑膠袋的收費。以色列在 2017 年實施相關法令，規定大型零售商必須向顧客收取使用一次性塑膠袋的費用，用於挹注環境保護專用基金。其用意如下：「這項法令旨在減少購物袋的使用，以減少因使用購物袋而產生的廢棄物量，以及這些廢棄物對環境的負面影響……包括對購物袋的銷售課徵附加費……以確保健康的環境、保護生物多樣性、預防和減少環境和健康危害、改善生活和環境品質，並為大眾和後代著想。」[12]

3 分錢的附加費微不足道，但是發出的訊號卻非常強烈：環境優先。就像瑞典的例子，如果你只看誘因措施的貨幣價值，那麼效果會遠高於你的預期。法令實施的那一年，食品連鎖店顧客的塑膠袋使用量減少 80%。數據顯示，2017 年的塑膠袋購買量為 3 億 7,800 萬個，而在立法之前，2016 年為 17 億 5,300 萬個，塑膠袋重量總共減少 7,091 噸。其他國家在這類法律通過之後，數據也出現類似的變化。

為什麼以色列推行新法如此成功？因為新法令連結的訊息很明確，訊號的價值也更強。這項法令成功向大眾傳達，使用一次性購物袋不是好事，我們不應該這樣做。使用塑膠袋甚至要付出一筆很小的錢，但是拜託——我們不想要你的錢；我們想要的是保護環境。

遇到量子力學的問題時，你會去問物理學家。要做根管治療，你會去看牙醫。汽車引擎故障時，你會去叫技師。面臨這種種情況，你都知道要找專家諮詢。有些問題需要技術知識和技能較少，你可以嘗試自己解決。我的家人可以告訴你我自己動手為我們的房子建造露天平台的經歷。我在讀過幾篇文章、看過幾支 YouTube 影片之後，就開始敲敲打打。相較於請專業的來做，我花費的時間更長、成本也更高，而最糟糕的是，我建造的平台不穩固。但是，我從那次經歷記取教訓。幾年後，我在一位平台師傅的指導下，建造第二個平台，這一次，平台的結構更加穩當得多，這項成就也讓我相當自豪。

關鍵在於，你在嘗試解決問題時，通常需要一定程度的專業知識。誘因設計也是如此：當你面臨一個涉及讓人們改變行為的問題，你不應該閉門造車。做一些研究並向有經驗的人學習，對你都能有所助益。誘因設計需要知識，而這些知識必須外求。它沒有像理解弦理論那麼困難，但是有些知識和經驗會有幫助。我寫作本書的目標之一就是為你提供那樣的幫助。

謝謝你閱讀本書。我希望你樂在其中，一如我寫作時樂在其中。我很幸運，思考誘因設計以及誘因如何塑造世界是我的興趣、也是我的工作，對我來說，快樂莫過於此。我從誘因更了解他人，也更了解自己。我希望你從本書得到啟發，思考誘因的意義，也思考如何將它們運用到你的生活中，無論是激勵員工還是讓孩子戒尿布。如果你只從本書記住一個重點，那就是：誘因會傳遞訊號，你的目標是確保這個訊號與你的目標一致。

謝辭

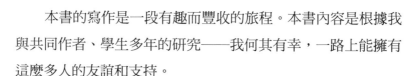

　　本書的寫作是一段有趣而豐收的旅程。本書內容是根據我與共同作者、學生多年的研究──我何其有幸，一路上能擁有這麼多人的友誼和支持。

　　本書的構成受惠於與 Katie Baca-Motes 的早期討論。Sandy Campbell 是我遇過最犀利的讀者。我們從她剛大學畢業就一起合作，她從來不怯於指教我要做什麼。William Wang 和 Noam Gneezy 從頭到尾讀完本書，對本書有重要貢獻。Katie, Sandy, Will 與 Noam ──謝謝你們！

　　我的編輯 Seth Ditchik 是塑造本書訊息與確保我專注寫作的關鍵人物。我在此要特別謝謝他和耶魯大學出版社（Yale University Press）所有的人對我的信任。Levine Greenberg Rostan Literary Agency 的 James Levine 在過程中提供專業的支持以及卓越的指引。本書的漫畫出自 Luigi Segre 之手，與他合作是一件樂事。

　　我朋友說我的妻子與共同作者艾葉蕾不離不棄，與我並肩奮戰這麼久，值得發一面獎牌；我同意。我要感謝她和我們的孩子 Noam、Netta 與 Ron：謝謝你們讓我領略到誘因的極致——你們是我人生中最美好的際遇。

附註

導論　想改變行為，必須設計出有效的誘因

1. Sally Black, "Do You Lie about Your Kids to Get Family Vacation Deals?," *Vacation-Kids*, September 16, 2013, https://www.vacationkids.com/Vacations-with-kids/bid/313333/Do-You-Lie-About-Your-Kids-To-Get-Family-Vacation-Deals.

2. See Ere Soyer and Robin Hogarth, *The Myth of Experience* (New York: Public Affairs,2020), for more examples and discussion of the psychology literature.

3. Trif Alatzas, "Coke's Price Gouging. *Balrimore Sun*, October 12, 2018.

4. Paul Seabright, *The Company of Strangers: A Narural History of Economic Life* (Prince-ton, NJ: Princeton University Press, 2010), chap.

5. See, for example, George A. Akerlof and Rachel E. Kranton, "Economics and Identity," *Quarterly Journal of Economics* 115, no. 3 (2000): 715-53, Roland Benabou and Jean Tirole,"Incentives and Prosocial Behavior," *American Economic Review* 96, o. 5 (2006): 1652-78.

6. Daniel Pink, *Drive: The Surprising Truth about What Motivates Us* (New York: River-head, 2009), back cover.

PART 1 正確的訊號，是促使人們行動的誘因

1. Linda Ghent, Alan Grant, and George Lesica, "The Deal" *The Economics of Seinfeld*, 2010, http://yadayadayadaecon.com/.

第 1 章 我們樂於用自我訊號傳達個人特質

1. Henry Farrell, "With Your Tattoos and Topknots, Who Do You Think You Are?," *Washington Post*, July 28, 2015, https://www.washingtonpost.com/news/monkey-cage/wp/2015/ 07/28/with-your-tattoos-and-topknots-who-do-you-think-you-are/.

2. Michael Spence, "Job Market Signaling:" *Quarterly Journal of Economics* 87 (1973): 355-74.

第 2 章 挖掘消費者認同的社會訊號，打造購買誘因

1. Alternative Fuels Data Center, *U.S. HEV Sales by Model," accessed December 2, 2020, https://www.afdc.energy-gov/data/ 1o301.

2. Micheline Maynard, "Say Hybrid and Many People Will Hear Prius," *New York Times*, July 4, 2007. Ittps://www.nytimes.com/2007/07/04/business/oshybrid.html.

3. Robert J. Samuelson, "Prius Politics,™ *Washington Post*, July 25. 2007, hetps://www.washingtonpost.com/wpdyn/content/article/2007/07/24/AR200707240185s.html.

第 3 章 拆解自我訊號與社會訊號，設計動人的誘因

1. Ayelet Gneezy, Uri Gneezy, Gerhard Riener, and Leif D. Nelson, "Pay-What-You-Want, Identity, and Self-Signaling in Markets," *Proceedings of the National Academy of Sciences* 109, no. 19 (2012): 7236-40.

2. Eric Garland, "The In Rainbows' Experiment: Did It Work?." NPR, November

17, 2009,https://www.npr.org/sections/monitormix/2009/rt/the_in_rainbows_experiment_did .html.

3. Brad VanAuken, "Toyota Prius Vehicular Self-Expression," *Branding Strategy Insider*, July 1o, 2007, https://www.brandingstrategyinsider.com/toyota-prius-ve/

4. Robert Slonim, Carmen Wang, and Ellen Garbarino, "The Market for Blood." *Journal of Economic Perspectives* 28, no. 2 (2014): 177-96.

5. Dan Tracy, "Blood is Big Business: Why Does It Cost So Much?" *Orlando Sentinel*, April s, 2010.

6. Richard Titmuss, *The Gift Relationship: From Human Blood to Social Policy* (London:Allen and Unwin, 1970).

7. Timothy C. Bednall and Liliana L. Bore, Donating Blood: A Meta-Analytic Review of Self-Reported Motivators and Deterrents," *Transfusion Medicine Reviews* 25, n0. 4 (2011):317-34.

8. Robert Slonim, Carmen Wang, and Ellen Garbarino, "The Market for Blood," *Journal of Economic Perspectives* 28, no. 2 (2014): 177-96.

9. Nicola Lacetera and Mario Macis, "Social Image Concerns and Prosocial Behavior: Field Evidence from a Nonlinear Incentive Schere," *Journal of Economic Behavior and Organization* 76, no. 2 (2010): 225-37

10. Robert Slonim, Carmen Wang, Ellen Garbarino, and Danielle Merrett, "Opting-In: Participation Bias in Economic Experiments," *Journal of Economic Behavior, & Organization* 90 (2013): 43-70.

11. Alois Stutzer, Lorenz Goette, and Michael Zehnder, "Active Decisions and Prosocial Behaviour: A Field Experiment on Blood Donation," *Economic Journal* 121 (2011): F476-F493.

PART 2 錯誤的訊號，會造成誘因失效

1. Bengt Holmstrom and Paul Milgrom, "Multitask Principal-Agent Analyses: Incentive Contracts, Asset Ownership, and Job Design," *Journal of Law, Economics, & Organization* 7 (1991): 24-52.

第 4 章　數量取向 vs. 品質至上

1. Linda Hall Library, "The Pacific Railway, A Brief History of the Pacific Railway," The Transcontinental Railroad, 2012, hups://railroad.lindahall. org/essays/brief-history.html. If you want to learn more about Durant and his masterful methods of cheating with incentives, I strongly recommend AMCs Hell on Wheels TV series.

2. James D. Gwartney, *Common Sense Economics: What Everyone Should Know about Wealth and Prosperity* (New York: St. Martin's, 2016).

3. Austan Goolsbee, "Buses That Run on Time," *Slate*, March 16, 2006, https:// slate.com/ business/2006/03/buses-that-run-on-time.html.

4. Ryan M. Johnson, David H. Reiley, and Juan Carlos Munoz, "The War for the Fare: How Driver Compensation Affects Bus System Performance," *Economic Inquiry* 53, o. 3 (2015): 1401-19.

5. Nicole Tam, "A Millennial Investigates: Why Would Anyone Take a Taxi Instead of Uber or Lyft? *Hawaii Busines Magazine*, March 8, 201g, https://www. hawalibusiness.com/ a-millennial-investigates-why-would-anyone-take-a-taxi-instead-of-uber-or-lyft/.

6. Scott Wallsten, "Has Uber Forced Taxi Drivers to Step Up Their Game?," *Atlantic*, July24,2015, https://www.theatlantic.com/business/archive/2015/7/ uber-taxi-drivers-complaints-chicago-newyork/397931/.

7. Alice Park, "Your Doctor Likely Orders More Tests than You Actually Need," *Time*, March 24, 201s, https://time.com/3754900/doctors-unnecessary-tests/.

8. Robert A. Berenson and Eugene C. Rich, "US Approaches to Physician Payment: The Deconstruction of Primary Care," *Journal of General Internal Medicine* 25, o. 6 (2010):613-18.

9. Marshal Allen, "Unnecessary Medical Care: More Common than You Might Imagine," NPR. February 1, 2018, https://www.npr.org/sections/health shots/2018/02/01/582216198/ unnecessary-medical-care-more-common-than-you-might-imagine.

10. Peter G. Peterson Foundation, "How Does the U.S. Healthcare System Compare

to Other Countries?," July 14, 2020, https://www.pgpf.org/blog/2020/07/how-does-the-us-healthcare-system-compare-to-other-countries.

11. Lorie Konish, "This Is the Real Reason Most Americans File for Bankruptcy," CNBC, February 1, 2019, https://www.cnbc.com/2019/o2/n/this-is-the-real-reason-most-americans-file-for-bankruptcy.html.

12. Kristen Fischer, "There Are Some Benefits to C-Sections, Researchers Say," *Healthline*, April 5, 2019, https://www.healthline.com/health-news/some-benefits-to-c-sections- researchers-say.

13. Emily Oster and W. Spencer McClelland, "Why the C-Section Rate Is So High," *Atlantic*, October 17, 2019, https://www.theatlantic.com/ideas/archive/2019/10/c-section-rate-high/600172/.

14. Shankar Vedantam, "Money May Be Motivating Doctors to Do More C-Sections," NPR, August 30, 2013, https://www.npr.org/sections/healthshots/2013/08/30/216479305/ money-may-be-motivating-doctors-to-do-more-c-sections.

15. Jonathan Gruber and Maria Owings, "Physician Financial Incentives and Cesarean Section Delivery," RAND *Journal of Economics* 27, o. 1 (1996): 99-123.

16. Scott Hensley, "About a Third of Births, Even for First-Time Moms, Are Now by Cesarean," NPR, August 31, 2010, https://www.npr.org/sections/health-shots/2010/08/3i/ 129552505/cesarean-sections-stay-popular/.

17. Erin M. Johnson and M. Marit Rehavi, "Physicians Treating Physicians: Information and Incentives in Childbirth," *American Economic Journal: Economic Policy* 8, no. 1 (2016):115-41.

18. Joshua T. Cohen, Peter J. Neumann, and Milton C. Weinstein, "Does Preventive Care Save Money? Health Economics and the Presidential Candidates," *New England Journal of Medicine* 358, n. 7 (2008): 661-63.

19. Centers for Disease Control and Prevention, "Up to 40 Percent of Annual Deaths from Each of Five Leading US Causes Are Preventable," December 9, 2020, https://www.cdc-gov/ media/releases/2014/poso1-preventable-deaths.html.

20. Shankar Vedantam, "Host, Hidden Brain," NPR, December 3, 2020, https:// www .npr.org/people/ 137765146/shankar-vedantam. The book is Vivian Lee,

The Long Fix: Solving America's Health Care Crisis with Strategies That Work for Everyone (New York: Norton, 2020).

21. Michael Hewak and Adam Kovacs-Litman, "Physician Compensation Structures and How They Incentivize Specific Patient Care Behaviour," *University of Western Ontario Medical Journal* 84, no. 1 (2015): 15-17.

22. NEJM Catalyst, "What Is Pay for Performance in Healthcare?," March 1, 2018, https:// catalyst.nejm.org/doi/full/1o.1056/CAT.18.0245.

23. Joshua Gans, "Episode 205: Allowance, Taxes and Potty Training:" *Planet Money*, NPR, July 6, 2012, https://www.npr.org/sections/money/2012/07/o6/156391538/episode-zos

第 5 章 鼓勵創新 vs. 迴避風險

1. Moral Stories, "Learning from Mistakes," October 8, 2019, https://www.moralstories org/learning-from-mistakes/.

2. Franklin Institute, Edisons Lightbulb, May 19, 2017, https://www..eau/history-resources/edisons-lightbulb.

3. Dean Keith Simonton, *Origins of Genius* (Oxford: Oxford University Press, 1999).

4. Bob Sutton, "Why Rewarding People for Failure Makes Sense: Paying 'Kill Fees' for Bad Projects," *Bob Sutton Work Matters* (blog), October 4, 2007, https:// bobsutton. typepad .com/my_weblog/2007/1o/why-rewarding-p.html.

5. Arlene Weintraub, "Is Merck's Medicine Working?," *Bloomberg*, July 30, 2007, https:// www.bloomberg.com/news/articles/2007-07-29/is-mercks-medicine-working.

6. Astro Teller, "The Unexpected Benefit of Celebrating Failure," TED, 2016, https://www.ted.com/talks/astro_teller_the_unexpected_benefit_of_celebrating_failure ?language=en.

7. Rita Gunther MeGrath, "Failure Is a Gold Mine for India's Tata," *Harvard Business Review*, April 11, 2011, https://hbr.org/2011/o4/failure-is-a-gold-mine-for-ind.

8. Ben Unglesbee, "A Timeline of Blockbuster's Ride from Megahit to Flop," *Retail Dive*, October 7, 2019, https://www.retaildive.com/news/a-timeline-of-blockbusters-ride-from-megahit-to-flop/$64305/.

9. Andy Ash, "The Rise and Fall of Blockbuster and How It's Surviving with Just One Store Left, *Business Insider*, August 12, 2020, https://www.businessinsider.com/the-rise-and-fall-of-blockbuster-video-streaming-2020-1.

10. Greg Satell, "A Look Back at Why Blockbuster Really Failed and Why It Didnt Have To," *Forbes*, September 21, 2014,https://www.forbes.com/sites/gregsatell/2014/og/os/a-look-back-at-why-blockbuster-really-failed-and-why-it-didnt-have-to/.

11. "Timeline of Netflix," Wikipedia, accessed April 23, 2022, https://en.wikipedia.org/ wiki/Timeline_of_Netflix.

12. "Richard Branson," Wikipedia, accessed November 30, 2020, https://en.wikipedia .org/wiki/Richard_Branson.

13. Catherine Clifford, "What Richard Branson Learned When Coke Put Virgin Cola out of Business," CNBC, February 7, 2017, https://www.cnbc.com/2017/02/o7/what-richard-branson-learned-when-coke-put-virgin-cola-out-of-business.html.

14. "24 Virgin Companies That Even Richard Branson Could Not Stop Going Bust," *Business Insider*, May 31, 2016, https://www.businessinsider.com/richard-branson-fails-virgin-companies-that-went-bust-2016-s.

第 6 章　長期目標 vs. 短期目標

1. Newman Ferrara LIP, "Corporate Governance Expert Tackles Acquisition Violation,* December 22, 2014, https://www.nyrealestatelawblog.com/manhattan-litigation-blog/2014/ december/professor-kicks-bazaarvoices-butt/.

2. Office of Public Affairs, US Department of Justice, "Justice Department Files Antitrust Lawsuit against Bazaarvoice Inc. Regarding the Company's Acquisition of PowerReviews Inc." January 10, 2013, https://www.justice.gov/opa/pr/justice-department-files-antitrust-lawsuit-against-bazaarvoice-inc-

regarding-company-s.

3. Tomislav Ladika and Zacharias Sautner, "Managerial Short- Termism and Investment:Evidence from Accelerated Option Vesting," Harvard Law School Forum on Corporate Governance, July 17, 2019,https://corpgov.law.harvard. edu/2019/07/17/managerial-short-termism-and-investment-evidence-from-accelerated-option-vesting/.

4. Alex Edmans, Vivian W. Fang, and Katharina A. Lewellen, "Equity Vesting and Invest-ment," *Review of Financial Studies* 30, o. 7 (2017): 2220-71.

5. Lucian Bebchuk and Jesse Fried, *Pay without Performance: The Unfulfilled Promise of Executive Compensation* (Cambridge, MA: Harvard University Press, 2004): Lucian A. Beb. chuk and Jesse M. Fried, "Paying for Long-Term Performance," *University of Pennsylvania Law Review* 158 (2010): 1915-59.

6. Caroline Banton, "Escrow," Investopedia, March 9, 2021, https://www. investopedia .com/terms/e/escrow.asp

7. Glenn Davis and Ken Bertsch, "Policy Overhaul Executive Compensation," Harvard Law School Forum on Corporate Governance, November 30, 2019, https://corpgov.law.harvard.edu/2019/1/30/policy-overhaul-executive-compensation/

8. Ellen R. Delisio, "Pay for Performance: What Are the Issues?," *Education World*, accessed April 23, 2022, https://www.educationworld.com/a_issues/issues/ issues374a shtml.

9. Elaine McArdle, "Right on the Money;" Harvard Graduate School of Education, 2010, https://www.gse.harvard.edu/news/ed/1o/or/right-money.

10. Robin Chait and Raegen Miller, "Getting the Facts Straight on the Teacher Incentive Fund," Center for American Progress, June 13, 2009, https://www. americanprogress.org/ issues/education-k-12/ reports/2009/07/13/6390/getting-the-facts-straight-on-the-teacher-incentive-fund/.

11. US Department of Education, "Teacher Incentive Fund." September 27, 2016, https:// www2.ed.gov/programs/teacherincentive/funding.html.

12. "No Child Left Behind Act," Wikipedia, accessed December 4, 2020, https:// enwikipedia.org/wiki/No_Child_Left_Behind_Act.

13. Rachel Tustin, "I'm a Teacher and Here's My Honest Opinion on Standardized Tests," Study.com, November 2017, https://study.com/blog/i-m-a-teacher-and-here-s-my-honest-opinion-on-standardized-tests.html.

14. Diane Stark Rentner, Nancy Kober, and Matthew Frizzell, "Listen to Us! Teacher Views and Voices," Center on Education Policy, May s. 2016, hups://www.cep-de.org/ displayDocument.cfm?DocumentID=1456.

15. PBS, "Finland. What's the Secret to Its Success?, *Where We Stand* (log), September 5, 2008, https://www.pbs.org/wnet/wherewestand/blog/globalizacion-finland-whats-the-secret-to-its-success/206/.

16. Ur Gneezy and John List, *The Why Axis: Hidden Motives and the Undiscovered Economics of Everyday Life* (New York: Public Affairs, 2013)

第 7 章　團隊合作 vs. 個人成功

1. Bill Taylor, "Great People Are Overrated," *Harvard Business Review*, June 20, 2011, https://hbr.org/2011/06/great-people-are-overrated.

2. "Tom Brady," Wikipedia, accessed April 23, 2022, https://en.wikipedia.org/wiki/Tom Brady.

3. Greig Finlay, "Why Did Tom Brady Leave New England Patriots? Move to Tampa Bay Buccaneers Explained after Super Bowl 2021 Victory," *Scotsman*, February 8, 2021, https:// www.scotsman.com/sport/other-sport/why-did-tom-brady-leave-new-england-patriots-move-tampa-bay-buccaneers-explained-after-super-bowl-2021-victory-3127 497.

4. FC Barcelona, "Lionel Messi," accessed December 4, 2020, https://www.fcbarcelona .com/en/players/4974.

5. Marcel Desailly, "Messi's in a Mess and Doesnt Seem to Fit into the Argentina Col-lective." *Guardian*, June 28, 2018, https://www.theguardian.com/football/blog/2018/jun/28/ lionel-messi-argentina-france-world-cup.

6. Rory Marsden, "Lionel Messi Has Different Attitude with Argentina, Says Daniel Passarella," *Bleacher Report*, March 25. 2019, https://bleacherreport.com/articles/2827673?fb _comment_id-2244994605562520_2246297898765524.

7. Hayley Peterson, "A War Is Breaking Out between McDonald's, Burger King, and Wendy's and That's Great News for Consumers," *Business Insider*, October is, 2o1s, https:// www.businessinsider.in/A-war-is-breaking-out-between-McDonalds-Burger-King-and _Wendys-and-thats-great-news-for-consumers/articleshow/49387367cms.

8. Gary Bornstein and Uri Gneezy, "Price Competition between Teams," *Experimental Economics* 5 (2002): 29-38.

9. Reuben Pinder, "Paul Pogba and Alexis Sánchez's Goal Bonuses Have Caused Dressing Room Row at Manchester United," *JOE*, May 12, 2019, https://www. joe.co.uk/sport/paul-pogba-alexis-sanchez-goal-bonus-row-231299.

10. Joe Morphet, "Premier League Players' Jaw-Dropping Bonuses Revealed," *BeSoccer*, May 12, 2018, https://www.besoccer.com/new/premier-league-players-jaw-dropping-bonuses-revealed-426953.

11. Ken Lawrence, "Sanchez and Pogba at Heart of Man Utd Rift over Lucrative Goal Bo-muses," *Sun*, May 11, 2019, https://www.thesun.co.uk/sport/football/go54278/sanchez-pogba-man-utd-goal-bonus-rift/

12. Morphet, "Premier League Players' Jaw-Dropping Bonuses Revealed.*

13. Joe Prince-Wright, "How Much? Zlatan's Goal Bonus Reportedly Leaked." *NBC Sports*, May 10, 2017, https://soccer.nbcsports.com/2017/os/1o/how-much-zlatans-goal bonus-reportedly-leaked/.

14. Michael Reis, "Next Time Firmino Scores He Receives €45000. From ith Goal on £65000, from 16th £85000," Twitter, December 10, 2016, https://twitter.com/donreisino/ status/807590847680233474?5=20.

15. Josh Lawless, "Roberto Firmino's Incredible Bonuses Have Been Revealed." *Sport Bible*, June 6, 2017, https://www.sportbible.com/football/news-roberto-firminos-incredible bonuses-have-been-revealed-20170511.

16. Grant Wahl, "How Do MLS Financial Bonuses Work? A Look at One Player's Contract," *Spors Illustrated*, November 23, 201s, https://www.si.com/soccet/2015/1/23/mls-player-contract-bonuses.

17. Zach Links, "PFR Glossary: Contract Incentives," *Pro Football Rumor*, June 19, 2018, https://www.profootballrumors.com/2018/o6/nfl-contract-incentives-football.

18. Mark Graban, "Individual NFL Player Incentives Why Are They Necessary? Do They Distort the Game," *Lean Blog*, January 2, so11, https://www.leanblog. org/2011/o1/ individual-nfl-player-incentives-why-are-they-necessary-do-they- distort-the-game/.

19. "Terrell Suggs." Wikipedia, accesed December 4, 2020, hrsps://en.wikipedia. org/ wiki/Terrell_Suggs.

20. NFL, "2019 Performance-Based Pay Distributions Announced," 2019, https:// nflcommunications.com/Pages/1019-PERFORMANCE-BASED-PAY- DISTRIBUTIONSANNOUNCED- aspr.

第 8 章　錯誤的誘因，可能誘導負面後果

1. Bethany McLean, "How Wells Fargo's Cutthroat Corporate Culture Allegedly Drove Bankers to Fraud, *Vanity Fair*, May 31, 2017, https://www.vanityfair.com/ news/2017/os/ wells-fargo-corporate-culture-fraud.

2. Jackie Wattles, Ben Geier, Matt Egan, and Danielle Wiener-Bronner, "Wells Fargo's 20-Month Nightmare," *CNN Money*, April 24, 2018, https://money.cnn. com/2018/04/24/ news/companies/wells-fargo-timeline-shareholders/index. html.

3. Matt Egan, "Wells Fargo Admits to Signs of Worker Retaliation," *CNN Money*, January 23, 2017, https://money.cnn.com/2017/01/23/investing/wells-fargo- retaliation-ethics-line/index.html?id=EL.

4. Uri Gneezy and Aldo Rustichini, "A Fine Is a Price," *Journal of Legal Studies* 29, no. 1(2000): 1-17.

5. "Fining Parents Has No Effect on School Absence in Wales," BBC News, May 10, 2018, https://www.bbc.com/news/uk-wales-44054574.

6. Cecile Meier, "Mum Charged sss for Being One Minute Late for Daycare Pickup." *Essential Baby*, August 2, 2018, http://www.essentialbaby.com.au/ toddler/childcare/mum-charged-ss-for-being-one-minute-late-for-daycare- pickup-20180801-hizewo.

7. Sam Peltzman, "The Effects of Automobile Safety Regulation," *Journal of*

Political Economy 83, no. 4 (1975): 677-725. 嚴格的分析顯示，裴爾茲曼的模型在許多維度上都是錯的。最近《頁岩》雜誌有一篇文章把這個概念套用於新冠疫情期間採用的安全措施。重點在於，一旦引進安全措施，人們確實會多冒風險，不過這種心理影響小於科技面的安全提升。Tim Requarth, "Our Worst Idea about Safety.'" Slate, November 7, 2021.

8. Steven E. Landsburg, *The Armchair Economist* (New York: Macmillan, 1993).

9. Shay Maunz, "The Great Hanoi Rat Massacre of 1902 Did Not Go as Planned," *Atlas Obscura*, June 6, 2017, https://www.atlasobscura.com/articles/hanoi-rat-massacre-1902.

10. Michael Vann, "Of Rats, Rice, and Race: The Great Hanoi Rat Massacre, an Episode in French Colonial History," *French Colonial History* 4 (2003): 191-204. 現在一般所說的「河內大滅鼠」事件，其實不是獨特事件。其他地方也發生過類似的事件。例如英屬印度的德里總督曾經獎勵捕殺眼鏡蛇，而在地創業家的回應是開眼鏡蛇養殖場。請參考："The Cobra Effect," episode 96, Freakonomics (podcast), October 11, 2012, https://freakonomics .com/ podcast/ the-cobra-effect-2/.

11. "Puglias Trulli." *The Thinking Traveller*, accessed December 4, 2020, https:// www .thethinkingtraveller.com/italy/puglia/trulli.

12. Tony Traficante, "The Amazing "Trulli," Italian Sons and Daughters of America, March 21, 2017, https://orderisda.org/culture/travel/the-amazing-trulli/

13. Alex A., "Trulli: The Unique Stone Huts of Apulia," *Vintage News*, January 14, 2018, https://www.thevintagenews.com/2018/o1/o4/trulli-apulia/.

14. Italian Tourism, "The History of Alberobello's Trulli," accessed December 4, 2020, http://www.italia.it/en/discover-italy/apulia/poi/the-history-of-alberobellos-trulli.html.

15. UK Parliament, "Window Tax, , accessed December 4, 2020, https://www. parliament uk/about/livingheritage/transformingsociety/towncountry/towns/ tyne-and-wear-case-study/about-the-group/housing/window-tax/; "Window Tax," Wikipedia.org

16. "When Letting in Sunshine Could Cost You Money," *History House*, accessed December 4, 2020, https://historyhouse.co.uk/articles/window_tax.html.

17. Wallace E. Oates and Robert M. Schwab, "The Window Tax: A Case Study in Excess Burden," *Journal of Economic Perspectives* 29, no. 1 (2015): 163-80.

18. Tom Coggins, "A Brief History of Amsterdam's Narrow Canal Houses," *The Culture Trip*, December 7, 2016, Theculturetrip.com.

19. Karen Kingston, "Why Dutch Stairs Are So Steep: *Karen Kingstons Blag*, August 15. 12013. https://www.karenkingston.com/blog/why-dutch-stairs-are-so-steep/

20. Nanlan Wu, "The Xiaogang Village Story," China.org.en, March 6, 2008, hup://www.china.org.cn/china/features/content_1778487.htm.

第 9 章　「損失規避」誘因，訊號最強

1. Teke Wiggin, "Redfin CEO Glenn Kelman: Low Commission Fees Arent 'Rational," Inman, June 30, 2015, https://www.inman.com/2015/o6/3o/redfin-ceo-glenn-kelman-low-commission-fees-arent-rational/.

2. Richard Thaler, "Transaction Utility Theory" *Advances in Consumer Research* 10 (1983):229-32.

2. Richard Thaler, "Mental Accounting Matters," *Journal of Behavioral Decision Making* 12 (1999): 183-206.

3. Johannes Abeler and Felix Marklein, "Fungibility, Labels, and Consumption," *Journal of the European Economic Association* 15, no. I (2017): 99-127.

4. Uri Gneezy, Teck-Hua Ho, Marcel Bilger, and Eric A. Finkelstein, "Mental Account-ing. Targeted Incentives, and the Non-fungibility of Incentives" (unpublished paper, 2019).

5. Roland Fryer, Steven D. Levitt, John List, and Sally Sadoff. "Enhancing the Efficacy of Teacher Incentives through Loss Aversion: A Field Experiment" (NBER Working Paper 18237, National Bureau of Economic Research, 2012).

6. 學生接受的測驗是思靈預測性評量（ThinkLink Predictive Assessment），這是一項與州學業測驗統合的標準化診斷工具。

7. Daniel Kahneman and Amos Tversky, "Prospect Theory: An Analysis of Decision under Risk," *Econometrica* 47, no. 2 (1979): 263-91; Amos Tversky and Daniel Kahneman. "Lass Aversion in Riskless Choice: A Reference-Dependent

Model.," *Quarterly Journal of Economis*106, no. 4 (1991): 1039-61.

8. Tanjim Hossain and John A. List, "The Behavioralist Visits the Factory: Increas. ing Productivity Using Simple Framing Manipulations, *Management Science* 58 (2012):2151-67.

第 10 章　錯失機會的恐懼，也能形成誘因

1. S. Lock, "Sales of State Lotteries in the U.S. 2009-2019," Statista, March 31, 2020, https://www.statista.com/statistics/21526s/sales-of-us-state-and-provincial-lotteries/

2. Daniel Kahneman and Amos Tversky, "Prospect Theory: An Analysis of Decision Making under Risk. *Econometrica* 47 (1979): 263-91.

3. Marcel Zeelenberg and Rik Pieters, "Consequences of Regret Aversion in Real Life: The Case of the Dutch Postcode Lottery" *Organizational Behavior and Human Decision Processes* 93, nO. 2 (2004): 155-68.

4. Zeelenberg and Pieters.

5. Eric Van Dijk and Marcel Zeelenberg, "On the Psychology of 'If Only: Regret and the Comparison between Factual and Counterfactual Outcomes," *Organizational Behavior and Human Decision Processes* 97, no. 2 (2005): 152-60.

6. Linda L. Golden, Thomas W. Anderson, and Louis K. Sharpe, "The Effects of Salu-tation, Monetary Incentive, and Degree of Urbanization on Mail Questionnaire Response Rate, Speed, and Quality" in *Advances in Consumer Research*, vol. 8, ed. Kent S. Monroe (Ann Arbor, MI: Association for Consumer Research, 1980), 292-98; James R. Rudd and E. Scott Geller, "A University-based Incentive Program to Increase Safety Belt Use: Toward Cost-Effective Institutionalization," *Journal of Applied Behavior Analysis* 18, no. 3 (1985):215-26.

7. Kevin G. Volpp, George Lowenstein, Andrea B. Troxel, Jalpa Doshi, Maureen Price, Mitchell Laskin, and Stephen E Kimmel, "A Test of Financial Incentives to Improve Warfarin Adherence," *BMC Health Services Research* 8 (2008): 272.

第 11 章　利社會誘因，或許可以發揮奇效

1. Ur Gheezy and Aldo Rustichini, "Pay Enough or Dont Pay at All" *Quarterly Journal of Economics* 115, nO. 3 (2000): 791-810.

2. Ron Roy, "Volunteer Firefighters: Why We Do What We Do; *Fire Engineering*, Januay 23, 2020, https://www.fireengineering.com/2020/01/23/483462/volunteer-firefighters why-we-do-what-we-do/

3. Ben Evarts and Gary P. Stein, "NFPA'S U.S. Fire Department Profile," NFPA, Feb-tuary 2020, https://www.nfpa.org/News-and-Research/Data-research-and-tools/Emergency-Responders/US-fre-department-profile.

4. "Volunteer Fire Department, Wikipedia, accessed December 8, 2020, heps://enwikipedia.org/wiki/Volunteer _fire_department.

5. Alex Imas, "Working for the Warm Glow: On the Benefits and Limits of Prosocial Incentives," *Journal of Public Economics* 114 (2014): 14-18.

6. Stephanie Clifford, "Would You Like a Smile with That?" *New York Times*, August 6, 2o11, https://www.nytimes.com/2011/os/oz/business/pret-a-manget-with-new-_fasc _food-ideas-gains-a-foothold-in-united-states.html?pagewanted-all.

第 12 章　用 4 特質塑造出獎項傳達的訊號

1. Eulalie McDowell, "Medal of Honor Winner Says Feat Was Miracle," *Knoxville News Sentinel*, October 12, 1945, accessed at https://www.newspapers.com/clip/402000si/the _knoxville-news-sentinel/.

2. Erin Kelly, "The True Story of WWII Medic Desmond Doss Was Too Heroic Even for 'Hacksaw Ridge," *All Thats Interesting*, September 20, 2017, https://allchatsinteresting.com/ desmond-doss.

3. Kelly.

4. Uri Gneezy, Sandy Campbell, and Jana Gallus, "Tangibility, Self-Signaling and Signaling to Others" (unpublished paper, 2022).

5. Matt Straz, "4 Ways Innovative Companies Are Celebrating Their Employees,"

Entrepreneur, August 17, 2015, https://www.entrepreneur.com/article/249460.

6. "Navy Cross," Wikipedia, accessed December s, 2020, https://en.wikipedia.org/wiki/ Navy_Cross.

7. Tom Vanden Brook, "Almost 20% of Top Medals Awarded Secretly since 9/1," USA Today, February 29, 2016, https://www.usatoday.com/story/news/nation/2016/02/29/almost-20-top-medals-awarded-secretly-since-91/8119316/.

8. Lin Edwards, "Report Claims Wikipedia Losing Editors in Droves." Phys.org, November go, 2009, https://phys.org/news/2009-11-wikipedia-editors-droves.html.

9. "Wikipedia: Awards," Wikipedia, accessed December 9, 2020, hups://en wikipedia.org/wiki/Wikipedia:Awards.

10. Jana Gallus, "Fostering Public Good Contributions with Symbolic Awards: A Large-Scale Natural Field Experiment at Wikipedia,"" *Management Science* 63, no. 12 (2017):3999-4015.

11. "Top Five Most Difficult Sports Trophies to Win," CBS Miami, July 1, 2014, https://miami.cbslocal.com/2014/07/01/top-five-most-difficult-sports-trophies-to-win/

12. Carly D. Robinson, Jana Gallus, and Todd Rogers, "The Demotivating Effect (and Unintended Message) of Awards," *Organizational Behavior and Human Decision Processes*, May 29, 2019.

13. Melia Robinson, "The Unbelievable Story of Why Marlon Brando Rejected His 1973 Oscar for "The Godfather," *Business Insider*, February 24, 2017, hups://www.businessinsider .com/marion-brando-rejected-godfather-oscar-2017-2.

14. Oscars, "Marion Brandos Oscar Win for "The Godfather,*" You'Tube, October 2, 2008, hups://www.youtube.com/watch?v=2QUacUolyU&amp:ab_channel Oscars.

15. "Sacheen Littlefeather," Wikipedia, accessed December s. 2020, heps://en.wikipedia .org/wiki/Sacheen_Littlefeather.

16. Becky Little, "Academy Award Winners Who Rejected Their Oscars," History, February 26, 2018, https://www.history.com/news/brando-oscar-protest-sacheen-littlefeather-academy-award-refusal.

17. Gallus, "Fostering Public Good Contributions."

18. Golden Globes, "The Cecil B. DeMille Award." accessed December 5, 2020, https:// www.goldenglobes.com/cecil-b-demille-award-o.

19. Zainab Akande, "Denzel Washington So Earned the DeMille Award," *Bustle*, December 10, 2015, https://www.bustle.com/articles/128808-who-is-the-2016-cecil-b-demille-award-winner-this-years-winner-completely-deserves-the-honor.

20. Meena Jang, "Golden Globes: Denzel Washington Accepts Cecil B. DeMille Award," *Hollywood Reporter*, January 10, 2016, https://www.hollywoodreporter.com/news/golden-globes-2016-denzel-washington-853375.

21. Tom Shone, "The Golden Globes Are More Fun than the Oscars and They Pick Better Winners, Too," *Slate*, January 13, 2012, https://slate.com/culture/2012/o1/golden-globes-better-than-the-oscars.html.

PART 4　用誘因診斷問題

1. Jessica Firger, "12 Million Americans Misdiagnosed Each Year," CBS News, April 17, 2014, https://www.cbsnews.com/news/12-million-americans-misdiagnosed-each-year-study-says/

第 13 章　問題 1 ：驗證美國學生的測驗結果變因

1. "Effort, Not Ability, May Explain the Gap between American and Chinese Pupils," *Economist*, August 17, 2017, https://www.economist.com/news/united-states/21726745-when-greenbacks-are-offer-american-schoolchildren-scem-try-harder-effort-not.

2. National Center for Education Statistics, "Program for International Student Assessment (PISA) Overview," accessed December 5, 2020, https://nces.ed.gov/surveys/pisa/ index.asp.

3. Organisation for Economic Co-operation and Development, "PISA 2015 Results in Focus, 2018, https://www.oecd.org/pisa/pisa-2015-results-in-focus.pdf.

4. Sotiria Grek, "Governing by Numbers: The PISA 'Effect' in Europe?" *Journal of Education Policy* 24 (2009): 23-37.

5. Organisation for Economic Co-operation and Development, "PISA 2012 Results: What Students Know and Can Do, Student Performance in

Mathematics, Reading and Science, Volume I," 2014, https://www.oecd.org/pisa/keyfindings/pisa-2012-results-volume-I.pdf.

6. Sam Dillon. "Top Test Scores from Shanghai Stun Educators," *New York Times*, De. cember 7, 2010, https://www.nytimes.com/2010/12/07/education/ozeducation.html.

7. Martin Carnoy and Richard Rothstein, "What Do International Tests Really Show about U.S. Student Performance?," Economic Policy Institute, January 28, 2013, https://www .epi.org/publication/us-student-performance-testing/; Harold W. Stevenson and James W. Stigler, *The Learning Gap: Why Our Schools Are Failing and What We Can Learn from Japanese and Chinese Education* (New York: Summit Books, 1992); Eric A. Hanushek and Ludger Woessmann, "How Much Do Educational Outcomes Matter in OECD Countries?" Economic Policy 26, no. 67 (2011): 427-91.

8. Uri Gneezy, John A. List, Jeffrey A. Livingston, Xiangdong Qin, Sally Sadoff, and Yang Xu, "Measuring Success in Education: The Role of Effort on the Test Itself, *American Economic Review: Insights* 1, nO. 3 (2019): 291-308.

9. Ben Leubsdorf, *Maybe American Students Are Bad at Standardized Tests Because They Don't Try Very Hard," *Wall Street Journal*, November 27, 2017, https://blogs.wsj.com/ economics/2017/1/27/maybe-american-students-are-bad-at-standardized-tests-because-they-dont-try-very-hard/.

第 14 章　問題 2：改變捐款者對捐款流向的感受

1. National Philanthropic Trust, "Charitable Giving Statistics,"* accessed December s, 2020, https://www.nptrust.org/philanthropic-resources/charitable-giving-statistics/.

2. Dan Pallotta, "The Way We Think about Charity Is Dead Wrong." TED, March 2013, https://www.ted.com/talks/dan_pallotta_the_way_we_think_about_charity_is_dead_wrong.

3. Jonathan Baron and Ewa Szymanska, "Heuristics and Biases in Charity" in *The Science of Giving: Experimental Approaches to the Study of Charity*, ed. Daniel

M. Oppenheimer and Christopher Y. Olivola (New York: Psychology Press, 2011), 215-36: Lucius Caviola, Nadira Faulmuller, Jim A. C. Everett, Julian Savuleseu, and Guy Kahane, "The Evaluability Bias in Charitable Giving: Saving Administration Costs or Saving Lives Judgment and Decision Making 9 (2014): 303-16.

4. Uri Gneezy, Elizabeth A. Keenan, and Ayelet Gneezy, "Avoiding Overhead Aversion in Charity," Science 346, no. 6209 (2014): 632-35.

5. Lise Vesterlund, "Why Do People Give?," in *The Nonprofit Sector: A Research Handbook*, 2nd ed., ed. Walter W. Powell and Richard Steinberg (New Haven, CT: Yale University Press,2006), 568-88.

6. Aleron,'Why Charities Should Look at New Ways of Measuring Impact," 2013, https://aleronpartners.com/why-charities-should-look-at-new-ways-of-measuring-impact/.

7. charity water, "The 100% Model: Charity: Water," accessed December 9, 2020, https:// www.charitywater.org/our-approach/10o-percent-model.

第15章　問題3：找出真正有熱情的員工

1. Jim Edwards, This Company Pays Employees $25,000 to Quit_ No Strings Attached-Even If They Were Just Hited." Business Insider, June 20, 2014, https://www.businessinsider .com/riot-games-pays-employees-25000-to-quit-2014-6.

2. Jim Edwards, Amazon Pays Employees Up to ss,000 to Quit," *Slate*, April 10, 2014, https://slate.com/business/2014/o4/amazon-jeff-bezos-shareholder-letter-the-company-pays-workers-up-to-gooo-to-quit.html

3. Ian Ayres and Giuseppe Dari-Mattiacci, "Reactive Incentives: Harnessing the Impact of Sunk Opportunity Costs" (Columbia Law and Economics Working Paper 612, 2019).

4. Bill Taylor, "Why Zappos Pays New Employees to Quit And You Should Too," *Harvard Business Review*, March 19, 2008, https://hbrorg/2008/os/why-zappos-pays-new employees.

5. Christopher G. Harris, "The Effects of Pay-to-Quit Incentives on Crowdworker Task Quality," in *Proceedings of the rSch ACM Conference on Computer Supported Cooperative Work & Social Computing* (New York: Association for Computing Machinery, 2015), 1801-12

6. Harris.

第 16 章　問題 4：專業操守與經濟利益的衝突

1. Institute of Medicine, Committee on the Learning Health Care System in America, Mark Smith, Robert Saunders, Leigh Stuckhardt, and J. Michael McGinnis, eds., *Best Care at Lower Cost: The Path to Continuously Learning Health Care in America* (Washington, DC:National Academies Press, 2013).

2. John N. Mafi, Ellen P. McCarthy, Roger B. Davis, and Bruce E. Landon, "Worsening Trends in the Management and Treatment of Back Pain," *JAMA Internal Medicine* 173, no. 17 (2013): 1573-81.

3. Colette Dejong, Thomas Aguilar, Chien-Wen Tseng, Grace A. Lin, W. John Bos-cardin, and R. Adam Dudley, "Pharmaceutical Industry-Sponsored Meals and Physician Prescribing Patterns for Medicare Beneficiaries," *JAMA Internal Medicine* 176, no. 8 (2016):1114-22.

4. Rickie Houston, "Your Financial Advisor's Conflicts of Interest," *SmartAset*, January 16, 2020, https://smartasset.com/financial-advisor/financial-advisor-conflicts-of-interest.

5. Uri Gneezy, Silvia Saccardo, Marta Serra-Garcia, and Roel van Veldhuizen, "Bribing the Self." *Games and Economic Behavior* 120 (2020): 311-24.

6. Charles Ornstein, Mike Tigas, and Ryann Grochowski Jones, "Now There's Proof. Docs Who Get Company Cash Tend to Prescribe More Brand-Name Meds,"ProPublica, March 17, 2016, https://www.propublica.org/article/doctors-who-take-company-cash-tend-to-prescribe-more-brand-name-drugs.

PART 5　用誘因促進行為改變的動力

1. Olivia B. Waxman, "Trying to Get in Shape in 2020? Here's the History behind the Common New Year's Resolution," *Time*, January 8, 2020, http://time.com/5753774/new-years-resolutions-exercise/.

2. Nadra Nittle, "How Gyms Convince New Members to Stay Past January. *Vox*, January 9, 2019, https://www.vox.com/the-goods/2019/1/9/18173978/planet-fitness-crunch-gyms-memberships-new-years-resolutions

3. Stefano Della Vigna and Ulrike Malmendier, "Paying Not to Go to the Gym," *American Economic Review* 96, no. 3 (2006): 694-719.

4. See https://www.vizerapp.com/

5. Uri Gneery, Agne Kajackaite, and Stephan Meier, "Incentive Based interventions," in *The Handbook of Behavior Change*, ed. Martin S. Hagger, Linda D. Cameron. Kyra Hamil-ton. Nelli Hankonen, and Taru Lintunen (Cambridge: Cambridge University Press, 2020),523-36. （該文對於相關文獻有更詳細的討論。另可參閱：Alain Samson, ed., *The Behavioral Economics Guide 2019*, introd. Uri Gneezy (Behavioral Science Solutions, 2019), https://www.behavioraleconomics.com/the-be-guide/the-behavioral economics-guide-2019/）。

第 17 章　設計讓好習慣持續的誘因

1. Gary Charness and Uri Gneery. "Incentives to Exercise," *Econometrica* 77 (2009):909-31

2. Dan Acland and Matthew Levy, "Naiveté, Projection Bias, and Habit Formation in Gym Attendance," *Management Science* 61, nO. I (2015): 146 60.

3. "Commitment Device," Wilcipedia, accessed December 8, 2020, https://en.wikipedia org/wiki/Commitment_device.

4. Heather Royer, Mark Stehr, and Justin Sydnor, "Incentives, Commitments, and Habit Formation in Exercise: Evidence from a Field Experiment wich Workers at a Fortune-soo Company. *American Economic Journal: Applied Economics* 7, no. 3 (2015): 51-84.

5. Philip S. Babcock and John L. Hartman.*Nerworks and Workouts: Treatment

Size and Status Specific Peer Effects in a Randomized Field Experiment" (NBER Working Paper 16581, National Bureau of Economic Research, 2010).

6. Simon Condiffe, Ebru Isgin, and Brynne Fitzgerald, "Get Thee to the Gym! A Field Experiment on Improving Exercise Habits." *Journal of Behavioral and Experimental Economics* 70 (2017): 23-32.

7. Wently Wood and Dennis Rünger, "Psychology of Habit," *Annual Review of Psychology* 67 (2016): 289-314.

8. John Beshears, Hae Nim Lee, Katherine L. Milkman, Robert Mislavsky, and Jessica Wisdom, "Creating Exercise Habits Using Incentives: The Trade-Off between Flexibility and Routinization." *Management Science* 67, nO. 7 (2021): 3985-4642.

第 18 章　設計能根除壞習慣的誘因

1. Centers for Disease Control and Prevention, "Tobacco-Related Mortality," accessed December 8, 2020, https://www.cdc.gov/tobacco/data_statistics/fact_ sheets/health_effects/ tobacco_related_mortality/index.htm.

2. Centers for Disease Control and Prevention, "Cigarette Smoking among Adults-United States, 2000, *MMWR: Morbidity and Mortality Weekly Report* 51, NO. 29 (2002): 642-45; Centers for Disease Control and Prevention, "Annual Smoking-Attributable Mortality, Years of Potential Life Lost, and Productivity Losses. United States, 1997-2001," MMWR Morbidity and Mortality Weekly Report 54, o. 25 (2003): 625-28.

3. Kevin G. Volpp et al., "A Randomized, Controlled Trial of Financial Incentives for Smoking Cessation? *New England Journal of Medicine* 360 (2009): 699-709.

4. John R. Hughes, Josue Keely, and Shelly Naud, "Shape of the Relapse Curve and Long-Term Abstinence among Untreated Smokers," *Addiction* 99 (2004): 29-38.

5. SRNT Subcommittee on Biochemical Verification, "Biochemical Verification of Tobacco Use and Cessation," *Nicotine & Tobacco Research* 4 (2002): 149-59.

6. Richard J. Bonnie, Kathleen R. Stratton, and Robert B. Wallace, *Ending the Tobacco Problem: A Blueprint for the Nation* (Washington DC: National Academies Press, 2007);Centers for Disease Control and Prevention, "Smoking during

Pregnancy accessed De. cember8, 2020, https://www.edc.gov/tobacco/basic_ information/health_effects/pregnancy/ index.htm.

7. Daniel Ershoff, Trinita H. Ashford, and Robert Goldenberg, "Helping Pregnant Women Quit Smoking: An Overview," *Nicotine and Tobacco Research* 6 (2004). S1o1- Stos;C. L. Melvin and C. A. Gaffney, "Treating Nicotine Use and Dependence of Pregnant and Parenting Smokers: An Update," Nicotine and Tobacco Research 6 (2004): S107- S124.

8. Carolyn Davis Cockey, "Amandas Story," Healthy Mom & Baby, accessed December 8, 2020, https://www.health4mom.org/amandas-story/.

9. Stephen 'T. Higgins, Yukiko Washio, Sarah H. Heil, Laura J. Solomon, Diann E. Gaalema, Tara M. Higgins, and Ira M. Bernstein, "Financial Incentives for Smoking Ces. sation among Pregnant and Newly Postpartum Women," *Preventive Medicine 55* (2012):S33-S40.

10. Xavier Giné, Dean Karlan, and Jonathan Zinman, "Put Your Money Where Your Butt Is: A Commitment Contract for Smoking Cessation," *American Economic Journal: Applied Economics 2* (2010): 213-35.

11. Nava Ashraf, Dean Karlan, and Wesley Yin, "Tying Odysseus to the Mast: Evidence from a Commitment Savings Product in the Philippines," *Quarterly Journal of Economics 121*,N.2 (2006)：635-72

12. Scott D. Halpern, Benjamin French, Dylan S. Small, Kathryn Saulsgiver, Michael Harhay, Janet Audrain-McGovern, George Lowenstein, Troyen Brennan, David Asch, and Kevin Volpp, "Randomized Trial of Four Financial-Incentive Programs for Smoking Cessa-tion," *New England Journal of Medicine 372*, no. 22 (2015): 2108-17.

13. *Why Are 72% of Smokers from Lower-Income Communities?," Truth Initiative, January 24, 2018, https://truthinitiative.org/research-resources/ targeted-communities/why-are-72-smokers-lower-income-communities.

14. Jean-Francois Etter and Felicia Schmid, "Effects of Large Financial Incentives for Long Term Smoking Cessation: A Randomized Trial, *Journal of the American College of Cardiology 68*, no. 8 (2016): 777-85.

第 19 章　設計克服短期滿足感的誘因

1. Katherine Milkman, Julia A. Minson, and Kevin G. M. Vlopp, "Holding the Hunger Games Hostage at the Gym: An Evaluation of Temptation Bunding," *Management Science 60*, no. 2 (2014): 283-99

2. Daniel Read and Barbara van Leeuwen, "Predicting Hunger: The Effects of Appe lite and Delay on Choice," *Organizational Behavior and Human Decision Processes 76*, no. 2(1998): 189-205.

3. Stephan Meier and Charles Sprenger, *Present-Biased Preferences and Credit Card Borrowing, *American Economic Journal: Applied Economics 2*, no.1 (2010): 193-210.

第 20 章　用誘因移除行為改變的障礙

1. Centers for Disease Control and Prevention, Benefits of Physical Activity" accessed December 8, 2020, https://www.cdc.gov/physicalactivity/basics/pa-health/index.htm.

2. Editorial Board, "Exercise and Academic Performance," *New York Times*, May 24, 2013, https://www.nytimes.com/2013/os/25/opinion/exercise-and-academic-performance.html.

3. Alexander W. Cappelen, Gary Charness, Mathias Ekström, Uri Gneezy, and Bertil Tungodden,"Exercise Improves Academic Performance" (NHH Department of Economics Discussion Paper 08, 2017).

4. Donna De La Cruz, "Why Kids Shouldrit Sit Still in Class." *New York Times*, March 21, 2017, https://www.nytimes.com/2017/o3/21/well/family/why-kids-shouldnt-sit-still-in-class html.

5. Tatiana Homonoff, Barton Willage, and Alexander Willén, *Rebates as Incentives: The Effects of a Gym Membership Reimbursement Program," *Journal of Health Economics 70* (2020): 10228s.

6. Hunt Allcott and Todd Rogers, "The Short-Run and Long-Run Effects of Behavioral Interventions: Experimental Evidence from Energy Conservation," *American Economic Review* 104, no. 10 (2014): 3003-37.

7. Alec Brandon, Paul J. Ferraro, John A. List, Robert D. Metcalfe, Michael K. Price, and Florian Rundhammer, "Do the Effects of Social Nudges Persist? Theory and Evidence from 38 Natural Field Experiments" (NBER Working Paper 23277, National Bureau of Economic Research, 2017).

8. Thomas A. Burnham, Judy K. Frels, and Vijay Mahajan, "Consumer Switching Costs: A Typology, Antecedents, and Consequences," *Journal of the Academy of Marketing Science* 31, no. 2 (2003): 109-26.

9. T-Mobile, "How to Switch to T-Mobile," accessed December 8, 2020, https://www.tmobile.com/resources/how-to-join-us.

10. Minjung Park, "The Economic Impact of Wireless Number Portability," *Journal of Industrial Economics 59*, no. 4 (2011): 714-45

第 21 章　與自然搏鬥 vs. 與生態共存

1. "Maasai People," Wikipedia, accessed December 8, 2020, https://en.wikipedia.org/ wiki/Maasai_people.

2. "Kenya: Country in Africa," Datacommons.org, accessed February 15, 2022, https:// datacommons.org/place/country/KEN?utm_medium=explore &mprop-count&popt= Person8chl=en.

3. Rachel David, "Lion Populations to Halve in Most of Africa in Next 20 Years," *New Scientist*, October 26, 2015, https://www.newscientist.com/article/dn28390-lion-populations _to-halve-in-most-of-africa-in-next-2o-years/.

4. Safaritalk, "Wildlife Environment Communities," accessed December 12, 2019, hutp:// safaritalk.net/topic/257-luca-belpietro-the-maasai-wilderness-conservation-trust/.

5. Maasai Wilderness Conservation Trust, "Kenya Wildlife Conservation," accessed December 8, 2020, http://maasaiwilderness.org/.

6. Seamus D. Maclennan, Rosemary J. Groom, David W. Macdonald, and Laurence G. Frank, "Evaluation of a Compensation Scheme to Bring About Pastoralist Tolerance of Lions," *Bialogical Conservation* 142 (2009): 2419-27: Laurence Frank, Seamus Maclennan, Leela Haz-zah, Richard Bonham, and Tom Hill, "Lion

Killing in the Amboseli-Tsavo Ecosystem, 2001-2006, and Its Implications for Kenyas Lion Population" (unpublished paper, 2006), hup:// livingwithlions.org/ AnnualReports/2006-Lion-killing-in-Amboseli-Tsavo-ecosystem.pdf.

第 22 章　預防保險詐欺與道德風險

1. "The Sopranos: Whoever Did This," aired November 10, 2002, IMDb, accessed April 24, 2022, https://www.imdb.com/title/to70529s/.

2. Maasai Wilderness Conservation Trust, "Predator Protection-Creating Harmony between Wildlife and Community," accessed December 8, 2020, http:// maasaiwilderness.org/ programs/predator-protection/.

第 24 章　用誘因改變婚姻市場的價值觀

1. Kenva National Bureau of Statistics, Kenya Demographic and Health Survey 2014, Demographic and Health Surveys Program, December zors, https:// dhsprogram.com/pubs/ pdf/FR308/FR3o8.pdf.

2. Sarah Boseley, "FGM: Kenya Acts against Unkindest Cut, *Guardian*, September 8, 2011, https://www.theguardian.com/society/sarah-boseley-global_health/2oti/ sep/o8/women-africa; World Health Organization, "Female Genital Mutilation, February 3, 2020, Ittps:// www.who.int/en/news-room/fact-sheets/detail/female-genital-mutilation

3. World Health Organization, Department of Reproductive Health and Research, and UNAIDS, *Male Circumcision: Global Trends and Determinants of Prevalence. Safery and Ac. ceptability* (Geneva: World Health Organization, 2007).

4. R. Elise B. Johansen, Nafissatou J. Diop. Glenn Laverack, and Els Leye, "What Works and What Does Not: A Discussion of Popular Approaches for the Abandonment of Female Genital Mutilation," *Obstetrics and Gynecolagy International* 2013 (2013): 348248.

5. Damaris Seleina Parsitau, "How Girls' Education Intersects with Maasai Culture in Kenya," Brookings, July 25, 2017, https://www.brookings.edu/blog/ education-plus development/2017/o7/25/how-girls-education-intersects-with-

maasai-culture-in-kenya/

6. Netta Ahitur, "Can Economists Stop Kenya's Maasai from Mutilating Their Girls?," *Haaretz*, March 14, 2016, https://www.haaretz.com/world-news/. premium.MAGAZINE can-economists-stop-the-maasai-from-mutilating-their-girls-1.5455945.

7. UNICEF, *Changing a Harmful Social Convention: Female Genital Mutilation/ Cutting*, technical report (Florence, Italy: UNICEF Innocenti Research Centre, 2005).

第 25 章　錨定與調整

1. Amos Tversky and Daniel Kahneman, "Judgment under Uncertainty: Heuristics and Biases," *Science* 185, no. 4157 (1974): 1124-31.

2. J. Edward Russo and Paul J. H. Schoemaker, *Winning Decisions: Getting It Right the First Time* (New York: Currency, 2001).

3. Gregory B. Northeraft and Margaret A. Neale, "Experts, Amateurs, and Real Estate: An Anchoring-and-Adjustment Perspective on Property Pricing Decisions," *Organizational Behavior and Human Decision Process* 39 (1987): 84-97.

第 27 章　訂價策略

1. J. P. Mangalindan, "Peloton CEO: Sales Increased after We Raised Prices to $2,245 per Bike," Yahoo! Finance, June 5, 2019, https://finance.yahoo.com/ news/peloton-ceo-says-sales-increased-raised-prices-2245-exercise-bike-13225622s.html.

2. See, for example, Eitan Gerstner, "Do Higher Prices Signal Higher Quality," *Journal of Marketing Research 22* (1983): 209-15: Joel Huber and John MeCann, "The Impact of Inferential Beliefs on Product Evaluations," *Journal of Marketing Research 19* (1982): 324-33;Akashay R. Rao and Kent B. Monroe, "The Effect of Price, Brand Name, and Store Name on Buyers' Perceptions of Product Quality: An Integrative Review, *Journal of Marketing Research 36* (1989): 351-57.

3. Ayelet Gneezy, Uri Gneezy, and Dominique Lauga, "Reference-Dependent Model of the Price-Quality Heuristic," *Journal of Marketing Research* 51, no. 2 (2014): 153-64.

4. Baba Shiv, Ziv Carmon, and Dan Ariely, "Placebo Effects of Marketing Actions: Consumers May Get What They Pay For" *Journal of Marketing Research 42* (2005): 383-93.

第 28 章　互惠準則

1. Phillip R. Kunz and Michael Woolcott, "Seasons Greetings: From My Status to Yours," *Social Science Research 5* (1976): 269-78.

2. Robert B. Cialdini, *Influence: Science and Practice*, 3rd ed. (New York: HarperCollins, 1993).

3. Stanford GSB Staff, "Margaret Neale: Why You Should Make the First Move in a Negotiation, Stanford Graduate School of Business, September 1, 2007. https://www.gsb stanford.edu/insights/margaret-neale-why-you-should-make-first-move-negotiation.

結論　消除錯誤的混合訊號，掌握正確的故事框架

1. Sarah Mervosh, *Who Wants to Be a Millionaire? In Ohio, You Just Need Luck, and a Covid Vaccine,' *New York Times*, May 26, 2021.

2. Justin Boggs, "White House on Vax-a-Million Drawing: DeWine Has Unlocked a Secret," *Spectrum News* 1, May 25, 202ㄏ.

3. 瑞典有一項對照實驗有令人振奮的證據：24 美元的接種疫苗獎勵能讓接種率提高 4.2%（基準是 71.6%）。參閱：Pol Campos-Mercade, Armando N. Meier, Florian H. Schneider, Stephan Meter, Devin Pope, and Erik Wengström, "Monetary Incentives Inerease COVID-Ig Vac-cinations," *Science 374* (2021): 879-82. https://www.nbcconnecticut.com/news/coronavirus/vaccinated-individuals-will-be-able-to-get-a-free-drink-at-certain-restaurants/2474928/.

4. State of New Jersey, "Governor Murphy Announces New Incentives to

Encourage COVID-19 Vaccinations, Including Free Entrance to State Parks and Free Wine at Participat-ing Wineries," press release, May 19, 2021.

5. *Vaccinated Individuals Will Be Able to Get a Free Drink at Certain Restaurants," NBC CT, April 26, 2021, https://www.nbcconnecticut.com/news/coronavirus/vaccinated-individuals-will-be-able-to-get-a-free-drink-at-certain-restaurants/2474928/.

6. Rich Coppola and Samaia Hernandez, **Drinks on Us: Participating OT Restaurants, Bars Offering Free Drinks with Proof of Vaccination Starting This Week," WTNH, April 26, 2021, https://www.wunh.com/news/business/participating-ct-restaurants-and-bars-offering-free-drinks-with-proof-of-vaccination/.

7. John Cheang. "Krispy Kreme Offers Free Glazed Donut to Those Who Show Covid Vaccine Card," NBC News, March 22, 2021, https://www.nbcnews.com/news/us-news/ krispy-kreme-offers-free-glazed-donut-those-who-show-covid-nr261768,

8. Nicholas Tampio, "A Weakness in the Argument for Vaccine Mandates," *Bastan Globe*, August 25, 2021.

9. Daniel Ackerman, "Before Face Masks, Americans Went to War against Seat Belts, Business Insider, May 26, 2020, https://www.businessinsider.in/Before-face-masks.-Americans-went-to-war-against-seat-belts/articleshow/76010870cms.

10. *Covid-19: Biden Tells States to Offer st00 Vaccine Incentive as Cases Rise." BBC News. July 30, 2021, https://www.bbc.com/news/world-us-canada-s8020090.

11. Richard H. Thaler and Cass R. Sunstein, *Nudge: The Final Edition* (New Haven, CT: Yale University Press, 2021).

12. "Plastic Shopping Bag," Wikipedia (in Hebrew), https://he.wikipedia.org/wiki/ ∞ 6D 7A9%D7%A7%D7%99%D7%AA_%D7%A7%D7%A0%D7%99%D7%95%D7%AA_%D7 %9E%D7%A4%D7%9C%D7%A1%D7%98%D7%99%D7%A7.

國家圖書館出版品預行編目（CIP）資料

誘因設計：精準傳遞訊號，讓人照著你的想法行動 /
尤里・葛尼奇（Uri Gneezy）著；周宜芳譯 . -- 臺北市：
遠見天下文化出版股份有限公司，2023.10
352 面；14.8x21 公分 （財經企管：BCB817）
譯自：Mixed signals : how incentives really work
ISBN 978-626-355-452-8（平裝）

1. CST：激勵 2. CST：誘因 3. CST：心理學

177.2   112015779

財經企管 BCB817

誘因設計：精準傳遞訊號，讓人照著你的想法行動
Mixed Signals：How Incentives Really Work

作者 —— 尤里・葛尼奇（Uri Gneezy）
譯者 —— 周宜芳

總編輯 —— 吳佩穎
總監暨責任編輯 —— 陳雅如
校對 —— 林映華
封面設計 —— 陳文德

出版者 —— 遠見天下文化出版股份有限公司
創辦人 —— 高希均、王力行
遠見・天下文化 事業群 榮譽董事長 —— 高希均
遠見・天下文化 事業群 董事長 —— 王力行
天下文化社長 —— 林天來
國際事務開發部兼版權中心總監 —— 潘欣
法律顧問 —— 理律法律事務所陳長文律師
著作權顧問 —— 魏啟翔律師
地址 —— 台北市 104 松江路 93 巷 1 號 2 樓

讀者服務專線 —— 02-2662-0012｜傳真 —— 02-2662-0007, 02-2662-0009
電子郵件信箱 —— cwpc@cwgv.com.tw
直接郵撥帳號 —— 1326703-6 號　遠見天下文化出版股份有限公司

電腦排版 —— 綠貝殼資訊有限公司
製版廠 —— 東豪印刷股份有限公司
印刷廠 —— 祥峰印刷事業有限公司
裝訂廠 —— 聿成裝訂股份有限公司
登記證 —— 局版台業字第 2517 號
總經銷 —— 大和書報圖書股份有限公司 電話／(02)8990-2588
出版日期 —— 2023 年 10 月 27 日第一版第 1 次印行
　　　　　　2024 年 1 月 29 日第一版第 3 次印行

定價 —— NT480 元

ISBN —— 978-626-355-452-8
EISBN —— 978-626-355-475-7（EPUB）、978-626-355-494-8（PDF）

書號 —— BCB817
天下文化官網 —— bookzone.cwgv.com.tw
本書如有缺頁、破損、裝訂錯誤，請寄回本公司調換。
本書僅代表作者言論，不代表本社立場。

天下文化
BELIEVE IN READING